# 新时代伟大变革

龚云 主编

★

中国出版集团有限公司
研究出版社

**图书在版编目（CIP）数据**

新时代伟大变革 / 龚云主编 . -- 北京 : 研究出版社 , 2023.7

ISBN 978-7-5199-1469-1

Ⅰ . ①新… Ⅱ . ①龚… Ⅲ . ①社会主义建设成就—中国 Ⅳ . ① D619

中国国家版本馆 CIP 数据核字 (2023) 第 066562 号

出 品 人：赵卜慧
出版统筹：丁　波
责任编辑：安玉霞

**新时代伟大变革**
XINSHIDAI WEIDA BIANGE
龚云　主编
研究出版社 出版发行
（100006　北京市东城区灯市口大街 100 号华腾商务楼）
北京中科印刷有限公司　新华书店经销
2023 年 7 月第 1 版　2023 年 7 月第 1 次印刷
开本：710 毫米 ×1000 毫米　1/16　印张：24.25
字数：266 千字
ISBN 978-7-5199-1469-1　定价：78.00 元
电话（010）64217619　64217652（发行部）

# 前　言

历史发展是连续性和阶段性的统一，一个时期有一个时期的历史使命和任务，一代人有一代人的历史担当和责任。2012年召开的党的十八大，在中国共产党历史上是一个具有标识性的历史节点事件。党的十八大以后，党面临的主要任务是实现第一个百年奋斗目标，开启实现第二个百年奋斗目标新征程，朝着实现中华民族伟大复兴的宏伟目标继续前进。

1978年改革开放以后，党和国家事业取得重大成就，为新时代发展中国特色社会主义事业奠定了坚实基础、创造了有利条件。同时，党清醒地认识到，外部环境变化带来许多新的风险和挑战，国内改革发展稳定面临不少深层次矛盾和问题，以及新出现的一些矛盾和问题。党的十八大以来，以习近平同志为核心的党中央统筹把握中华民族伟大复兴战略全局和世界百年未有之大变局，以伟大的历史主动精神、巨大的政治勇气、强烈的责任担当，贯彻党的基本理论、基本路线、基本方略，统揽伟大斗争、伟大工程、伟大事业、伟大梦想，坚持稳中求进工作总基调，出台了一系列重大方针政策，推出了一系列重大举措，推进了一系列重大工作，解决了许多长期想解决而没有解决的难题，办成了许多过去想办而没有办成的大事，推动党和国家事业取得了历史性成就、发生了历史性变革，开创了中国特色社会主义新时代。

中国特色社会主义新时代是承前启后、继往开来、在新的历史条件下继续夺取中国特色社会主义伟大胜利的时代，是决胜全面建成小康社会，进而全面建设社会主义现代化国家的时代，是全国各族人民团结奋斗、不断创造美好生活、逐步实现全体人民共同富裕的时代，是全体中华儿女勠力同心、奋力实现中华民族伟大复兴中国梦的时代，是我国不断为人类作出更大贡献的时代。中国特色社会主义新时代是我国发展新的历史方位。新时代十年伟大变革，在党史、新中国史、改革开放史、社会主义发展史、中华民族发展史上具有里程碑意义。

在开创中国特色社会主义新时代过程中，习近平总书记对关系新时代党和国家事业发展的一系列重大理论和实践问题进行了深邃思考和科学判断，就新时代坚持和发展什么样的中国特色社会主义、怎样坚持和发展中国特色社会主义，建设什么样的社会主义现代化强国、怎样建设社会主义现代化强国，建设什么样的长期执政的马克思主义政党、怎样建设长期执政的马克思主义政党等重大时代课题，提出一系列原创性的治国理政新理念新思想新战略，是习近平新时代中国特色社会主义思想的主要创立者。习近平新时代中国特色社会主义思想是当代中国马克思主义、二十一世纪马克思主义，是中华文化和中国精神的时代精华，实现了马克思主义中国化时代化的新飞跃。中国共产党确立了习近平同志在党中央的核心、全党的核心地位，确立了习近平新时代中国特色社会主义思想的指导地位，反映了全党全军全国各族人民的共同心愿，对新时代党和国家事业发展、推进中华民族伟大复兴历史进程具有决定性意义。

深刻认识中国特色社会主义进入新时代的历史性成就和历史性变革对于实现党的第二个百年奋斗目标具有深远影响，这对全党全国坚定信心、再接再厉，把党的理论和路线方针政策坚持好、贯彻好、发展好，更好地续写发展新篇章，意义十分重大。党的十八大以来，中国共产党领导人民自信自强、守正创新，取得了一系列重大理论成果、实践成果、制度成果。这些重要成果，体现在党的十九届六中全会通过的《中共中央关于党的百年奋斗重大成就和历史经验的决议》(以下简称《决议》)概括的“十个明确”上，体现在《决议》作出的新时代党和国家事业13个方面重大成就的重要论述上，也体现在《决议》对中国共产党百年奋斗的历史意义、中国共产党百年奋斗的历史经验、新时代的中国共产党的阐述上。要贯通起来领会把握，不断提高政治判断力、政治领悟力、政治执行力，在新时代更好地坚持和发展中国特色社会主义。

新时代坚持和发展中国特色社会主义是一场艰巨而伟大的社会革命，各种敌对势力绝不会让我们顺顺利利地实现中华民族的伟大复兴。中国共产党依靠斗争创造历史，更要依靠斗争赢得未来。在新的征程上，面临的风险考验只会越来越复杂，甚至会遇到难以想象的惊涛骇浪。面临的各种斗争不是短期的而是长期的，将伴随实现第二个百年奋斗目标全过程。在重大风险、强大对手面前，总想过太平日子、不想斗争是不切实际的，得“软骨病”、患“恐惧症”是无济于事的。“善战者，立于不败之地，而不失敌之败也。”唯有主动迎战、坚决斗争才会有生路出路，才能赢得尊严、求得发展，逃避与退缩、妥协与退让只会招致失败和屈辱，只能是死路一条。必须把握新的伟大斗争的历史特点，发扬斗争精神，把握斗争方向，把握斗争主动权，坚定斗争意志，掌握斗争规律，增强斗争本领，有效地应对重大挑战、抵御重大风险、克服重大阻力、解决重大矛盾，战胜前进道路上的一切艰难险阻，不断夺取新时代伟大斗争的新胜利。

2022年全国两会期间，习近平总书记回顾新时代党和人民奋进历程，作出“五个必由之路”的重大论断。时代是出卷人，我们是答卷人，人民是阅卷人。新的赶考之路上，只要大力弘扬伟大建党精神，不忘初心使命，勇于自我革命，不断清除一切损害党的先进性和纯洁性的有害因素，不断清除一切侵蚀党的健康肌体的病原体，就一定能够确保党不变质、不变色、不变味，确保党在新时代坚持和发展中国特色社会主义的历史进程中始终成为坚强领导核心，一定能够全面建成社会主义现代化强国，实现中华民族伟大复兴，推动世界社会主义走向振兴，构建人类命运共同体！

为了从学理上阐释新时代取得的历史性成就、发生的历史性变革，中国社会科学院习近平新时代中国特色社会主义思想研究中心组织专家，以《决议》概括的13个方面成就为基础，撰写了13篇讲义，比较深入地阐释了中国特色社会主义新时代。

这本书是理论工作者学习党的十九届六中全会精神的一个阶段性成果，表达了理论工作者对新时代的敬意，是向党的伟大成就的献礼！

2022年召开的党的二十大对未来我国发展进行了战略安排，全党全社会要在以习近平同志为核心的党中央领导下，在习近平新时代中国特色社会主义思想指导下，弘扬伟大建党精神，自信自强，守正创新，踔厉奋发，勇毅前行，为全面建设社会主义现代化国家，全面推进中华民族伟大复兴而团结奋斗！

# 目　录

## 第一讲

# 坚持党的全面领导

孙秀民

党的全面领导是党的十九大正式提出来的，表述为“坚持和加强党的全面领导”[①]。《中共中央关于党的百年奋斗重大成就和历史经验的决议》（以下简称《决议》）使用了“坚持党的全面领导”表述。我们党历来强调党的领导。早在 1942 年 9 月 1 日，中共中央政治局通过的《关于统一抗日根据地党的领导及调整各组织间关系的决定》就提出了党的领导一元化（也称“党的一元化领导”）。“党的领导的一元化，一方面表现在同级党政民各组织的相互关系上，又一方面则表现在上下级关系上。在这里，下级服从上级，全党服从中央的原则之严格执行。”[②]这个《决定》是加强党的全面领导的纲领性文献。1962 年 1 月 30 日，毛泽东在七千人大会上提出，“工、农、商、学、兵、政、党这七个方面，党是领导一切的”[③]。

随着社会历史环境的变化，我们党在强调加强党的领导的同时，也注重改善党的领导，尤其是改革开放以后，党为加强和改善党的领导作出了持续努力，为党和国家事业的发展提供了根本的政治保证。例如，1980 年 1 月 16 日，邓小平在中共中央召集

---

① 《十九大以来重要文献选编》（上），中央文献出版社 2019 年版，第 43 页。

② 《建党以来重要文献选编（1921—1949）》第 19 册，中央文献出版社 2011 年版，第 428 页。

③ 《毛泽东文集》第 8 卷，人民出版社 1999 年版，第 305 页。

的干部会议上提出“坚持党的领导，必须努力改善党的领导”[①]。党的十二大提出“党的领导主要是政治、思想和组织的领导”[②]。党的十三大又明确“政治领导，即政治原则、政治方向、重大决策的领导和向国家政权机关推荐重要干部”[③]。进入新时代，习近平总书记在坚持党的全面领导上，提出了“党政军民学，东西南北中，党是领导一切的”等一系列原创性新理念新思想新战略，并部署落实，党的领导得到全面加强。这一讲我们主要讨论学习三个问题：一是习近平总书记关于坚持党的全面领导的原创性重要论述；二是以习近平同志为核心的党中央贯彻落实党的全面领导的部署；三是坚持党的全面领导取得的成效。这三个问题，我们重点学习第一个问题。

## 一、习近平总书记的重要论述

习近平总书记关于坚持党的全面领导的原创性重要论述在《决议》总结的 13 个方面成就的第一个方面已经进行了全面概括，这里只谈其中的三个方面的问题：一是维护党中央权威和集中统一领导；二是党的领导是全面的、系统的、整体的；三是建立健全坚持和加强党的全面领导的组织体系、制度体系、工作机制。

---

①《邓小平思想年编：1975—1997》，中央文献出版社 2011 年版，第 287 页。

②《十二大以来重要文献选编》（上），中央文献出版社 2011 年版，第 57 页。

③《十三大以来重要文献选编》（上），中央文献出版社 2011 年版，第 31 页。

## （一）维护党中央权威和集中统一领导

习近平总书记强调，坚持和加强党的全面领导，关系到党和国家的前途命运，我们的全部事业都建立在这个基础之上，都根植于这个最本质特征和最大优势。“坚持党中央权威和集中统一领导，这是党的领导的最高原则，任何时候任何情况下都不能含糊、不能动摇。”[①] 习近平总书记对党中央权威和集中统一领导是什么、为什么维护、怎么维护，都做了深刻论述。

### 1. 正确理解和把握坚持党中央权威和集中统一领导这个根本点

习近平总书记强调，我们党是高度集中统一的马克思主义政党，思想上的统一、政治上的团结、行动上的一致是党的事业不断发展壮大的根本所在，要“正确理解和把握坚持党中央权威和集中统一领导这个根本点”[②]。

维护党中央权威和集中统一领导，绝不是一般问题和个人的事，而是方向性、原则性问题，是党性，是大局，关系党和民族、国家的前途命运。包括三个方面要义：一是党和国家大政方针的决定权在党中央，必须以实际行动维护党中央一锤定音、定于一尊的权威；二是党的任何组织和成员，无论在哪个领域、哪个层级、哪个单位，都要服从党中央集中统一领导；三是凡属部门和地方职权范围内的工作部署，都要以坚决贯彻党中央决策部

---

① 习近平：《论坚持党对一切工作的领导》，中央文献出版社 2019 年版，第 159 页。
② 习近平：《论坚持党对一切工作的领导》，中央文献出版社 2019 年版，第 228 页。

署为前提，做到令行禁止。

正确理解和把握维护党中央权威和集中统一领导要注意以下两个方面的问题。

一是全党只有党中央权威、只有向党中央看齐，各级各地区各部门各方面都必须维护党中央权威、向党中央看齐。当然各级党委和政府也要有权威，否则没法开展工作。但是，地方和部门的权威都来自党中央权威，地方和部门的工作都是对党中央决策部署的具体落实，在地方和部门工作的同志都是党派去的。

二是强调坚持党中央权威和集中统一领导，同民主集中制、发扬党内民主是一致的。我们党实行的民主集中制是又有集中又有民主、又有纪律又有自由、又有统一意志又有个人心情舒畅生动活泼的制度，是民主和集中紧密结合的制度，发扬党内民主和实行集中统一领导是一致的。党中央高度重视发展党内民主、集思广益。例如，党的十八大以来的党代会报告、党的全会文件、党的重要文件和重大决策、重大改革发展举措、部门重要工作文件，都要在党内一定范围征求意见，有些还要反复征求意见，有时征求意见的范围包括全部省区市，有时征求意见的范围包括几十家中央和国家机关部门。

### 2. 如不坚决克服无视党中央权威的现象，就会对党和人民事业造成严重损害

为什么要维护党中央权威和集中统一领导？习近平总书记指出：“维护党中央权威和集中统一领导，是我国革命、建

设、改革的重要经验，是一个成熟的马克思主义执政党的重大建党原则。”[①] 此外，党内还存在无视党中央权威的现象，甚至有的还很严重，如不坚决克服，就会对党和人民事业造成严重损害。

习近平总书记指出，一段时间内，存在无视党中央权威的现象，有些还很严重，主要表现：一是有的立场不稳、丧失原则，在重大原则问题和大是大非面前立场摇摆、态度暧昧，没有同党中央保持高度一致；二是有的自以为是、胡言乱语，在重大政治问题上公开发表同党中央精神相违背的意见，对党中央大政方针说三道四；三是有的有令不行、有禁不止，在贯彻党的决议和党中央决策部署上搞上有政策、下有对策，对党中央搞小动作；四是有的弄虚作假、欺上瞒下，事前不请示，事后不报告，或者只报成绩不报问题和缺点，向党中央打埋伏；五是有的自作主张、瞒天过海，对党中央决策部署打折扣、做选择、搞变通，致使党中央决策部署在贯彻执行中变形走样、落不了地；六是有的狂妄自大、阳奉阴违，把自己凌驾于党组织之上，把自己主政或分管的地方和部门当成“独立王国”“私人领地”，背着党中央另搞一套；七是有的野心膨胀、权欲熏心，在党内培植个人势力，搞各种非组织派别活动，甚至公开搞分裂党的政治勾当，同党中央对着干。可见，一些人目无政治纪律、无视党中央权威已经到了何种程度。如果他们继续各自为政、各行其是，想干什么就干什么，想不干什么就不干什么，党就会变成一盘散沙，就会成为自行其是的“私人俱乐部”，党的领导就会成为一句空话。

---

① 习近平：《论坚持党对一切工作的领导》，中央文献出版社 2019 年版，第 157 页。

### 3. 维护党中央权威和集中统一领导，要牢固树立“四个意识”、对党忠诚

（1）牢固树立“四个意识”，自觉在思想上政治上行动上同党中央保持高度一致。

习近平总书记强调：“一个国家、一个政党，领导核心至关重要。全党必须牢固树立政治意识、大局意识、核心意识、看齐意识，自觉在思想上政治上行动上同党中央保持高度一致。”[①]

第一，牢固树立政治意识和大局意识。2014 年 5 月 8 日，习近平总书记同中央办公厅各单位班子成员和干部职工代表座谈时，首次提出政治意识和大局意识。政治意识，就是要始终同党中央保持高度一致，提高政治敏锐性和政治鉴别力，在大是大非面前头脑清醒、旗帜鲜明，经得起大风大浪考验，决不能在政治方向上走岔了、走歪了，更不能走错了。[②]什么是大局意识呢？从国内看，就是坚持中国特色社会主义，全面深化改革，实现“两个一百年”奋斗目标，实现中华民族伟大复兴的中国梦；从国际看，就是为我国发展争取良好的外部条件，维护国家主权、安全、发展利益，维护世界和平、促进共同发展；从党的建设看，就是坚持和巩固党的领导地位和执政地位，确保党总揽全局、协调各方的领导核心地位。也就是说，大局意识就是要从政治立场上和党性原则出发，站在党和国家高度上想问题、看问题，认识大局、把握大局、服从大局。

---

① 习近平：《论坚持党对一切工作的领导》，中央文献出版社 2019 年版，第 182 页。

② 习近平：《论坚持党对一切工作的领导》，中央文献出版社 2019 年版，第 61 页。

第二，牢固树立看齐意识。2015年12月11日，在全国党校工作会议上习近平总书记提出了看齐意识，接着又在28日、29日的中央政治局民主生活会上进一步强调，各级领导干部要有看齐意识，自觉向党中央看齐，向党的理论和路线方针政策看齐。中央政治局的同志必须要有很强的看齐意识，必须经常看齐、主动看齐，这样才能真正看齐。这是最最紧要的政治。

第三，核心就是责任。党的十八届六中全会正式提出“以习近平同志为核心的党中央”，明确习近平总书记是党中央的核心、全党的核心。习近平总书记坦诚地指出，提出以习近平同志为核心的党中央“是对我的信任和支持”。“党中央的核心、全党的核心，对我来说就是责任，我要用毕生精力和全部生命来回报党和人民的信任，鞠躬尽瘁、死而后已，赴汤蹈火、万死不辞。”①

总之，习近平总书记指出，强调“四个意识”，最根本的是坚决维护党中央权威和集中统一领导。各级领导干部特别是高级干部要当政治上的明白人，做到心中有党，自觉把工作放在党中央工作大局中考量和部署，自觉做到党中央提倡的坚决响应、党中央决定的坚决执行、党中央禁止的坚决不做，对执行党中央决策部署不讲条件、不打折扣、不搞变通。

（2）坚持党中央权威和集中统一领导，要有领导干部对党的事业的忠诚。

习近平总书记强调：“坚持党中央权威和集中统一领导，要

① 习近平：《论坚持党对一切工作的领导》，中央文献出版社2019年版，第176页。

有一套制度和规定，也要有领导干部对党的事业的忠诚、以身许党许国的使命担当。”[①] 对党忠诚，习近平总书记讲得很多、很深刻，主要包括以下几个方面。

第一，对党忠诚是共产党人必须具备的政治品格，是政治标准。习近平总书记多次强调，“对党忠诚是共产党人必须具备的政治品格”,“全党同志特别是领导干部要始终在政治立场、政治方向、政治原则、政治道路上同党中央保持高度一致，真正做到忠诚党和人民，忠诚党的理想信念，忠诚党的初心使命，忠诚党的组织，忠诚党的理论和路线方针政策，严守党的政治纪律和政治规矩，不断增强维护党中央集中统一领导的思想自觉、政治自觉、行动自觉”。[②] 把“四个意识”转化成听党指挥、为党尽责的实际行动。

第二，“对党忠诚必须是纯粹的、无条件的，是政治标准，更是实践标准”[③]。对党忠诚要体现在贯彻党中央决策部署的行动上，体现在履职尽责、做好本职工作的实效上，体现在日常言行上。保证全党上下拧成一股绳，心往一处想、劲往一处使。任何时候任何情况下都不改其心、不移其志、不毁其节。

第三，提出检验党员干部是不是对党忠诚的五个“能不能”标准。习近平总书记指出，检验党员干部是不是对党忠诚，就是要看“能不能”：在革命年代，能不能为党和人民事业冲锋陷阵、舍生忘死。在和平时期，能不能坚持党的领导，坚决维护党中央权威和集中统一领导，自觉在思想上政治上行动上同党中央保持

---

① 习近平：《论坚持党对一切工作的领导》，中央文献出版社 2019 年版，第 220 页。

② 习近平：《以史为鉴、开创未来 埋头苦干、勇毅前行》，《求是》2022 年第 1 期。

③ 习近平：《论坚持党对一切工作的领导》，中央文献出版社 2019 年版，第 224 页。

高度一致；能不能坚决贯彻执行党的理论和路线方针政策，不折不扣地把党中央决策部署落到实处；能不能严守党的政治纪律和政治规矩，做政治上的明白人、老实人；能不能坚持党和人民事业高于一切，自觉执行组织决定，服从组织安排。

习近平总书记还强调："对党尽忠不是对领导干部个人尽忠，党内不能搞人身依附关系。干部都是党的干部，不是哪个人的家臣。"[①]不能搞"伪忠诚"，不能做"两面人"。

此外，习近平总书记还强调，坚决维护党中央权威和集中统一领导必须严守政治纪律和政治规矩。

## （二）党的领导必须是全面的、系统的、整体的

习近平总书记强调："党的领导必须是全面的、系统的、整体的，必须体现到经济建设、政治建设、文化建设、社会建设、生态文明建设和国防军队、祖国统一、外交工作、党的建设等各方面。"[②]"体现到改革发展稳定、内政外交国防、治党治国治军等各个领域。"[③]哪个领域、哪个方面、哪个环节缺失了、弱化了，都会削弱党的力量，损害党和国家事业。习近平总书记在党的二十大报告中更加强调："党的领导是全面的、系统的、整体的，必须全面、系统、整体加以落实。"[④]因此，坚持党的全面

① 习近平：《论坚持党对一切工作的领导》，中央文献出版社 2019 年版，第 52 页。
② 习近平：《论坚持党对一切工作的领导》，中央文献出版社 2019 年版，第 229 页。
③ 习近平：《论坚持党对一切工作的领导》，中央文献出版社 2019 年版，第 289 页。
④ 习近平：《高举中国特色社会主义伟大旗帜 为全面建设社会主义现代化国家而团结奋斗——在中国共产党第二十次全国代表大会上的报告》，人民出版社 2022 年版，第 64 页。

领导，首先要充分发挥党总揽全局、协调各方的领导核心作用，其次把党对一切工作的领导落实到各个领域、各个方面、各个环节。

### 1. 充分发挥党总揽全局、协调各方的领导核心作用

习近平总书记指出，坚持党的全面领导并不是事无巨细、眉毛胡子一把抓，什么事情都要管。“我国社会主义政治制度优越性的一个突出特点是党总揽全局、协调各方的领导核心作用，形象地说是‘众星捧月’，这个‘月’就是中国共产党。在国家治理体系的大棋局中，党中央是坐镇中军帐的‘帅’，车马炮各展其长，一盘棋大局分明。”[①]

具体来说，国家治理体系是由众多子系统构成的复杂系统：一是这个系统的核心是中国共产党，中央委员会、中央政治局、中央政治局常委会是党的领导决策核心。二是党中央作出的决策部署，党的组织、宣传、统战、政法等部门要贯彻落实，人大、政府、监委、政协、法院、检察院的党组织要贯彻落实，事业单位、人民团体等的党组织也要贯彻落实。三是人大、政府、监委、政协、法院、检察院、军队，各民主党派和无党派人士，各企事业单位，工会、共青团、妇联等群团组织，既各负其责，又相互配合，一个都不能少。各方面都应该自觉向党委报告重大工作和重大情况，在党委统一领导下尽心尽力做好自身职责范围内的工作，保证党领导人民有效治理国家。

---

① 习近平：《论坚持党对一切工作的领导》，中央文献出版社 2019 年版，第 9 页。

### 2. 加强党对一切工作的领导，要在各方面、各环节落实和体现

习近平总书记强调："加强党对一切工作的领导，这一要求不是空洞的、抽象的，要在各方面各环节落实和体现。"①习近平总书记对于统筹推进"五位一体"总体布局、协调推进"四个全面"战略布局，对于加强党对统一战线、民族宗教、国防和军队建设、国家安全、外交工作的领导，加强党对农村工作、城市工作、金融工作、国有企业、教育工作以及对党校、群团组织、高校等各方面工作的领导都有专门论述，这里就不一一叙述了，只和大家一起学习习近平总书记关于加强党对经济工作及国有企业领导的原创性重要论述。

（1）加强党对经济工作的领导，全面提高党领导经济工作的水平。

习近平总书记指出："党是总揽全局、协调各方的，经济工作是中心工作，党的领导当然要在中心工作中得到充分体现，抓住了中心工作这个牛鼻子，其他工作就可以更好展开。"②对于加强党对经济工作的领导，习近平总书记重点强调了党怎么领导经济工作。

第一，履行党领导经济工作的职能，议大事、抓大事，并制度化。一是中央政治局、中央政治局常委会要经常审议关系经

① 习近平：《论坚持党对一切工作的领导》，中央文献出版社 2019 年版，第 11 页。
② 习近平：《论坚持党对一切工作的领导》，中央文献出版社 2019 年版，第 6 页。

济社会发展全局的重大问题。二是中央财经委员会要在中央政治局、中央政治局常委会领导下，研究确定经济社会发展和改革开放的重要方针和政策，研究提出处理重大财经问题、重大生产力布局、重大建设项目的原则和措施。三是党中央每季度分析研究经济形势的制度，同时定期研究部署重大战略问题。四是各级党委要加强对本地区经济工作的领导，把握客观规律，结合地方实际，把中央决策部署落到实处。

第二，加强领导干部能力建设，提高领导经济工作科学化、专业化、法治化水平。一是各级领导干部包括党委领导同志，要围绕经济社会发展重大问题加强学习和调研，提高把握和运用市场经济规律、自然规律、社会发展规律能力，增强全球思维、战略思维、法治思维能力，使对经济工作的领导更加自觉、更加专业、更加有效。二是各级党委及组织部门要坚持理论培训和实践历练并举，培养选拔一大批政治上强、懂经济、会管理的领导干部充实各级领导班子。

第三，转变作风、真抓实干，增强党和政府公信力。一是要完善决策机制和程序，发挥好领导班子集体作用。二是要健全决策咨询机制，按照服务决策、适度超前原则，建设高质量智库。三是要切实改进工作作风，以实际行动践行全心全意为人民服务的根本宗旨。

第四，强化舆论引导工作。当前形势下，社会预期对经济社会稳定发展的重要性不断上升，舆论引导作用越来越大。要把握新媒体传播特点，主动用好新媒体，为改革发展稳定营造良好的舆论氛围。

（2）坚持党对国有企业的领导，建设中国特色的现代国有企业制度。

习近平总书记指出，要把加强党的领导和完善公司治理统一起来，建设中国特色的现代国有企业制度。“党对国有企业的领导是政治领导、思想领导、组织领导的有机统一。”[①]

第一，国有企业党组织要发挥领导核心和政治核心作用，即把方向、管大局、保落实。把方向，就是要自觉在思想上政治上行动上同党中央保持高度一致，坚决贯彻党的理论和路线方针政策，确保国有企业坚持改革发展正确方向；管大局，就是要坚持在大局下行动，议大事，抓重点，加强集体领导，推进科学决策，推动企业全面履行经济责任、政治责任、社会责任；保落实，就是要管干部聚人才、建班子带队伍、抓基层打基础，领导群众组织并发挥其作用，凝心聚力完成企业中心工作，把中央精神和上级部署不折不扣地落到实处。

第二，要明确党组织在决策、执行、监督各环节的权责和工作方式，使党组织发挥作用组织化、制度化、具体化。一是在组织架构上，要完善“双向进入、交叉任职”的领导体制，全面推行党委（党组）书记、董事长由一人担任。“进入”就要尽责，“任职”就要履职，“一肩挑”就应该具备两个职务所要求的条件和能力，不能降格以求。二是在决策程序上，要明确党组织研究讨论是董事会、经理层决策重大问题的前置程序，重大经营管理事项必须经党组织研究讨论后，再由董事会或经理层作出决定。三是在深化改革中，要坚持和落实党的建设和国有企业改革同步谋

① 习近平：《论坚持党对一切工作的领导》，中央文献出版社 2019 年版，第 148 页。

划、党的组织及工作机构同步设置、党组织负责人及党务工作人员同步配备、党建工作同步开展，实现体制对接、机制对接、制度对接和工作对接。

第三，在中国特色现代国有企业制度实际运行中，要处理好党组织和其他治理主体的关系，明确权责边界，做到无缝衔接，形成各司其职、各负其责、协调运转、有效制衡的公司治理机制。一是国有企业党委（党组）是公司治理结构的领导核心和政治核心，企业其他治理主体要自觉维护这个核心。二是党组书记（兼董事长）主持党组会研究“三重一大”事项，要充分民主、有效集中，防错纠错。三是要加强对国有企业领导人员的教育和监督。

## （三）建立健全坚持和加强党的全面领导的组织体系、制度体系、工作机制

习近平总书记强调，党的领导体现在党的科学理论和正确路线方针政策上，体现在党的执政能力和执政水平上，同时也体现在党的严密组织体系和强大组织能力上。“要建立健全坚持和加强党的全面领导的组织体系、制度体系、工作机制，切实把党的领导落实到改革发展稳定、内政外交国防、治党治国治军等各领域各方面各环节。”①

### 1. 党的全面领导要靠党的坚强组织体系去实现

习近平总书记强调，党的力量来自组织，“党的全面领导、

① 习近平：《论坚持党对一切工作的领导》，中央文献出版社 2019 年版，第 253—254 页。

党的全部工作要靠党的坚强组织体系去实现”①。进入新时代，开启新征程，我们必须不断增强党的政治领导力、思想引领力、群众组织力、社会号召力，更加注重党的组织体系建设。对于这个问题，习近平总书记着重论述了以下两个方面的问题。

第一，优化包括党的中央组织、地方组织、基层组织、党组及党员干部在内的组织体系。我们党是按照马克思主义建党原则建立起来的，形成了从中央到地方到基层的严密组织体系。其中，党中央是大脑和中枢，党中央必须有定于一尊、一锤定音的权威；党的地方组织的根本任务是确保党中央的决策部署贯彻落实，有令即行、有禁即止；党的基层组织是党的肌体的“神经末梢”，要发挥好战斗堡垒作用；党组在党的组织体系中具有特殊地位，要贯彻落实党中央和上级党组织决策部署，起到把方向、管大局、保落实的重要作用；每个党员特别是领导干部都要强化党的意识和组织观念，自觉做到思想上认同组织、政治上依靠组织、工作上服从组织、感情上信赖组织。“严密的组织体系是党的优势所在、力量所在。”②

第二，以提升组织力为重点、突出政治功能，加强基层党组织建设。一是要健全基层组织，优化组织设置，理顺隶属关系，创新活动方式，扩大基层党的组织覆盖和工作覆盖。二是要加强企业、农村、机关、事业单位、社区等各领域的党建工作，推动基层党组织全面进步、全面过硬。三是要加强社会组织中党的建

① 习近平：《论坚持党对一切工作的领导》，中央文献出版社 2019 年版，第 259 页。

② 习近平：《高举中国特色社会主义伟大旗帜　为全面建设社会主义现代化国家而团结奋斗——在中国共产党第二十次全国代表大会上的报告》，人民出版社 2022 年版，第 67 页。

设，全面加强党对各类各级社会组织的领导。四是要探索加强新兴业态和互联网党建工作，扩大党在新兴领域的号召力和凝聚力。五是要加强支部标准化、规范化建设。六是要严把发展党员入口关，把政治标准放在首位，对那些政治上不合格、想混入党内捞好处的人，一个都不能要。七是要严格党员教育管理，严格组织生活，加强理论教育、形势教育和革命传统教育。总之，要坚持大抓基层的鲜明导向，抓党建促乡村振兴，加强城市社区党建工作，推进以党建引领基层治理，持续整顿软弱涣散基层党组织，把基层党组织建设成为有效实现党的领导的坚强战斗堡垒。①

### 2. 完善坚持党的领导的体制机制，更好发挥党的领导这一最大优势

习近平总书记指出，我们党在一个人口众多的大国长期执政，要保证国家统一、法制统一、政令统一、市场统一，要实现经济发展、政治清明、文化昌盛、社会公正、生态良好，要顺利推进新时代中国特色社会主义各项事业，“必须完善坚持党的领导的体制机制，更好发挥党的领导这一最大优势”②。

（1）对加强党对一切工作的领导作出制度设计和安排。

在我国政治生活中，党是居于领导地位的，加强党的集中统一领导，支持人大、政府、政协和监察机关、审判机关、检察机

---

① 习近平：《高举中国特色社会主义伟大旗帜 为全面建设社会主义现代化国家而团结奋斗——在中国共产党第二十次全国代表大会上的报告》，人民出版社 2022 年版，第 67 页。

② 习近平：《论坚持全面深化改革》，中央文献出版社 2018 年版，第 430—431 页。

关、人民团体、企事业单位、社会组织履行职能、开展工作、发挥作用，这两个方面是统一的。深化党和国家机构改革的“着力点就是要对加强党对一切工作的领导作出制度设计和安排”[①]，着力从制度安排上发挥党的领导这个最大的体制优势，统筹考虑党和国家各类机构设置，协调好并发挥出各类机构的职能作用，完善科学领导和决策、有效管理和执行的体制机制，确保党长期执政和国家长治久安。

第一，统筹设置党政机构，理顺党政职责关系。一是坚持一类事项原则上由一个部门统筹，一件事情原则上由一个部门负责，避免政出多门、责任不明、推诿扯皮；二是党的有关机构可以同职能相近、联系紧密的政府其他部门统筹设置，实行合并设立或合署办公，增强党的领导力，提高政府执行力；三是理顺党政机构职责关系，统筹调配资源，减少多头管理，减少职责分散交叉，形成统一高效的领导体制。

第二，统筹党政军群机构改革及设置。一是推进国家治理体系和治理能力现代化，必须统筹考虑党和国家机构设置，科学配置党政机构职责，理顺与同群团、事业单位的关系，协调并发挥各类机构职能作用，形成适应新时代发展要求的党政群、事业单位机构的新格局。二是地方各级的机构设置要强化组织协调能力，确保党中央重大决策部署落到实处，除涉及党中央集中统一领导和国家法制统一、政令统一、市场统一的党政机构职能外，其他机构职能可以不一一对应。[②]

---

① 习近平：《论坚持党对一切工作的领导》，中央文献出版社 2019 年版，第 231 页。

② 习近平：《论坚持党对一切工作的领导》，中央文献出版社 2019 年版，第 232 页。

（2）完善党和国家机构职能体系，推进国家治理体系和治理能力现代化。

习近平总书记指出，深化党和国家机构改革，完成组织架构重建、实现机构职能调整，只是解决了“面”上的问题，真正要发生“化学反应”，还有大量工作要做。要“继续完善党和国家机构职能体系，推进国家治理体系和治理能力现代化”①。具体来说，要做好以下五个方面的工作。

第一，要以坚持和加强党的全面领导为统领，以推进党和国家机构职能优化协同高效为着力点，把机构职责调整优化同健全完善制度机制有机统一起来，把加强党的长期执政能力建设同提高国家治理水平有机统一起来，继续巩固机构改革成果。第二，要健全党对重大工作的领导体制，决策议事协调机构重点是谋大事、议大事、抓大事，党的工作机关要带头坚持和加强党的全面领导，更好地发挥职能作用，严明政治纪律和政治规矩。第三，要加强党政机构职能统筹，发挥好党的职能部门统一归口协调管理职能，统筹本领域重大工作。第四，要发挥好中央和地方两个积极性，确保党中央集中统一领导和国家制度统一、政令统一，中央和国家机关要做好对本行业本系统的指导和监督，地方在坚决贯彻党中央决策部署的同时，要发挥主观能动性，结合地方实际创造性地开展工作。第五，要增强干事创业敢担当的本领，准确把握新机构新职能提出的新要求，自觉在思想上政治上行动上同党中央保持高度一致，坚守人民立场，锤炼忠诚干净担当的政

①《习近平谈治国理政》第三卷，外文出版社 2020 年版，第 106 页。

治品格，以钉钉子精神抓好工作落实。

## 二、贯彻党的全面领导的部署

党的十八大以来，以习近平同志为核心的党中央采取一系列举措坚持和加强党的全面领导。归纳起来，主要包括两个方面的重大举措：一是理论上正本清源，坚持党的理论创新；二是制度上立柱架梁，坚持和完善党的领导制度体系，并在实践上扎实推进。[①]党的十九届四中全会明确党的领导制度是我国的根本领导制度，强调要坚决维护党中央权威，健全总揽全局、协调各方的党的领导制度体系，把党的领导落实到国家治理的各领域各方面各环节。完善坚定维护党中央权威和集中统一领导的三项重要制度，即完善落实“两个维护”的制度、健全党中央对重大工作的领导体制、健全并严格执行向党中央请示报告制度。

### （一）完善落实“两个维护”的制度

#### 1. 从“两个维护”到“两个确立”

2016 年 10 月，党的十八届六中全会明确了习近平总书记党中央的核心、全党的核心地位，正式提出“以习近平同志为核心的党中央”“坚定不移维护党中央权威和党中央集中统一领导”。2017 年 10 月，党的十九大把“坚定维护以习近平同志为核心的

① 江金权：《坚持党的全面领导》，《党建研究》2022 年第 1 期。

党中央权威和集中统一领导”写入党章。2018 年 9 月 21 日，中共中央政治局会议审议批准的《中国共产党支部工作条例（试行）》正式提出了“两个维护”，即“坚决维护习近平总书记党中央的核心、全党的核心地位，坚决维护党中央权威和集中统一领导”[①]。《中国共产党组织工作条例》更是明确要求：“各级党组织和全体党员必须坚决维护习近平总书记党中央的核心、全党的核心地位，坚决维护党中央权威和集中统一领导。”[②]“两个维护”成为各级党组织和全体党员共同遵守的党内法规。2021 年 11 月，党的十九届六中全会在坚持“两个维护”的同时，强调“确立习近平同志党中央的核心、全党的核心地位，确立习近平新时代中国特色社会主义思想的指导地位”。

从“两个维护”到“两个确立”，是实践的选择、历史的选择，是全党的选择、人民的选择，反映了全党全军全国各族人民的共同心愿，对新时代党和国家事业发展、对推进中华民族伟大复兴的历史进程具有决定性意义。

### 2. 健全《中共中央政治局关于加强和维护党中央集中统一领导的若干规定》等“两个维护”的党内法规和规范性文件

加强和维护党中央集中统一领导是全党共同的政治责任，首先是中央领导层的政治责任。中央政治局要自觉在以习近平同志为核心的党中央集中统一领导下履行职责、开展工作，坚决维护

① 《中国共产党党内法规汇编》，法律出版社 2021 年版，第 36 页。
② 《中国共产党党内法规汇编》，法律出版社 2021 年版，第 109 页。

习近平总书记作为党中央核心、全党核心的地位。2017年10月27日，中共中央政治局审议通过的《中共中央政治局关于加强和维护党中央集中统一领导的若干规定》特别强调，中央政治局全体同志要坚持每年向党中央和总书记书面述职；中央书记处和中央纪律检查委员会、全国人大常委会党组、国务院党组、全国政协党组、最高人民法院党组、最高人民检察院党组每年向中央政治局常委会、中央政治局报告工作。[①]这在党的历史上尚属首次，充分显示出中央高层对于维护党中央集中统一领导的表率作用，也表明党的集中统一领导的制度化水平更高，对于加强和维护党中央集中统一领导具有极为重要的意义。

## （二）健全党中央对重大工作的领导体制

党的十八大以来，党中央层面成立全面深化改革、国家安全、网络安全和信息化、军民融合发展等重要领域的领导小组作为决策议事协调机构。党的十九大以后，党中央在深化党和国家机构改革中，着力从制度安排上发挥党的领导这个最大的体制优势，适当归并党中央决策议事协调机构，成立全面依法治国委员会等，统一各委员会名称，进一步完善了党中央对重大工作的领导体制。

重要领域的领导小组（委员会）是党中央总揽全局、协调各方的决策机构，它们的基本职能是“在党中央领导下，负责相关重

①《中共中央政治局召开会议研究部署学习宣传贯彻党的十九大精神 审议〈中共中央政治局关于加强和维护党中央集中统一领导的若干规定〉和〈中共中央政治局贯彻落实中央八项规定的实施细则〉》，《人民日报》2017年10月28日第1版。

大工作的顶层设计、统筹协调、整体推进、督促落实”[①]。表现为对各级人大、政府、政协、监察机关、审判机关、检察机关、武装力量、各民主党派和无党派人士、人民团体、企事业单位、基层群众性自治组织、社会组织等各个方面及相关部门的统筹协调，具体方式是与议题有关的负责人纳入领导小组（委员会）成员范围。

例如，2019 年 6 月 24 日，中共中央政治局会议审议批准的《中国共产党农村工作条例》第七条规定：“党中央设立中央农村工作领导小组，在中央政治局及其常务委员会的领导下开展工作，对党中央负责，向党中央和总书记请示报告工作。中央农村工作领导小组发挥农村工作牵头抓总、统筹协调等作用，定期分析农村经济社会形势，研究协调‘三农’重大问题，督促落实党中央关于农村工作重要决策部署。中央农村工作领导小组各成员单位应当加强对本单位本系统农村工作的领导，落实职责任务，加强部门协同，形成农村工作合力。”[②]

### （三）健全并严格执行向党中央请示报告制度

党的十八大以来，以习近平同志为核心的党中央健全党内常规和专项的请示报告工作制度，更加明确和规范了重大问题、重要事项的请示报告工作制度，形成了完备的请示报告制度规范体系。仅以 2019 年 1 月 25 日中共中央政治局会议审议批准的《中国共产党重大事项请示报告条例》为例。《条例》就向谁请示报

①《中国共产党党内法规汇编》，法律出版社 2021 年版，第 76 页。
②《中国共产党党内法规汇编》，法律出版社 2021 年版，第 124 页。

告、请示报告什么、怎么请示报告、请示报告的监督追责等一系列重大问题进行了规范。其中党员、领导干部请示报告的事项详见下表。

**党员、领导干部分别请示报告的事项**①

| 类别 | 主体 | 事项（内容） |
| --- | --- | --- |
| 请示 | 党员 | （1）从事党组织所分配的工作中的重要问题；（2）代表党组织发表主张或者作出决定；（3）按照规定需要请示的涉外工作交往活动；（4）转移党的组织关系；（5）其他应当向党组织请示的事项。 |
| | 领导干部 | （1）从事党组织所分配的工作中的重要问题；（2）代表党组织发表主张或者作出决定；（3）按照规定需要请示的涉外工作交往活动；（4）转移党的组织关系；（5）其他应当向党组织请示的事项。 |
| 报告 | 党员 | （1）贯彻执行党组织决议以及完成党组织交办工作任务情况；（2）对党的工作和领导干部的意见、建议；（3）发现党员、领导干部违纪违法线索情况；（4）流动外出情况；（5）其他应当向党组织报告的事项。 |
| | 领导干部 | （1）学习贯彻习近平新时代中国特色社会主义思想，贯彻落实党中央决策部署和党组织决定中的重要情况和问题；（2）遵守政治纪律和政治规矩，坚决维护习近平总书记党中央的核心、全党的核心地位，坚决维护党中央权威和集中统一领导情况；（3）坚持民主集中制，发扬党内民主，正确行使权力，参与集体领导情况；（4）参加领导班子民主生活会和所在党支部（党小组）组织生活会情况；（5）履行管党治党责任，加强党风廉政建设和反腐败工作以及遵守廉洁纪律情况。 |

①《中国共产党党内法规汇编》，法律出版社2021年版，第252—254、256—257页。

## 三、坚持党的全面领导取得的成效

习近平总书记指出："党的十八大以来，我们对坚持党的领导不仅在理论上有了新认识，而且在实践中有了新探索，完善了党对一切工作领导的体制机制。"[①] 坚持党的全面领导取得了巨大成效，我们可以把这些成效归结为两个方面：一是直接成效，二是间接成效。

### （一）直接成效

坚持党的全面领导取得的直接成效，《决议》进行了集中概括："党的十八大以来，党中央权威和集中统一领导得到有力保证，党的领导制度体系不断完善，党的领导方式更加科学，全党思想上更加统一、政治上更加团结、行动上更加一致，党的政治领导力、思想引领力、群众组织力、社会号召力显著增强。"具体来说，主要体现在三个方面：全党同志思想认识更加统一、党的全面领导制度更加健全、党中央集中统一领导更加坚强有力。[②]

### （二）间接成效

全党同志思想认识更加统一、党的全面领导制度更加健全、党中央集中统一领导更加坚强有力，促使党的十八大以来党和国

① 习近平：《论坚持党对一切工作的领导》，中央文献出版社 2019 年版，第 11—12 页。
② 江金权：《坚持党的全面领导》，《党建研究》2022 年第 1 期。

家事业在攻坚克难中不断取得巨大成就，特别是在严惩腐败、脱贫攻坚、抗击新冠疫情、应对贸易战等重大斗争中取得了举世瞩目的成就。

例如，党的二十大报告指出，党的十八大以来的十年，我们坚持精准扶贫、尽锐出战，打赢了人类历史上规模最大的脱贫攻坚战，全国 832 个贫困县全部摘帽，近一亿农村贫困人口实现脱贫，960 多万贫困人口实现易地搬迁，历史性地解决了绝对贫困问题，为全球减贫事业作出了重大贡献。

我国经济实力实现历史性跃升。国内生产总值从 54 万亿元增长到 114 万亿元，我国经济总量占世界经济的比重达 18.5%，提高 7.2 个百分点，稳居世界第二位；人均国内生产总值从 39800 元增加到 81000 元。

人民生活全方位改善。人均预期寿命增长到 78.2 岁。居民人均可支配收入从 16500 元增加到 35100 元。城镇新增就业年均 1300 万人以上。建成世界上规模最大的教育体系、社会保障体系、医疗卫生体系，教育普及水平实现历史性跨越，基本养老保险覆盖十亿四千万人，基本医疗保险参保率稳定在 95%。①

---

① 习近平：《高举中国特色社会主义伟大旗帜 为全面建设社会主义现代化国家而团结奋斗——在中国共产党第二十次全国代表大会上的报告》，人民出版社 2022 年版，第 7—8、10—11 页。

第二讲

# 全面从严治党

王传利

习近平总书记说过："党要管党，才能管好党；从严治党，才能治好党。……管党治党一刻不能松懈。如果管党不力、治党不严，人民群众反映强烈的党内突出问题得不到解决，那我们党迟早会失去执政资格，不可避免被历史淘汰。这绝不是危言耸听。"① 办好中国的一切事情，关键在党，关键在全面从严治党。全面从严治党，是十八大以来党的建设的鲜明主题。中国特色社会主义进入新时代后，以习近平同志为核心的党中央出台一系列重大方针政策，推出一系列重大举措，解决了全面从严治党方面长期想解决而没有解决的难题。党的第三个历史决议列举了新时代中国特色社会主义事业取得的 13 个方面的历史性成就、发生的历史性变革，将"全面从严治党"作为一个重要成就和变革加以阐述。这一讲，我们将结合第三个历史决议的相关内容，帮助大家厘清三个问题：一是党中央为什么提出全面从严治党战略布局？二是在全面从严治党方面有哪些重大举措？三是全面从严治党取得了哪些开创性成就？

---

①《十八大以来重要文献选编》（上），中央文献出版社 2014 年版，第 349—350 页。

## 一、为什么提出全面从严治党

先讲第一个话题，党中央为什么提出全面从严治党战略布局？

### （一）从严治党是马列主义政党的优良传统

1859 年 5 月 18 日，马克思致信恩格斯：“我们现在必须绝对保持党的纪律，否则将一事无成。”[①]在国际共产主义运动历史上，首提“党的纪律”这一概念。在 1920 年召开的俄共（布）第九次代表大会上，列宁提出“需要铁一般的纪律，铁一般的组织”[②]。在《共产主义运动中的“左派”幼稚病》里，列宁明确地提出党的“极严格的真正铁的纪律”和“无产阶级党的铁的纪律”的科学概念，认为“无产阶级实现无条件的集中和极严格的纪律，是战胜资产阶级的基本条件之一”。“如果我们党没有极严格的真正铁的纪律”，“那么布尔什维克别说把政权保持两年半，就是两个半月也保持不住”。[③]没有极其严格的纪律，马克思主义政党就不能建设一支富有战斗力的队伍，顺利实现党在各个时期的历史任务。

中国共产党历来强调立规矩，守纪律，从严治党。纪律严明，是中国共产党的优良传统和政治优势。党的一大以来，每次通过的纲领、党章以及专门的决议中，都规定了党的纪律。党的

---

①《马克思恩格斯列宁论反腐败》，中国方正出版社 2020 年版，第 93 页。

②《列宁全集》第 38 卷，人民出版社 1986 年版，第 280 页。

③《列宁全集》第 39 卷，人民出版社 1986 年版，第 3—4 页。

一大通过的党的纲领，对组织纪律和保密制度作了明确的规定。党的二大通过的党章专门设纪律专章，提出 9 条纪律。延安时期，毛泽东就提出："共产党与红军，对于自己的党员与红军成员不能不执行比较一般平民更加严格的纪律。"[①]党的五大章程提出，严格党的纪律是全体党员及全体党部最初的最重要的义务。1928 年 7 月，党的六大通过的党章规定"严格的遵守党纪为所有党员及各级党部之最高责任"[②]。1948 年 5 月，中共中央书记处扩大会议专门讨论了反对无政府无纪律状态、加强纪律性的问题。会议提出的"加强纪律性，革命无不胜"，已经成为党史上流行的名言。进城执政前夕，中央作出"不做寿，不送礼，少敬酒，少拍掌，不以人名作地名，不要把中国同志同马恩列斯平列"的六条规定。

党的十一届三中全会以后，邓小平等党和国家领导人总结历史上特别是"文化大革命"的经验教训，结合改革开放和现代化建设的实际，多次强调加强党的纪律，为加强纪律采取了一系列重要措施。中国特色社会主义进入新时代，党中央总结从严治党的历史经验，进一步发扬光大，提出全面从严治党的战略，彰显了以习近平同志为核心的党中央全面加强纪律建设，全面从严治党的坚强决心。

### （二）维护百年大党保持风华正茂的有效措施

早在 2021 年，中国共产党已经隆重地庆祝了自己的百岁生

---

①《毛泽东著作专题摘编》（下），中央文献出版社 2003 年版，第 2019 页。

②《中国共产党反腐倡廉文献通典（1921—1949 年）》第 1 卷，党建读物出版社 2009 年版，第 43 页。

日。不可否认，百年大党风华正茂，这是坚持党要管党、从严治党，推进党的建设取得的明显成效。同样不可否认，自改革开放以来，在党的建设方面出现了一些问题，有的问题还相当严重。党在第三个历史决议里提到："由于一度出现管党不力、治党不严问题，有些党员、干部政治信仰出现严重危机，一些地方和部门选人用人风气不正，形式主义、官僚主义、享乐主义和奢靡之风盛行，特权思想和特权现象较为普遍存在。"党的二十大报告指出"一些贪腐问题触目惊心"。这个概括完全符合改革开放以来相当长一段时期党的建设的实际情况。

让我们以中央企业党建情况为例，看看党建弱化的情况。党的十八大后，中央部署对55家央企的巡视。55份巡视反馈情况报告显示，央企普遍存在"党的领导弱化"的问题。从巡视看，一些央企存在"只抓业务不抓党建的现象，有的党组长期不研究党建工作，有的落实'两个责任'不力，与之相伴的就是纪律松弛。管党治党失之于宽、松、软，这是央企所有问题的总病根所在"①。这为党的二十大报告讲的"存在不少落实党的领导弱化、虚化、泛化问题"做了注脚。

正是因为"管党不力、治党不严"，所以"有些党员、干部政治信仰出现严重危机"。大家还记得，江西南昌有一个耍蛇的神汉叫王林，他用简单的变戏法之术蒙骗了多少高官、富豪、明星！这些人之所以视骗子王林为救命稻草，并非源于王林有他吹嘘的神功，而在于某些官员信仰的缺失，导致革命意志衰退，违法违纪心有不安，不得不在鬼神迷信里寻求精神寄托。习近平总

---

① 来源：中央纪委监察部网站，发布时间：2016-01-01 01:52。

书记一针见血地指出："在我们党员、干部队伍中，信仰缺失是一个需要引起高度重视的问题。""有的精神空虚，认为共产主义是虚无缥缈的幻想，'不问苍生问鬼神'，热衷于算命看相、求神拜佛，迷信'气功大师'。"[①]所以，必须全面从严治党，以维护党的勃勃生机。

## （三）以伟大自我革命引领伟大社会革命的必然要求

中央电视台曾热播的电视片《零容忍》，首次曝光公安部原副部长孙力军政治团伙问题。这个团伙的成员均身居要职，有的曾任公安部技术侦查局局长、上海市副市长；有的曾任江苏省副省长、省公安厅厅长，江苏省委常委、政法委书记；有的曾任公安部网络安全保卫局局长，山西省副省长、省公安厅厅长。他们政治野心极度膨胀，政治品质极为恶劣，权力观、政绩观极度扭曲，是政治问题和经济问题交织、极度腐化堕落的典型，其形成的利益集团，严重危害国家的政治安全。

党的十八大以来，党中央着眼于中华民族伟大复兴战略全局和世界百年未有之大变局，进行着具有许多新的历史特点的伟大斗争，绝对不允许"七个有之"问题严重影响党的形象和威信，严重损害党群干群关系。如同航行于大洋之中的万吨巨轮免不了依附上藤壶这类可恶的寄生虫一样，党的健康肌体已悄悄地钻入了寄生虫式的政治投机分子。他们比"拿枪的敌人"更隐蔽、更

① 《习近平关于全面从严治党论述摘编（2021年版）》，中央文献出版社2021年版，第162页。

危险万分。他们是厚颜无耻的“两面人”，信仰极端自私的市侩哲学和实用主义，精通厚黑术，并结成政治团伙、小圈子、利益集团。这些攫取国家和人民利益、侵蚀党的执政根基、动摇社会主义国家政权的小团伙、小圈子、小集团，越是投机事业发达，党的健康肌体越是受到伤害，党的先进性和纯洁性越是受到损害。这种长期执政难以避免出现的政治投机现象，告诫我们必须以伟大自我革命引领伟大社会革命，必须在新时代全面从严治党。

## 二、全面从严治党的重大举措

第二个话题，党中央在全面从严治党方面有哪些重大举措？

中国特色社会主义进入新时代，党中央把全面从严治党纳入新时代党的建设的总要求，推出全面从严治党的重大举措。第三个历史决议指出：“党以永远在路上的清醒和坚定，坚持严的主基调，突出抓住‘关键少数’，落实主体责任和监督责任，强化监督执纪问责，把全面从严治党贯穿于党的建设各方面。”党的二十大报告指出：坚定不移全面从严治党，深入推进新时代党的建设新的伟大工程。下面让我们分别介绍全面从严治党的具体举措。

### （一）以党的政治建设为统领，旗帜鲜明讲政治，维护党中央权威和党的团结统一

曾经一度出现的治党不严现象，导致一些领导干部不注意维护党中央的权威。备受社会各界广泛关注的“秦岭违建别墅事

件”，习近平总书记为此多次作出批示，但当时的陕西省和西安市的主要领导干部说一套做一套，令不行禁不止，欺骗中央，欺骗群众。习近平总书记对“秦岭违建别墅事件”作出第六次批示：“首先从政治纪律查起，彻底查处整而未治、阳奉阴违、禁而不绝的问题。”习近平总书记要求从政治纪律查起，抓住了问题的要害。

此事件发生在集中整治形式主义、官僚主义专门活动开展以后，说明形式主义和官僚主义具有顽固性和反复性，一些领导干部身上依然存在令人震惊的形式主义、官僚主义作风。在执行党中央战略意图时，依然存在表态多调门高、行动少落实差等突出问题。有关党组织的政治建设缺位、软弱无力，有关领导干部对政治纪律缺乏敬畏，政治规矩意识淡薄。维护习近平总书记的核心地位，维护党中央的权威和集中统一领导，是党内的最高政治原则。在贯彻执行中央决策部署时，做到令行禁止，不打折扣，不搞变通，不图虚名，不务虚功。要用我们的实际行动，坚决清理不敬畏、不在乎、空喊口号的积习，以钉钉子精神将全面从严治党引向深入。

全面从严治党首先要从政治上看，不断提高政治判断力、政治领悟力、政治执行力，充分发挥全面从严治党引领保障作用，在全面从严治党中不断提升“政治三力”。在历史的关键时刻，往往最能够检验领导干部是否具有政治判断力、政治领悟力、政治执行力。红军长征时期，张国焘分裂红军，毛泽东说这是他一生中最黑暗的日子。毛泽东率领的中央红军到达陕北后，物质资金保障几近匮尽。毛泽东写了一张借条，让人找红十五军团的徐海东借钱。徐海东所部隶属于张国焘领导的红四方面军，徐海东也是张国焘的老部下。在接到毛泽东借款2500元的借条后，徐海东当即认为“一个共产党员，应该无条件地服务中央”，于是立即把供给部部长找来，从并不富裕的全部家底7000元中拿出5000元送交中央。毛泽东后来称赞徐海东是“对中国革命有大功的人”。徐海东的故事诠释了什么叫党性，什么叫政治判断力、政治领悟力、政治执行力，这是如何把全面从严治党战略部署落到实处的生动案例。

### （二）坚持人民至上，着力解决人民群众反映强烈的作风问题，锲而不舍地落实中央八项规定精神，以党风政风带动社会风气民风好转

“伟大、光荣、英雄的中国人民万岁！”这是习近平总书记在庆祝中国共产党成立100周年大会上讲话时喊出的激动人心的口号，辽阔的天安门广场上的数万民众报以热烈的掌声和欢呼。人们不会忘记，70多年前的开国大典上，中国人民的伟大领袖毛泽东也是在天安门城楼上欢呼“人民万岁”。两位领袖，在同一个地点，发出同样激越高昂的声音，这绝非偶然。

江山就是人民、人民就是江山，打江山、守江山，守的是人民的心，这是对客观历史真相的科学揭示。历史没有忘记，面对气势汹汹地进攻井冈山革命根据地和“围剿”苏区的国民党反动派，毛泽东泰然自若，视万千敌人如虫蚁，“敌军围困万千重，我自岿然不动”。因为毛泽东知道，真正的铜墙铁壁是千百万真

心实意地拥护革命的群众。淮海战役的胜利，与山东、中原、华中和冀鲁豫四个地区的543万支前民工是分不开的。支前民工携带了20万副担架、88万辆大小车、30万副挑子、76万头牲口，不怕牺牲地奔波于前线与后方之间。平均每一个参加淮海战役的解放军战士的背后竟然有9位支前的民工。如果说淮海战役的胜利是靠老百姓用小车推出来的，那么，渡江战役的胜利就是靠老百姓用小船划出来的。邓小平曾在一次报告中动情地说：江北人民把家里的粮食尽量拿出来，并表示只要渡江，饿着肚子也不要紧。为解决烧柴困难，人民甚至毫无怨言地拆房子给我们当柴烧。

所以，党中央强调，我们党来自人民、植根人民、服务人民，一旦脱离群众，党就会失去生命力。全面从严治党，必须从人民群众反映强烈的作风问题抓起。

2012年12月4日，中共中央政治局会议审议通过了关于改进工作作风、密切联系群众的八项规定。中央八项规定短短600多字却内涵丰富，从调查研究、会议活动、文件简报、出访活动、警卫工作、新闻报道、文稿发表、勤俭节约8个方面对加强作风建设立下规矩。正人先正己，党中央高风亮节，以身作则，以上率下，改进工作作风。党的二十大闭幕刚三天，习近平总书记主持中央政治局会议，审议了《中共中央政治局贯彻落实中央八项规定实施细则》。

毛泽东将有无认真地自我批评当作中国共产党区别于其他政党的标志之一，当作抵抗各种政治灰尘和政治微生物侵蚀党员干部的思想和我们党的肌体的唯一有效的方法。党的十八大以后，中央政治局每年召开民主生活会，听取贯彻执行八项规定的情况汇报，开展批评和自我批评。习近平总书记亲自前往京畿重地的河北省，全程参加并指导省委常委班子专题民主生活会，推动了全国党政干部的批评和自我批评活动。人民群众说，共产党的批评和自我批评的好传统回来了。

针对公款送礼、公款吃喝、公款旅游、奢侈浪费等不正之风的顽疾，党中央发扬钉钉子精神，持之以恒加以纠治。抓住元旦、春节、五一、中秋、国庆等重要节点开展检查、抽查。狠刹公款送月饼、贺卡、烟花爆竹等节礼年货，以及公款吃喝、公款旅游和铺张浪费等不正之风，积小胜为大胜，以党风政风带动社风民风，做到言必信、行必果，让全党和人民群众感到变化，看到希望，树立了党的威望。纪检监察机关对违反中央八项规定精神的问题进行了严肃处理，2013 年共查处违规问题 2.4 万起，处理 3 万多人，其中给予党纪政纪处分的 7600 多人。中央纪委分 4 次对 32 起违反中央八项规定精神的典型问题进行通报。①2021 年，全国纪检监察机关共查处享乐主义、奢靡之风问题 5.4 万个，批评教育帮助和处理了 7.3 万人，其中给予党纪政纪处分的有 5.3 万人。② 各级纪检监察机关对违纪问题及时曝光，发挥了警示和教育作用。

## （三）牢记初心使命，挺起共产党人的精神脊梁

党的十八大以来，党坚持思想建党和制度治党同向发力，先

---

①《十八大以来重要文献选编》（上），中央文献出版社 2014 年版，第 727 页。

② 赵乐际在十九届中央纪委六次全会上的工作报告，源于中央纪委网站。

后开展党的群众路线教育实践活动、“严以修身、严以用权、严以律己，谋事要实、创业要实、做人要实”专题教育、“学党章党规、学系列讲话，做合格党员”学习教育、“不忘初心、牢记使命”主题教育、党史学习教育等活动，用党的创新理论武装全党，推进学习型政党建设，教育引导广大党员、干部特别是领导干部从思想上正本清源、固本培元，筑牢信仰之基、补足精神之钙、把稳思想之舵，保持共产党人的政治本色，挺起共产党人的精神脊梁。

中国共产党追求和坚守共产主义信仰的传统，在中国特色社会主义的新时代得到传承，在习近平总书记身上得到充分体现。习近平同志形象地将理想信念比喻为共产党人精神上的“钙”，指出共产党员必须坚持马克思主义信仰，坚守共产主义信念：“对马克思主义的信仰，对社会主义和共产主义的信念，是共产党人的政治灵魂，是共产党人经受住任何考验的精神支柱。”①党的十九大刚结束，习近平总书记带领十九届中央政治局常委瞻仰了党的一大会址，面对党旗重温誓词，将共产主义信仰坚守者的光辉形象定格在历史上，其深刻意义就在于号召全体党员牢记为共产主义奋斗终身的入党誓词，做到终身坚守、始终不渝。

习近平总书记要求全党坚守信仰，体现了他对世情党情的深刻思考。列宁亲手缔造的苏联共产党垮台了，打败凶残的希特勒法西斯的伟大国家苏联解体了，留下诸多教训。习近平总书记说：“我说过，在那场动荡中，竟无一人是男儿，没什么人出来

---

①《习近平谈治国理政》，外文出版社 2014 年版，第 15 页。

抗争。什么原因？就是理想信念已经荡然无存了。”[①]他深知理想信念动摇是最危险的动摇，理想信念滑坡是最危险的滑坡。虽然我国没有发生“颜色革命”，但不意味着我国不存在发生“颜色革命”的危险性。习近平总书记居安思危：“我一直在想，如果哪天在我们眼前发生‘颜色革命’那样的复杂局面，我们的干部是不是都能毅然决然站出来捍卫党的领导、捍卫社会主义制度？”[②]如果干部想做到在关键时刻表现出共产党人的骨气，就必须于日常工作生活中补足精神之钙。信仰不会凭空产生，也不可能轻而易举地坚守。精神上“缺钙”，理想信念动摇了，最容易失去共产党人的浩然正气，就会在乱云飞渡的复杂环境中迷失方向、在泰山压顶的巨大压力下退缩逃避、在糖衣炮弹的轮番轰炸下缴械投降。中央纪委通报腐败分子案情，许多腐败分子“丧失理想信念，政治意识淡薄”“背离初心使命”“政治上彻底蜕变”。这种长期执政难以避免的现象，证明了在新时代坚守马克思主义信仰的必要性，证明了坚守信仰是关乎马克思主义政党、社会主义国家的精神力量和前途命运的根本问题。

### （四）坚持党管干部的原则，打造一支优秀队伍；树立准确用人导向，纠正用人方面的不正之风

曾经做过县委书记的习近平总书记曾高度评价两位县委书

①《习近平关于全面从严治党论述摘编（2021 年版）》，中央文献出版社 2021 年版，第 175—176 页。

②《习近平关于全面从严治党论述摘编（2021 年版）》，中央文献出版社 2021 年版，第 161 页。

记，一位是全国县委书记的好榜样焦裕禄同志。焦裕禄心里装着人民，唯独没有他自己，用自己短暂的一生，诠释了一个为人民服务的优秀领导干部的赤子情怀。焦裕禄的事迹，给青少年时期的习近平留下深刻印象。习近平总书记写有一首《念奴娇·追思焦裕禄》的词，其中写道："百姓谁不爱好官？把泪焦桐成雨。生也沙丘，死也沙丘，父老生死系。"习近平总书记多次到焦裕禄工作的兰考县，号召全党学习焦裕禄精神，他认为，"当好县委书记，必须始终做到心中有民"[①]。另一位被习近平总书记高度赞扬的是福建东山县委书记谷文昌。习近平总书记多次提到谷文昌，称赞他"在老百姓心中树起了一座不朽的丰碑"。习近平总书记在中共中央党校县委书记研修班学员座谈会上说："他一心一意为老百姓办事，当地老百姓逢年过节是'先祭谷公，后拜祖宗'。"[②] 习近平总书记高度评价的两个县委书记，一个在福建工作，一个在河南工作，远隔数千里，但他们两人有一个共同的特点，那就是全心全意为人民服务，符合习近平总书记心目中的好干部的标准。

一个时期以来，党内忽视政治、淡化政治、削弱政治的现象比较突出。有少数人无视党的政治纪律和政治规矩，大搞拉帮结派、结党营私、任人唯亲、封官许愿等活动，有的已经到了肆无忌惮、胆大妄为的地步。个别已经成为党的高级领导干部的腐败分子，竟然"从未真正树立理想信念，从未对党忠诚老实"，实在让人惊诧不已。

---

①《习近平谈治国理政》第二卷，外文出版社 2017 年版，第 143 页。

②《习近平谈治国理政》第二卷，外文出版社 2017 年版，第 144 页。

造就一支宏大的党和人民需要的高素质干部队伍，对于社会主义事业的兴旺发达具有十分重要的意义。习近平总书记重视培养和选拔党和人民需要的好干部，曾在全国组织工作会议上，科学地回答了怎样是好干部、怎样成长为好干部、怎样把好干部用起来等重大问题，明确提出新时代党和人民需要的好干部的标准，即信念坚定、为民服务、勤政务实、敢于担当、清正廉洁，并对这一标准的内涵做了深刻阐述。这五项标准应该成为广大领导干部努力全面提高领导素养的座右铭。党的十九大报告提出，选拔干部，要突出政治标准，提拔重用那些牢固树立“四个意识”和“四个自信”、坚决维护党中央权威、全面贯彻执行党的理论和路线方针政策、忠诚干净担当的干部。

社会主义革命、建设和改革事业不是一帆风顺的，往往出现历史的重大波折，出现险峻的局势，一个优秀的领导干部要学那泰山顶上一青松，巍然屹立傲苍穹，八千里风暴吹不倒，九千个雷霆也难轰，关键时刻敢于挺身而出。在新时代，各级党组织在选人用人上要树立鲜明导向，大力选拔使用那些敢担当、善作为，尤其是关键时刻站得出来、顶得上去的干部，特别关注那些个性鲜明、有魄力、能干事，但也容易得罪人的干部，为他们说公道话，最大限度地调动干部的积极性、主动性、创造性，坚决杜绝那些畏首畏尾、患得患失、偷奸耍滑的“骑墙派”“官油子”。

### （五）依规治党，完善党内法规体系，加强制度建设

在新时代，全面从严治党的一个重要举措就是依规治党，完

善党内法规体系。修订党纪处分条例，实现纪法分开。“坚持纪严于法、纪在法前，把党章党规中的纪律要求具体化，把政治纪律放在首位，明确政治纪律、组织纪律、廉洁纪律、群众纪律、工作纪律和生活纪律等六项纪律。”使纪律真正成为管党治党的尺子。[①]将《中国共产党党员领导干部廉洁从政若干准则》修改为《中国共产党廉洁自律准则》，紧扣廉洁自律主题，将适用对象扩大到全体党员，为党员和领导干部树立起高标准。修订《中国共产党党内监督条例》，制定实施《中国共产党问责条例》，修订《中国共产党巡视工作条例》《中国共产党党内监督条例》。

党的十九大报告重点提到巡视巡察监察等体制机制的建设，“在市县党委建立巡察制度，加大整治群众身边腐败问题力度”。“推进反腐败国家立法，建设覆盖纪检监察系统的检举举报平台”“建立巡视巡察上下联动的监督网”“深化国家监察体制改革，将试点工作在全国推开，组建国家、省、市、县监察委员会，同党的纪律检查机关合署办公，实现对所有行使公权力的公职人员监察全覆盖”。党的十九大报告总结了十八大以来党风廉政建设和反腐败斗争的经验，创新体制机制，具有很强的可操作性，如“依法赋予监察委员会职责权限和调查手段，用留置取代‘两规’措施。改革审计管理体制，完善统计体制。构建党统一指挥、全面覆盖、权威高效的监督体系，把党内监督同国家机关监督、民主监督、司法监督、群众监督、舆论监督贯通起来，增强监督合力”，等等。党的十九大报告里提到了许多反腐防腐体制机制的创新，继承和发扬了中国共产党反腐的历史经验，具有鲜明的历

①《十八届中央纪律检查委员会向中国共产党第十九次全国代表大会的工作报告》。

史继承性。可以预料，在未来一个时期，中国反腐将释放反腐制度蕴含的力量，将不断创新反腐体制机制，强化刚性约束。

## （六）坚决反对腐败，勇于自我革命

毛泽东在延安杨家岭与黄炎培谈到旧史上“朝代更替、循环往复”的政权兴亡周期率现象，史称毛、黄“延安窑洞对”或“窑洞之问”。能否跳出“其兴也勃焉，其亡也忽焉”的历史周期率，是中国共产党长期深入思考并不懈努力探索的问题。黄炎培提到发生“精神也就渐渐放下了”“惰性发作”的颓废现象的原因，是“因为历时长久”，此论令人警醒。我们当然不以时间长短与否为依据来判断一个政党是否依然具有强大生命力，但每一个关心党和国家前途命运的党员、干部都应该高度重视百年大党如何在长期执政条件下依然永葆青春活力的课题。如同一架原本设计精巧、功能强大的机器，运转了上百年，部分零件发生锈蚀、松动，这种局面持续下去，可能导致运转失灵，功能下降，有机器报废之虞。要保持机器完好，就必须经常维修保养，必要时更换丧失功能的零件。百年大党已经到了以伟大自我革命引领伟大社会革命的关键时期，必须充分发挥全面从严治党的政治引领和政治保障作用。

由于阶级的局限性，中国古代的许多剥削阶级统治王朝骄奢淫逸，横征暴敛，惹得天怒人怨；取得暂时胜利的李自成、洪秀全农民起义军忘乎所以，骄傲自满，都没有跳出“兴勃亡忽”周期率的支配力主导，让后人叹惜不已。无产阶级政权不是天然地具有政权衰亡的免疫力，列宁亲手缔造的伟大的苏联共产党在执政 74 年后失去执政地位，教训实在深刻。如后人哀之而不鉴之，亦使后人而复哀之！中国共产党执政也有 70 多年了，长期执政，既积累了丰富经验，也不得不面临长期执政带来的考验。从毛泽东进城执政前立志“我们决不当李自成”，到邓小平“整个改革开放过程中都要反对腐败”，再到党的十九大报告里提出的“人民群众最痛恨腐败现象，腐败是我们党面临的最大威胁。只有以反腐败永远在路上的坚韧和执着，深化标本兼治，保证干部清正、政府清廉、政治清明，才能跳出历史周期率，确保党和国家长治久安”[①]，二十大报告提出党的自我革命永远在路上，反腐败斗争必须永远吹冲锋号，充分体现了共产党人在由执政走向长期执政的历史时期，始终坚持党的性质和宗旨，坚决反对腐败，实现政治清明的不懈努力。

中国共产党是伟大的政党，并非意味着自身不存在缺点，并非意味着党内不存在党性不纯、违规违纪的腐败分子，但是，中国共产党有一个特别明显的优点，那就是勇于自我革命，勇于从严管党治党。中国共产党比世界上任何一个政党更加重视自我革命，更加从严管党治党，能够做到敢管敢严，真管真严。以自我革新的政治勇气，着力解决党内存在的理想信念动摇、党性不纯、消极腐化堕落现象，维护党的团结和统一，反对派性，这是中国共产党能够在一个小农意识如汪洋大海般的国度里历尽磨难而不断壮大，经历不少失误而迅速修正错误，具有魔幻一般的神

---

①《决胜全面建成小康社会　夺取新时代中国特色社会主义伟大胜利——在中国共产党第十九次全国代表大会上的报告》，《人民日报》2017 年 10 月 28 日。

奇的非凡能力，以及攻坚克难，勇往直前，不断取得新民主主义革命、社会主义革命与建设和改革开放的巨大胜利的独门法器。中国共产党勇于自我革命，从严管党治党的最鲜明的政治品格，经历了革命战争的锻造，经历了革命、建设和改革的风风雨雨，为行进于中华民族复兴之路、全面建成小康社会的当代共产党人所践行。党的十九大提出“不断增强党自我净化、自我完善、自我革新、自我提高的能力”，号召“全党要更加自觉地坚定党性原则，勇于直面问题，敢于刮骨疗毒，消除一切损害党的先进性和纯洁性的因素，清除一切侵蚀党的健康肌体的病毒，不断增强党的政治领导力、思想引领力、群众组织力、社会号召力，确保我们党永葆旺盛生命力和强大战斗力”。[①] 正是体现了中国共产党勇于自我革命，从严管党治党的最鲜明的政治品格。

## （七）行贿受贿一起查

腐败是党长期执政的最大威胁，反腐败是一场输不起也决不能输的重大政治斗争，不得罪成百上千的腐败分子，就要得罪十四亿人民，必须把权力关进制度的笼子里，依纪依法设定权力、规范权力、制约权力、监督权力。坚持无禁区、全覆盖、零容忍，坚持重遏制、强高压、长震慑，坚持受贿行贿一起查。中央纪委会同有关部门联合制定《关于进一步推进受贿行贿一起查的意见》，重点查处多次行贿、巨额行贿、向多人行贿等行为。

---

①《决胜全面建成小康社会 夺取新时代中国特色社会主义伟大胜利——在中国共产党第十九次全国代表大会上的报告》，《人民日报》2017 年 10 月 28 日。

党的十九大和二十大报告都提出“坚持受贿行贿一起查”，这是新时代反腐方略的一个亮点，是中国反腐方略的一个重大进步。长期以来，学界和政界流行着英国历史学家阿克顿的一句名言“绝对的权力导致绝对的腐败”。鉴于此，往往按照将权力关进制度的笼子里、让权力在阳光下运行的理念设计治腐方略，这样做，有利于约束权力，规范权力，防止权力的滥用。反腐败是一项系统的、复杂的工程，仅仅从权力一方入手是不够的。考察当代中国的腐败状况可知，权钱交易、行贿受贿是腐败的典型样式。在权钱交易的平台上，同时存在有“钱”的资本和有“权”的官员；没有行贿者，自然难以生成受贿者。社会主义初级阶段以经济建设为中心的政策，使得在治理腐败方略的设计中有意无意地轻视了资本因素对权力的腐蚀作用，以至于在实际的反腐实践中存在严惩收贿索贿的贪官而对拿“钱”行贿的一方失之于宽的倾向，许多行贿者逍遥法外。《中华人民共和国刑法》第三百九十条规定“行贿人在被追诉前主动交待行贿行为的，可以从轻或者减轻处罚或者免除处罚”。“两高”《关于办理行贿刑事案件具体应用法律若干问题的解释》规定：“行贿人被追诉后如实供述自己罪行的”“因其如实供述自己罪行，避免特别严重后果发生的”“行贿人揭发受贿人与其行贿无关的其他犯罪行为”，可以从轻、减轻或免除处罚，这很容易形成行贿者大胆行贿而逍遥法外，领导干部稍有不慎则身陷牢狱的局面。一方面对党内干部的受贿行为坚持严格依法处理；另一方面对资本的行贿方采取宽大放任的态度，必然使得处于关键岗位重要岗位的一线负责任的领导干部处于腹背受敌的境地。鉴于行贿受贿的相互依存性，在一如既往地严厉打击体制内的受贿者的同时，绝不可放过体制外的行贿者，特别要从严从重惩处肆意“围猎”干部的行贿犯罪分子，提高行贿犯罪成本。中华人民共和国成立初期，党中央既发动了“三反”运动以克服体制内党员、干部的腐化现象，又发动了“五反”运动以打击体制外的非法资本家。如仅仅发动“三反”运动而不发动“五反”运动，将难以清理产生腐败的社会土壤，“三反”的成果将难以巩固。正是“三反”和“五反”的配合，才创造了我党反腐历史上成功的一页。客观现实的需要和历史的启迪，昭示着未来的治理腐败方略设计，既不能放过受贿的官员，也不能放过行贿者，将权力关进制度的笼子，资本也不得任意而为。

## 三、全面从严治党取得历史性、开创性成就

最后一个话题，讲一讲全面从严治党取得的历史性、开创性成就。

2021 年 6 月 28 日上午，庆祝中国共产党成立 100 周年活动新闻中心举办第二场新闻发布会，据中央纪委副书记、国家监委副主任肖培介绍，在党中央领导下，党的十八大以来全国纪检监察机关立案审查案件 380.5 万件，查处了 408.9 万人，给予党纪政纪处分 374.2 万人。从党的十九大到 2021 年上半年，查处民生领域侵害群众利益问题 39 万余件，处理 35.9 万人；查处扶贫领域腐败和作风问题 28 万件，处分 18.8 万人；查处黑恶势力“保

护伞”相关案件9.3万个，处理8.4万人。在惩治腐败的震慑和党的政策感召下，4.2万人主动找党组织、纪检监察机关投案。运用监督执纪四种形态批评教育帮助和处理883.4万人；查处违反中央八项规定精神问题62.6万件，查处形式主义、官僚主义问题21.7万件，处理32.2万人。

2022年10月22日，十九届中央纪委向党的二十大报告工作，讲到5年来立案审查调查中管干部261人。全国纪检监察机关立案306.6万件，处分299.2万人，8.1万人向纪检监察机关主动投案。全国纪检监察机关查处形式主义、官僚主义问题28.2万个，批评教育帮助和处理42.5万人，其中给予党纪政务处分25.3万人。

这一连串数字，体现了全面从严治党的决心和取得的光辉成就。强调“全面从严”，但最终目的不是“全面从严”，而是维护党的勃勃生机，坚持和加强党的领导，加强党的建设，确保党始终成为中国特色社会主义事业的坚强领导核心。

功夫不负有心人，新时代全面从严治党取得历史性、开创性成就，产生全方位、深层次影响，为实现第一个百年奋斗目标提供了强大政治引领和坚强政治保障。从两轮中央巡视来看，各级党组织不断加强党的建设，根本扭转了管党治党宽、松、软的状况。

全面从严治党，清理了数量不少的腐败分子。有的腐败分子长期占据着关键岗位、重要岗位，清理了他们，就等于消除了危害国家政治安全的隐患，提高了党的肌体的健康水平。党的领导落实到治国理政全过程的各方面。严明政治纪律和政治规矩，严肃党内政治生活，打击党内团伙帮派体系，有利于锻造出高度团结、坚强有力的党，使广大党员、干部自觉在思想上政治上行动上同以习近平同志为核心的党中央保持高度一致。

持之以恒地纠治“四风”，回应了广大人民群众的重大关切，取信于民，效果显著。人民群众正是在身边干部作风发生明显变化中增强了对党的信心和信赖，党同人民群众的血肉联系更加密切。国家统计局2020年年底调查显示，95.8%的群众对全面从严治党、遏制腐败充满信心，比党的十八大前的2012年的调查结果提高了16.5个百分点。党的事业，赢得民心，就是赢得了胜利。在决胜全面建成小康社会、决战脱贫攻坚、抗击百年不遇的新冠疫情、顶住和反击外部极端打压遏制等大战大考中，各级党委（党组）发挥领导核心作用、基层党组织发挥战斗堡垒作用、党员发挥先锋模范作用，把我们党的政治优势、组织优势和制度优势转化为无可比拟的制胜优势。党领导人民团结一致，众志成城，体现了领导能力的提高，体现了全面从严治党的成效。党中央把全面从严治党纳入“四个全面”战略布局，以前所未有的勇气和定力推进党风廉政建设和反腐败斗争，刹住了一些多年未刹住的歪风邪气，解决了许多长期没有解决的顽瘴痼疾，探索出依靠党的自我革命跳出历史周期率的成功路径。

十年磨一剑，全面从严治党取得显著成效，但全党必须深刻地认识到，作风建设永远在路上，全面从严治党永远在路上，要以永远在路上的执着把全面从严治党引向深入。习近平总书记在十九届中央纪委六次全会上提出“四个任重道远”：防范形形色色的利益集团成伙作势、“围猎”腐蚀还任重道远，有效应对腐败手段隐形变异、翻新升级还任重道远，彻底铲除腐败滋生土壤、实现海晏河清还任重道远，清理系统性腐败、化解风险隐患还任重道远。这是习近平总书记基于当前全面从严治党面临的新的复杂形势作出的科学判断，为新时代推进党的建设新的伟大工程确立了鲜明的主基调，为全面从严治党向纵深推进指明了方向。党的二十大报告指出：经过十八大以来全面从严治党，我们解决了党内许多突出问题，但党面临的执政考验、改革开放考验、市场经济考验、外部环境考验将长期存在，精神懈怠危险、能力不足危险、脱离群众危险、消极腐败危险将长期存在。全党必须牢记，全面从严治党永远在路上，党的自我革命永远在路上。

# 第三讲

# 新时代经济建设

张建刚

改革开放以来，我们党坚持以经济建设为中心，领导人民埋头苦干，创造出经济快速发展的奇迹，国家经济实力大幅跃升。党的十八大之后，我国经济发展进入新常态，我们党坚持以高质量发展为主题，以供给侧结构性改革为主线，建设现代化经济体系，打赢防范化解重大风险、精准脱贫、污染防治三大攻坚战，全面建成小康社会，经济建设取得了历史性成就。同时，我们面临着世界百年未有之大变局，单边主义、保护主义、霸权主义上升，新一轮科技革命和产业变革深入发展，新冠疫情还在持续，俄乌冲突带来巨大不确定性，这些都给我国经济发展带来巨大挑战。

## 一、经济建设的历史性成就

### （一）全面建成小康社会

2021 年 7 月 1 日，习近平总书记在庆祝中国共产党成立 100 周年大会上庄严宣告："经过全党全国各族人民持续奋斗，我们实现了第一个百年奋斗目标，在中华大地上全面建成了小康社会，历史性地解决了绝对贫困问题。"[①] 这一历史性成就的取得，

① 习近平：《在庆祝中国共产党成立 100 周年大会上的讲话》，人民出版社 2021 年版，第 2 页。

是几代中国共产党人披荆斩棘不断努力奋斗的结果，是中国人民排除各种艰难险阻不断争取胜利的结果，是以习近平同志为核心的党中央精准施策不断开拓进取的结果。改革开放之初，邓小平明确提出到20世纪末“在中国建立一个小康社会”的奋斗目标。这一目标在20世纪末如期实现，人民生活总体上达到小康水平。在这个基础上，党的十六大提出21世纪头20年建设惠及十几亿人口的更高水平的小康社会的奋斗目标。党的十六大特别是十八大以来，我们党扭住这个奋斗目标，紧扣社会主要矛盾的变化，综合施策、精准发力，突出抓重点、补短板、强弱项，坚决打好防范化解重大风险、精准脱贫、污染防治三大攻坚战，赢得了全面建成小康社会的最后胜利。2021年，我国国内生产总值达到114.4万亿元，经济总量稳居世界第二，人均国内生产总值达到1.25万美元，正迈向高收入国家行列。我们打赢脱贫攻坚战，近1亿农村贫困人口实现脱贫，消除了绝对贫困和区域性贫困。建成世界上规模最大的社会保障体系，覆盖范围不断扩大，保障水平稳步提高。我国经济更加发展、民主更加健全、科教更加进步、文化更加繁荣、社会更加和谐、人民生活更加殷实，人民的获得感、幸福感、安全感大大增强。

全面建成小康社会，完成了中华民族千百年来的夙愿，表明我国发展和人民生活水平跃上新的大台阶，实现了从大幅度落后于时代到大踏步赶上时代的新跨越，标志着中华民族伟大复兴向前迈出新的一大步，也意味着我们开启了全面建设社会主义现代化国家、向第二个百年奋斗目标进军的新征程。

## （二）我国国家综合实力跃上新台阶

“党的十八大以来，我国经济发展平衡性、协调性、可持续性明显增强，国内生产总值突破百万亿元大关，人均国内生产总值超过一万美元，国家经济实力、科技实力、综合国力跃上新台阶，我国经济迈上更高质量、更有效率、更加公平、更可持续、更为安全的发展之路。”[①]近10年来，我国经济维持了较高增速，经济实力显著增强。2012—2021年的10年间，尽管受到中美贸易摩擦、新冠疫情等原因的影响，我国经济仍然表现出强大的韧性和动力，年均增长率达到6.63%，是同期主要经济体中增长最快的国家，远远高于欧美等发达经济体。2010年，我国经济总量超过日本，成为世界第二大经济体，占世界经济比重为9.27%；到了2020年，我国经济总量占世界经济的比重几乎翻了一番，上升到17.37%，分别是第一大经济体美国的0.7倍和第三大经济体日本的2.91倍。根据已公布的数据，按市场汇率计算，2021年中国经济规模为17.7万亿美元，仅次于美国的23.0万亿美元。目前，中国是世界唯一拥有联合国产业分类目录中所有工业门类的国家，多项工业品产量居世界第一。

近10年来，我国居民收入稳步增长，人民生活质量大幅度提高。2021年，全国居民人均可支配收入35128元，是2012年16510元的2.13倍，扣除价格因素，9年间实际年均增长

---

①《中共中央关于党的百年奋斗重大成就和历史经验的决议》，人民出版社2021年版，第36页。

7.36%。2021年年末，私人轿车保有量15732万辆，私人轿车普及率为11.14辆/百人；全国移动电话用户16.4亿户，移动电话普及率为116.3部/百人；互联网上网人数10.32亿人，互联网普及率为73.0%。2021年年末，全国参加城镇职工基本养老保险人数为4.81亿人，参加城乡居民基本养老保险人数为5.48亿人，参加失业保险人数为2.30亿人，基本养老保险覆盖达到10.29亿人，基本医疗保险覆盖达到13.64亿人，基本实现全民医保。

### （三）科技创新实现质的飞跃

中国科技领域的投入在不断增加，重大科技创新成果不断涌现。2012年，我国研发支出为1.03万亿元，占GDP的比重为1.98%；2021年，研发支出增加到2.79万亿元，占GDP的比重也上升到2.44%。2021年授予专利权460.1万件，PCT专利申请受理量7.3万件，每万人口高价值发明专利拥有量[①]7.5件。在高科技领域取得重大突破，首次完成我国月表采样返回，成功发射“天问一号”火星探测器，正式开放运行500米口径球面射电望远镜（FAST），正式开通北斗三号全球卫星导航系统，成功研制量子计算原型系统“九章”，“海斗一号”打破全海深无人潜水器多项世界纪录。在很多领域实现超越，量子通信、超

① 每万人口高价值发明专利拥有量是指每万人口本国居民拥有的经国家知识产权局授权的符合下列任一条件的有效发明专利数量：战略性新兴产业的发明专利；在海外有同族专利权的发明专利；维持年限超过10年的发明专利；实现较高质押融资金额的发明专利；获得国家科学技术奖、中国专利奖的发明专利。

级计算、航空航天、人工智能、第五代移动通信网络（5G）、移动支付、新能源汽车、高速铁路、金融科技等均处于世界领先地位。

## （四）国际影响力显著提升

随着我国经济实力的不断提升，与世界各国的联系越来越紧密，国际影响力也日益提升。我国实施了更加积极主动的开放战略，坚持“引进来”“走出去”并重，创造了更全面、更深入、更多元的对外开放格局，搭建了互利共赢合作新平台。2020年，我国经济规模为14.72万亿美元，占世界GDP（84.75万亿美元）的比重为17.37%。2021年，我国全年货物进出口总额为39.10万亿元，对“一带一路”沿线国家进出口总额为11.60万亿元。2022年，中国成为美国、欧盟、日本、印度等140多个国家和地区的最大贸易伙伴。2013年，习近平总书记提出“一带一路”倡议，备受国际社会关注，沿线国家广泛响应。截至2021年年初，共有140个国家和31个国际组织与我国签署了205份合作文件，基本形成了“六廊六路多国多港”的互联互通架构。我国累计与26个国家和地区签署19个自贸协定，其中的《区域全面经济伙伴关系协定》（RCEP）是全球规模最大、最具发展潜力的自贸区，现已正式生效，区域经济一体化进程进一步加快。人民币国际化进程进一步加快，世界各国特别是我国周边国家和地区对人民币的认可度越来越高。

## 二、经济建设实施的重大战略举措

### （一）现代化建设全过程贯彻新发展理念

在深刻总结国内外发展经验教训、深刻分析国内外发展大势的基础上，习近平总书记提出："发展必须是科学发展，必须坚定不移贯彻创新、协调、绿色、开放、共享的发展理念。"创新、协调、绿色、开放、共享的新发展理念回答了关于发展的一系列理论和实践问题，阐明了我们党关于发展的政治立场、价值导向、发展路径、发展道路等重大政治问题，明确了我国现代化建设的指导原则。改革开放以来，我国经济经历了长期快速发展，奠定了雄厚的物质基础，造就了广阔的市场空间。但同时要看到，我国经济发展质量和效益还不够高，发展不平衡不充分的一些突出问题还没有得到解决，发展成果与满足人民日益增长的美好生活需要还存在不小差距。我国创新能力还不够强，科技水平还不够高；区域、城乡、经济社会等发展不协调、不平衡；资源利用效率不高、环境污染严重、生态系统退化；对外开放水平总体上不够高，用好国际国内两个市场、两种资源的能力不够强；分配不公问题比较突出，收入差距、城乡区域公共服务水平差距较大。针对上述这些问题和矛盾，提出了新发展理念，创新发展注重的是解决发展动力问题，协调发展注重的是解决发展不平衡问题，绿色发展注重的是解决人与自然的和谐问题，开放发展注重的是解决发展内外联动问题，共享发展注重的是解决社会公平正义问题。

我国已全面建成小康社会，实现了第一个百年奋斗目标，正在开启全面建设社会主义现代化国家新征程、向第二个百年奋斗目标进军，这标志着我国进入了一个新的发展阶段。我们要立足新发展阶段，把新发展理念贯彻到经济社会发展全过程和各领域。“要抓住主要矛盾和矛盾的主要方面，切实解决影响构建新发展格局、实现高质量发展的突出问题，切实解决影响人民群众生产生活的突出问题。创新发展、协调发展、绿色发展、开放发展、共享发展，在工作中都要予以关注，使之协同发力、形成合力，不能畸轻畸重，不能以偏概全。”[①] 中央要从规划设计、宏观指导、政策法律、财政投入、工作安排等方面对全党全国作出指导，抓好关键环节，从全局上不断提高全党全国贯彻落实新发展理念的能力和水平。各部门要按照自身职责把新发展理念落实到本部门的重点工作中，综合考虑本部门工作对全党全国工作的作用和影响，不能单打一，只管自己的一亩三分地。各地区要根据自身条件和可能，发挥自身的长处和优势，补齐自身的短板和弱项，全面贯彻新发展理念，实现高质量发展。

## （二）坚持以供给侧结构性改革为主线

党的十八大以来，我国经济发展进入新常态，增长速度、发展方式、经济结构、发展动力都发生了新的变化，供给和需求出现深层次结构性矛盾和问题。为此，党中央作出推进供给侧结构

① 习近平：《论把握新发展阶段、贯彻新发展理念、构建新发展格局》，中央文献出版社 2021 年版，第 501 页。

性改革的重大战略决策，这是对我国经济发展思路和工作着力点的重大调整，是化解我国经济发展面临困难和矛盾的重大举措，也是培育增长新动力、形成先发新优势、实现创新引领发展的必然要求和选择。

供给和需求是市场经济内在关系的两个基本方面，二者是既对立又统一的辩证关系。没有需求，供给就无从实现，新的需求可以催生新的供给；没有供给，需求就无法满足，新的供给可以创造新的需求。供给侧管理和需求侧管理是调控宏观经济的两个基本手段。需求侧管理，重在解决总量问题，注重短期调控，主要是通过调节税收、财政支出、货币信贷等来刺激或抑制需求，进而推动经济增长。供给侧管理，重在解决结构性问题，注重激发经济增长动力，主要通过优化要素配置和调整生产结构来提高供给体系质量和效率，进而推动经济增长。习近平总书记指出："当前和今后一个时期，制约我国经济发展的因素，供给和需求两侧都有，但矛盾的主要方面在供给侧。要加大供给侧结构性改革力度，重点是促进产能过剩有效化解，促进产业优化重组，降低企业成本，发展战略性新兴产业和现代服务业，增加公共产品和服务供给，着力提高供给体系质量和效益，更好满足人民需要，推动我国社会生产力水平实现整体跃升，增强经济持续增长动力。"①

当前，我国经济运行面临的突出矛盾和问题虽然有周期性、总量性因素，但根源是重大结构性失衡。概括起来，主要表现为"三大失衡"，即实体经济结构性供需失衡、金融和实体经济失衡、房地产和实体性失衡。必须把改善供给结构作为主攻方向，

①《习近平关于社会主义经济建设论述摘编》，中央文献出版社2017年版，第95页。

实现由低水平供需平衡向高水平供需平衡跃升，不断提升供给体系对国内需求的适配性，打通经济循环堵点，提升产业链供应链的完整性，使国内市场成为最终需求的主要来源，形成需求牵引供给、供给创造需求的更高水平动态平衡，推动经济高质量发展，从而更好地满足广大人民日益增长、不断升级和个性化的美好生活需要。

## （三）做强、做优、做大国有企业，推进混合所有制改革

我国实行的是社会主义制度，必须坚定不移地把国有企业做强、做优、做大。发展壮大国有经济绝不只是一个简单的所有制问题，也不只是一个纯粹的经济问题，而是关乎我们党执政基础、关乎社会主义制度经济基础的重大问题。“国有企业是中国特色社会主义的重要物质基础和政治基础，关系公有制主体地位的巩固，关系我们党的执政地位和执政能力，关系我国社会主义制度。”[①] 中华人民共和国成立以来特别是改革开放以来，我国国有企业为我国经济社会发展、科技进步、国防安全、民生改善作出了历史性贡献。如果没有长期以来国有企业为我国发展打下的重要物质基础，就没有我国的经济独立和国家安全，就没有人民生活的不断改善，就没有我国今天在世界上的地位，也就没有社会主义中国在世界东方的岿然屹立。

我们要适应国内外经济形势的发展变化，坚持有利于国有

① 《十八大以来重要文献选编》（下），中央文献出版社 2018 年版，第 392 页。

资产保值增值、有利于提高国有经济竞争力、有利于放大国有资本功能的方针，推动国有企业深化改革、提高经营管理水平，加强国有资产监管，通过制度改革、优化调整、创新发展，把国有企业逐步向关系国家安全、国民经济命脉、国计民生的重要行业和关键领域、重点基础设施集中，向前瞻性战略性产业集中，向需要集体攻关的关键基础性技术、高科技领域集中。我们要逐步完善国有资本布局结构，不断增强国有经济的活力、控制力、影响力、国际竞争力、抗风险能力，稳步提升国有资产的规模和实力。我们要加快国资国企改革，坚持政企分开、政资分开和公平竞争原则，做强、做优、做大国有资本，加快实现从管企业向管资本转变，加快完善中国特色现代企业制度，积极推进混合所有制改革，改组成立一批国有资本投资公司，组建一批国有资本运营公司。推进能源、铁路、电信、公有事业等行业竞争性环节市场化改革。加快国有经济布局优化和结构调整，发挥国有经济战略支撑作用。

### （四）实施区域协调发展战略，优化区域经济布局

我国幅员辽阔、人口众多，各地区自然资源禀赋差别巨大，发展程度差距较大。促进区域协调发展，形成主体功能明显、优势互补、高质量发展的区域经济布局，是实现我国经济健康协调可持续发展的根本途径。党的十八大以来，以习近平同志为核心的党中央高瞻远瞩、审时度势地提出了京津冀协同发展、长江经济带发展、粤港澳大湾区建设、长三角一体化发展、黄河流域生

态保护和高质量发展、成渝地区双城经济圈建设等新的区域发展战略。随着这些区域发展战略的实施，我国各区域经济总量不断攀升，经济结构持续优化，区域协调发展成效显著。

当前，我国经济发展面临的国内外环境发生了深刻而复杂的变化，经济发展的空间结构正在进行深刻调整，我们必须适应新形势，谋划区域协调发展新思路。总的发展思路是按照客观经济规律调整完善区域政策体系，发挥各地区比较优势，促进各类要素合理流动，增强创新发展动力，增强中心城市和城市群等经济发展优势区域的经济和人口承载能力，增强其他地区在保障粮食安全、能源安全、生态安全、边疆安全等方面的功能，形成主体功能明显、优势互补、高质量发展的区域经济布局。要推动西部大开发形成新格局，推动东北振兴取得新突破，促进中部地区加快崛起，鼓励东部地区加快推进现代化。健全区域战略统筹、市场一体化发展、区域合作互助、区际利益补偿等机制，完善转移支付制度，更好地促进发达地区和欠发达地区、东中西部和东北地区共同发展、协调发展。

### （五）优先发展农业农村，全面推进乡村振兴

民族要复兴，乡村必振兴。农业农村发展缓慢是制约我国实现社会主义现代化的短板。没有农业农村现代化，就没有整个国家现代化。习近平总书记指出："我国发展最大的不平衡是城乡发展不平衡，最大的不充分是农村发展不充分。"[①] 党的十九大

①《习近平谈治国理政》第三卷，外文出版社 2020 年版，第 256 页。

提出实施乡村振兴战略，就是要从全局和战略高度来把握和处理城乡关系。实施乡村振兴战略是党和国家的重大战略部署，是一篇全面振兴的大文章。农业农村农民问题是关系国计民生的根本性问题，要把实施乡村振兴战略作为新时代“三农”工作的总抓手，促进农业高质高效、乡村宜居宜业、农民富裕富足。

在实施乡村振兴战略中，农业农村现代化是总目标，坚持农业农村优先发展是总方针，产业兴旺、生态宜居、乡风文明、治理有效、生活富裕是总要求，建立健全城乡融合发展体制机制和政策体系是制度保障。坚持总目标，就是要坚持农业现代化和农村现代化一体设计、一并推进，实现农业大国向农业强国跨越。坚持总方针，就是要在资金投入、要素配置、公共服务、干部配备等方面采取有力措施，加快补齐农业农村发展短板，不断缩小城乡差距。坚持总要求，就是要以产业兴旺为解决农村一切问题的前提，以生态宜居为内在要求，以乡风文明为紧迫任务，以治理有效为重要保障，以生活富裕为主要目的，走中国特色社会主义乡村振兴道路。也就是说，乡村振兴是包括产业振兴、人才振兴、文化振兴、生态振兴、组织振兴的全面振兴，是一项需要凝聚各方力量，充分调动亿万农民积极性、主动性、创造性，强化以工补农、以城带乡，促进县域内城乡融合发展的系统工程。

### （六）加快构建新发展格局

我们党根据我国发展阶段、内外环境、经济形势的变化，审时度势地提出要“构建以国内大循环为主体、国内国际双循环相互促进的新发展格局”。这一重大战略明确了我国经济现代化的路径选择，是我国今后相当长时间内经济工作的根本遵循。构建新发展格局，是对我国客观经济规律和发展趋势的自觉把握，是适应我国发展新阶段要求、塑造国际合作和竞争新优势的必然选择，对于推动我国经济高质量发展、促进世界经济繁荣，具有重大而深远的意义。

构建新发展格局，关键就是要利用好国际国内两个市场、两种资源，协调好国内国际两个循环。正如习近平总书记所指出的：“以国内大循环为主体，绝不是关起门来封闭运行，而是通过发挥内需潜力，使国内市场和国际市场更好联通，更好利用国际国内两个市场、两种资源，实现更加强劲可持续的发展。”① 以国内大循环为主体，就是要立足国内、依托国内大市场优势，建立起扩大内需的有效制度，释放内需潜力，加快培育完整内需体系，充分发挥超大规模国内市场的优势。要科学认识国内大循环和国内国际双循环的关系，我国经济已经深度融入世界经济，内外需市场本身是相互依存、相互促进的，我们要建设更高水平的开放型经济新体制，实施更大范围、更宽领域、更深层次的对外开放，塑造我国参与国际合作和竞争的新优势，改善我国生产要素质量和配置水平。构建新发展格局，关键在于经济循环的畅通无阻，最本质的特征是实现高水平的自立自强。我们要坚定不移地贯彻新发展理念，把实施扩大内需战略和深化供给侧结构性改革有机地结合起来，把实行高水平对外开放与推进“一带一路”

① 2020 年 7 月 21 日习近平总书记在企业家座谈会上的讲话，见《人民日报》2020 年 7 月 21 日。

建设有机地统一起来，促使我国国内大循环更有效率、国内国际双循环更加顺畅，从而实现我国经济高质量发展。

## 三、经济建设面临的挑战和问题

### （一）世界政治经济格局深度调整，我国外部环境日益严峻

当前，世界正经历百年未有之大变局，国际格局和国际体系正在发生深刻调整，全球治理体系正在发生深刻变革，国际力量对比正在发生近代以来最具革命性的变化。世界经济版图发生前所未有的深刻变化，发达国家和发展中国家在国际分工体系中的地位角色发生重大转变，发达国家增长乏力，新兴经济体和发展中国家在世界经济中占据越来越大的份额，世界经济重心加快“自西向东”位移。中华民族伟大复兴，是造成世界百年未有之大变局的重要原因；世界面临百年未有之大变局，给中华民族伟大复兴带来重大机遇。中国持续快速发展，国家综合实力不断提升，这引起了一些西方国家的警惕和担忧，纷纷进行战略调整，特别是作为唯一超级大国的美国对华政策出现了重大变化，把中国作为重要战略竞争对手看待，这大大增加了中国外部环境的不稳定性和不确定性。特别要看到，2020 年新冠疫情全球大流行，成为世界百年未有之大变局的新变量、催化剂。新冠疫情对全球经济造成了巨大冲击，单边主义、保护主义、逆全球化思潮甚嚣

尘上。2022 年 4 月底爆发的俄乌冲突将对世界格局演变产生深远影响，新兴经济体与西方的冲突将日益尖锐，生产本地化、重要产品国产化在一定时期内将是一种趋势。但世界经济全球化、国际政治多极化的时代潮流没有改变，中国日益走近世界舞台中央的势头不可阻挡。

## （二）新一轮科技革命和产业变革深入发展

进入 21 世纪以来，全球科技创新进入空前密集活跃的时期，新一轮科技革命和产业变革正在重构全球创新版图、重塑全球经济结构。以人工智能、量子信息、移动通信、物联网、区块链为代表的新一代信息技术加速突破应用，以合成生物学、基因编辑、脑科学、再生医学等为代表的生命科学领域孕育新的变革，融合机器人、数字化、新材料的先进制造技术正在加速推动制造业向智能化、服务化、绿色化转型，新能源、高端装备、绿色环保以及航空航天、海洋装备等新兴产业日益壮大，数字经济、平台经济、共享经济正在迅猛发展，第四次工业革命正在席卷全球。新一轮科技革命和产业变革也深刻改变着人类社会生产生活方式和思维方式，催生出新产业、新产品、新业态、新模式，加速了智慧城市的建设，使智慧生活日益成为现实。

## （三）发展不平衡不充分问题依然严重

随着中国特色社会主义进入新时代，我国社会主要矛盾已经转化为人民日益增长的美好生活需要和不平衡不充分的发展之间的矛盾。发展不平衡不充分成为制约满足人民日益增长的美好生活需要的主要因素，解决发展不平衡不充分问题成为摆在当前的主要任务。应该说，发展是一个动态的过程，不平衡不充分是永远存在的，不可能出现绝对的平衡和充分的状态，但当发展到了一定阶段，不平衡不充分超过了一定的度，成为社会主要矛盾的主要方面时，就必须下功夫解决它，否则就会制约发展全局。当前，我国发展不平衡不充分问题主要体现在以下几个方面：一是生产力水平和布局不均匀，我国仍有大量传统的、相对落后甚至原始的生产力；二是经济建设、政治建设、文化建设、社会建设和生态文明建设等领域仍然存在这样或那样的短板，有些方面还面临不少突出问题；三是城乡区域发展差距较大，我国农村和中西部地区特别是老少边穷地区经济社会发展还比较落后；四是收入分配差距仍然较大，必须把促进全体人民共同富裕摆在更加重要的位置上。

### （四）产业链、供应链依然存在短板

当前，新冠疫情对经济的冲击仍然巨大，俄乌冲突又搅动世界政治经济格局发生激变，世界进入动荡变革期，全球产业链供应链因非经济因素而面临冲击，生产本地化、技术本国化正在成为一种趋势，保护主义、单边主义上升，世界经济持续低迷，这些因素使我国的产业链供应链面临巨大安全风险。我国产业链供应链还存在诸多“断点”“堵点”“痛点”，部分核心环节和关键技术受制于人，产业基础能力不足，国民经济循环不

畅，存在结构性失衡。“卡脖子”问题不仅存在于高技术行业和战略性新兴产业部门，也存在于传统制造业部门；不仅表现在高端生产装备以及关键基础零部件元器件、关键基础材料、先进基础工艺和相应的产业技术基础等“硬”科技方面，也表现在工业软件、操作系统和基本算法逻辑等“软”科技方面。目前，我国基于品牌、技术、关键资源和市场优势的产业链控制力和影响力还不高，在很多领域存在“断链”隐忧；在一些关系国计民生和国家经济命脉的重点领域，产业链供应链自主可控能力不强；产业链现代化和产业基础高级化水平不高，没有形成全产业链优势。

### （五）民生领域依然面临不少难题

目前，我国民生领域还有不少短板，城乡区域发展和收入分配差距依然较大，群众在就业、教育、医疗、居住、养老等方面面临不少难题。2022年，全国城镇居民人均可支配收入49283元，农村居民人均可支配收入20133元，城乡居民人均可支配收入比值为2.45。2020年，东部地区、中部地区、西部地区、东北地区的人均可支配收入分别是41240元、27152元、25416元、28266元，其比率为1.62∶1.07∶1∶1.11。2022年，全国居民按收入五等份分，20%高收入组家庭人均可支配收入为90116元，20%低收入组家庭人均可支配收入为8601元，二者之比为10.5∶1。多年来，我国的基尼系数持续高于0.4的收入分配差距国际警戒线，2021年为0.466。我国结构性就业矛盾没得到有效缓解，劳动者待遇和权益保障还有待提高。义务教育发展不够均衡，上学难、上学贵现象依然存在。优质医疗资源分布不均衡，重大疾病医疗保险制度和救助制度不健全，百姓看病难、看病贵问题还没得到有效解决。一些城市特别是大中型城市房价贵、租金高的状况还没有得到改变，保障性住房供给力度不够。基本养老保险全国统筹还需进一步推进，养老产业不发达，养老服务体系不够完善。

## （六）科技创新能力有待提高

创新是引领发展的第一动力。习近平总书记指出："纵观人类发展历史，创新始终是一个国家、一个民族发展的重要力量，也始终是推动人类社会进步的重要力量。"[①] 科技是国之利器，科技创新是提升国家综合实力、改善人民生活的根本途径。经过几十年的发展，我国已经成为具有重要影响力的科技大国。但同时，我们要看到，我国发展还面临重大科技"瓶颈"，关键领域核心技术受制于人的格局没有从根本上改变，科技基础仍然薄弱，科技创新能力特别是原创能力还有很大差距。我国的光刻机技术、芯片技术与国外顶级技术差距巨大；手机电脑的操作系统、航空设计软件、核心工业软件、数据库管理系统基本被国外公司垄断，随时可能被"断粮"；航空发动机短舱技术尚属空白；重型燃气轮机、高端手机射频器件、真空蒸镀机、

① 习近平：《论把握新发展阶段、贯彻新发展理念、构建新发展格局》，中央文献出版社 2021 年版，第 112 页。

ITO 靶材还没能力生产；触觉传感器、激光雷达自动驾驶汽车的必备组件被国外公司控制；环氧树脂、高端锂电池隔膜、扫描电镜、医学影像设备大部分元器件基本依赖进口；光刻胶、高压共轨系统、高压柱塞泵、高端电容电阻基础电子元件与国外差距很大；铣刀、航空钢材、高端轴承钢、掘进机主轴承全部依赖进口；透射式电镜、微球、水下连接器、燃料电池关键材料、高端焊接电源被国外垄断；超精密抛光工艺被美日牢牢把握。

## 四、新时代奋斗目标与重大任务

### （一）基本实现社会主义现代化

党的十九大对实现第二个百年奋斗目标作出分两个阶段推进的战略安排，即到 2035 年基本实现社会主义现代化，到本世纪中叶把我国建成富强、民主、文明、和谐、美丽的社会主义现代化强国。展望 2035 年，我国要基本实现新型工业化、信息化、城镇化、农业现代化，建成现代化经济体系。在新时代，实现经济现代化，要求推动信息化和工业化深度融合、工业化和城镇化良性互动、城镇化和农业现代化相互协调，促进工业化、信息化、城镇化、农业现代化同步发展。当今世界正处在新一轮科技革命和产业变革的信息化时代，新型工业化建设要以信息化带动工业化、以工业化促进信息化，深化互联网、大数据、人工智能和实体经济的融合，提升制造业信息化水平和智能制造能力。城镇化建设要提升以人为核心的城镇化质量，协调推进大中小城市网络建设，增强城镇产业发展、公共服务、吸纳就业、人口集聚等功能，实现城镇化和工业化的良性互动。农业现代化要提升农业的机械化、科学化、水利化、产业化、绿色化、信息化水平，加强与工业化、城镇化的协调发展，培育农村农业发展新动能，推进三次产业的深度融合和城乡一体化进程。

### （二）共同富裕取得更为明显的实质性进展

《中共中央关于制定国民经济和社会发展第十四个五年规划和二〇三五年远景目标的建议》（以下简称《建议》）中明确提出：到2035年，要达到“人民生活更加美好，人的全面发展、全体人民共同富裕取得更为明显的实质性进展”① 的目标。共同富裕是社会主义的本质要求。我们要实现的共同富裕，是全体人民的富裕，不是少数人的富裕；是人民群众物质生活和精神生活双富裕，不是仅仅物质上富裕而精神上空虚；是仍然存在一定差距的共同富裕，不是整齐划一的平均主义同等富裕；是分阶段有步骤地实现共同富裕，不是同一时间同等程度地实现共同富裕。实现全体人民共同富裕的目标是一个很长的历史进程，需要逐步实现一个一个阶段性目标。可以说，实现共同富裕是一项系统工程，

---

①《中共中央关于制定国民经济和社会发展第十四个五年规划和二〇三五年远景目标的建议》，人民出版社2020年版，第5页。

具有长期性、艰巨性、复杂性。我们要坚持以人民为中心的发展思想，促进人的全面发展和社会全面进步，不断增强广大人民群众的获得感、幸福感、安全感。我们要坚持尽力而为、量力而行，稳中求进、循序渐进，一件事情接着一件事情办，一年接着一年干，扎实推进全体人民共同富裕。到2035年，全体人民共同富裕取得更为明显的实质性进展至少体现在以下几个方面：一是人均可支配收入要有一个质的提升；二是衡量收入分配差距水平的基尼系数要有明显下降；三是衡量人民生活水平高低的恩格尔系数要有显著下降；四是城乡差距、地区差距、行业差距都要显著缩小。

## （三）进入创新型国家前列

创新是一个国家发展进步的不竭动力，是一个国家综合实力的体现，也是一个国家实现现代化的根本途径。《建议》提出，到2035年，我国“关键核心技术实现重大突破，进入创新型国家前列”①。经过几十年的发展，我国在科技领域取得一项又一项历史性突破，科技实力总体上实现大幅度跃升，一些重要领域实现了从跟跑并跑到并跑领跑的转变，但我们必须清醒地认识到，在很多领域我们与世界发达国家还有很大差距，很多关键核心技术还受制于人。我们要把国外对我们“卡脖子”的技术清单变成我国的技术攻关清单，补齐科技发展短板，实现关键核心技术自

---

①《中共中央关于制定国民经济和社会发展第十四个五年规划和二〇三五年远景目标的建议》，人民出版社2020年版，第5页。

主可控。我们要完善关键核心技术攻关的新型举国体制，坚持需求导向和问题导向，面向世界科技前沿、面向经济主战场、面向国家重大需求、面向人民生命健康，着力解决我国经济社会发展、民生改善、国防建设面临的现实问题。我们要坚持实施创新驱动发展战略，把科技自立自强作为国家发展的战略支撑，强化国家战略科技力量，加强基础研究，推进关键核心技术攻关和自主创新，强化知识产权创造、保护、运用，加快建设创新型国家和世界科技强国。

## （四）人均 GDP 达到中等发达国家水平

改革开放以来，我党一直致力于改善人民生活水平，把达到发达国家的生活水平作为我们奋斗的目标。20 世纪 80 年代，邓小平提出“三步走”战略，其中的第三步是“到下个世纪中叶，人均国民生产总值达到中等发达国家水平，人民生活比较富裕，基本实现现代化”。根据变化了的形势，我们党在十九届五中全会上通过的《建议》中，把实现人均国内生产总值达到中等发达国家水平的目标提前到 2035 年。对于什么是“中等发达国家”，国际上并没有标准的定义。以世界银行、国际货币基金组织（IMF）、经济合作与发展组织（OECD）和联合国四个国际机构的标准平均值来看，发达国家人均 GDP 的中位数大约为 2.45 万美元。2020 年我国人均 GDP 为 7.2 万元人民币，按当年人民币平均汇率为 1 美元兑 6.8974 元人民币折算，为 1.04 万美元。未来 15 年，中国要实现这一目标，人均 GDP 年均实际增长率需要保持在 5.88% 左右。我国经济已从高速增长阶段转向中高速增长阶段，在未来 15 年，我们只有不断化解各种风险与挑战，坚决贯彻新发展理念，加速构建新发展格局，才有可能实现这一宏伟目标。

## （五）建成高水平社会福利保障体系

社会保障是民生安全网、社会稳定器，与人民幸福安康息息相关，关系国家的长治久安。到 2035 年，我国要全面建成覆盖全民、统筹城乡、公平统一、安全规范、可持续的多层次社会保障体系，把我国居民的社会福利保障水平提高到一个新的台阶。全面建成多层次社会保障体系，就是要坚持全覆盖、保基本、多层次、可持续的基本方针，按照兜底线、织密网、建机制的基本要求，实现覆盖全民、城乡统筹、权责清晰、保障适度、可持续的奋斗目标，更好地体现社会公平正义，努力满足人民群众差异化需求。全面建成多层次社会保障体系，就是要发挥社会政策的托底功能，切实保障群众基本生活需求，兜住民生保障底线，坚守社会稳定底线；就是要实现制度最广泛的覆盖，让人人都能享受基本社会保障；就是要持续深化改革，建立健全体制机制，不断提高社会保障法治化、制度化水平。我们要全面实施全民参保计划，推进社保转移接续，健全基本养老、基本医疗保险筹资和待遇调整机制；尽快实现基本养老保险全国统筹，推动基本医疗保险、失业保险、工伤保险省级统筹；健全重大疾病医疗保险和救助制度，积极发展商业医疗保险；健全灵活就业人员社保制度；完善帮扶残疾人、孤儿等社会福利制度。“坚持房子是用来住的、不是用来炒的定位，加快建立多主体供给、多渠道保障、租购并举的住房制度。”①

① 习近平：《高举中国特色社会主义伟大旗帜 为全面建设社会主义现代化国家而团结奋斗——在中国共产党第二十次全国代表大会上的报告》，人民出版社 2022 年版，第 48 页。

第四讲

# 新时代全面深化改革

左 鹏

改革是一个国家、一个民族的生存发展之道，开放是顺应当今世界发展大势的必然选择。没有改革开放，就没有当代中国的发展与进步。党的十八大以来，以习近平同志为核心的党中央坚持马克思主义的立场观点方法，从社会主义实践的历史经验和中国特色社会主义发展的现实需要出发，把全面深化改革作为“四个全面”战略布局中具有突破性和先导性的关键环节，不断向广度和深度推进，使中国特色社会主义制度更加成熟、更加定型，从而使国家治理体系和治理能力现代化水平不断提高，党和国家事业焕发出新的生机与活力。

## 一、全面深化改革的基础

1978 年 12 月，党的十一届三中全会胜利召开，开启了改革开放和社会主义现代化建设新时期，引领中国走过波澜壮阔的历史进程，取得了举世瞩目的伟大成就；2013 年 11 月，党的十八届三中全会顺利召开，开创了改革开放新局面，推动了改革由局部探索、破冰突围向系统集成、全面深化转变。从这个意义上讲，两个三中全会都是划时代的。

## （一）波澜壮阔的历史进程

“文化大革命”结束以后，中国面临全新的国际国内形势。当时，世界经济快速发展，科技进步日新月异，国家建设百业待兴，风起云涌的真理标准问题大讨论呼唤着中国共产党尽快就关系党和国家前途命运的路线方针作出政治决断。在这样的重大历史关头，邓小平振聋发聩地指出：“如果现在再不实行改革，我们的现代化事业和社会主义事业就会被葬送。”[①]就此，党的十一届三中全会果断停止使用“以阶级斗争为纲”的口号，重新确立马克思主义的思想路线、政治路线、组织路线，作出把党和国家工作重心转移到经济建设上来、实行改革开放的历史性决策，从而结束了粉碎“四人帮”以后的两年徘徊，实现了中华人民共和国成立以来党的历史上具有深远意义的伟大转折。

党的十一届三中全会以后，党和人民团结奋斗、锐意进取，整个国家焕发出勃勃生机。改革首先从农村取得突破，家庭联产承包责任制的普遍实行，极大地调动了农民的生产积极性，一举解决了中国人民的温饱问题。接着，改革重点由农村转向城市。1984年10月，党的十二届三中全会通过了《中共中央关于经济体制改革的决定》，要求进一步贯彻执行对内搞活经济、对外实行开放的方针，加快以城市为重点的整个经济体制改革，建立具有中国特色的、充满生机和活力的社会主义经济体制。针对改革开放中出现的通货膨胀加剧等问题，1988年9月党的十三届三中全会提出治理经济环境、整顿经济秩序、全面深化改革的方针。

---

①《邓小平文选》第二卷，人民出版社1994年版，第150页。

经过三年努力，治理整顿的主要任务基本完成。

1992 年邓小平南方谈话以后，党的十四大提出，我国经济体制改革的目标是建立社会主义市场经济体制。由此，改革开放进入一个新的阶段。1993 年 11 月，党的十四届三中全会通过了《中共中央关于建立社会主义市场经济体制若干问题的决定》，把党的十四大提出的经济体制改革的目标具体化。据此，财政、税收、金融、外贸、外汇、计划、投资、价格、流通、住房和社会保障等方面的改革大力推进。1997 年 9 月，党的十五大提出公有制可以而且应该有多元化的实现形式。由此，国有企业改革向纵深推进，市场体系建设全面展开，政府职能转变步伐加快。至 2000 年，社会主义市场经济体制初步建立。

2002 年党的十六大以后，我国进入全面建设小康社会、加快推进社会主义现代化建设的新的发展阶段。2003 年 10 月，党的十六届三中全会通过了《中共中央关于完善社会主义市场经济体制若干问题的决定》，提出坚持以人为本，树立全面、协调、可持续的发展观，要求统筹城乡发展、区域发展、经济社会发展、人与自然和谐发展、国内发展和对外开放，更大程度地发挥市场在资源配置中的基础性作用。至 2010 年，中国经济总量超越日本跃居世界第二，党和国家的面貌发生新的历史性变化。

### （二）举世瞩目的伟大成就

改革开放是当代中国最显著的特征、最壮丽的气象。党的十一届三中全会以来，党以巨大的政治勇气和强烈的责任担当，锐意推进各方面的改革，同时不断扩大开放。35 年披荆斩棘，35 年砥砺奋进，党引领人民绘就了一幅波澜壮阔的历史画卷，取得了一系列举世瞩目的伟大成就。

在经济建设上，始终坚持发展是硬道理，不断解放和发展社会生产力，国内生产总值由 1978 年的 3645 亿元迅速跃升至 2012 年的 518942 亿元，年均增长 9.8%，而同时期世界经济年均增长率只有 2.8%，高速增长的持续时间和增长速度都超过了经济起飞时期的日本和"亚洲四小龙"，创造了人类经济发展史上的奇迹。经过 35 年的改革开放，中国已经是世界第二大经济体、制造业第一大国、货物贸易第一大国、商品消费第二大国、外资流入第二大国，外汇储备连续多年位居世界第一，成功实现了从低收入国家向中等偏上收入国家的历史性跨越。

在政治建设上，始终坚持中国特色社会主义政治发展道路，不断发展社会主义民主，推进社会主义法治，党和国家领导体制日益完善，人民当家做主的制度保障更加有力，爱国统一战线更加巩固，掌握着自己命运的中国人民焕发出前所未有的积极性、主动性、创造性，在改革开放和现代化建设中展现出气吞山河的强大力量。

在文化建设上，始终坚持发展社会主义先进文化，加强社会主义精神文明建设，培育和践行社会主义核心价值观，传承和弘扬中华优秀传统文化，爱国主义、集体主义、社会主义精神广为弘扬，国家文化软实力和中华文化影响力大幅度提升。改革开放铸就的伟大改革开放精神，极大地丰富了民族精神的内涵，成为当代中国人民最鲜明的精神标识。

在社会建设上，始终坚持在发展中保障和改善民生，全面推进幼有所育、学有所教、劳有所得、病有所医、老有所养、住有所居、弱有所扶。2012 年，城镇居民人均可支配收入 24565 元，比 1978 年增长了 71 倍；农村居民人均纯收入 7917 元，比 1978 年增长了 58 倍。教育事业全面发展，较好地满足了经济社会发展对各类人才的需求。社会保障制度日益完善，基本建成了包括养老、医疗、低保、住房在内的世界最大的社会保障体系。社会大局长期稳定，中国成为世界上最有安全感的国家之一。困扰中国人民几千年的忍饥挨饿、缺吃少穿问题总体上一去不复返了。

在生态文明建设上，始终坚持保护环境和节约资源，生态文明制度体系加快形成，主体功能区制度逐步健全，节能减排取得重大进展，重大生态保护和修复工程进展顺利，生态环境治理明显加强，积极参与和引导应对气候变化国际合作，中国人民生于斯、长于斯的家园更加美丽宜人。

在党的领导和建设上，始终坚持加强和改善党的领导，积极应对在长期执政和改革开放条件下党面临的风险考验，努力保持党的先进性和纯洁性，保持党同人民群众的血肉联系。积极探索共产党执政规律、社会主义建设规律、人类社会发展规律，不断开辟马克思主义中国化、时代化新境界。坚持党要管党、从严治党，持续推进党的建设新的伟大工程，确保党在革命性锻造中坚定地走在时代前列，始终是中国人民和中华民族的主心骨。

## （三）深层次的矛盾和问题

改革开放以后，党和国家事业取得重大成就，为新时代坚持和发展中国特色社会主义奠定了坚实基础、创造了有利条件。同时，随着改革开放由浅入深、由易到难不断推进，许多影响和制约发展的重大难题也得以破解，但是还有一系列深层次的矛盾和问题尚未根本解决。不仅如此，随着国内外形势的深刻变化，我国发展又面临一系列新的问题和挑战。新老问题互相交织，国内外因素互相影响，需要攻克的体制机制障碍日益显现，需要破除的利益固化藩篱愈加凸显，党在新时代治国理政面临新的重大考验。

比如，35年来通过改革不断解放和发展生产力，极大地增强了国家的经济实力和综合国力，人民生活显著改善，国际地位空前提高，但是衡量一个社会的文明程度，不仅仅要看经济发展，还要看发展成果是否更多更公平地惠及全体人民，人民各方面的权益是否得到切实保障。在全面建成小康社会的决战决胜阶段，在经济实力和综合国力进一步增强的基础上，进一步推动收入分配制度改革和社会保障体系建设，进一步促进社会公平正义，是关系改革开放社会主义性质、关系全体人民福祉的大事要事。同时，在共产党领导下实现学有所教、劳有所得、病有所医、老有所养、住有所居，也是全面建成小康社会必不可少的基本要求之一，是建成富强、民主、文明、和谐的社会主义现代化国家的题中应有之义。在这方面，走进新时代的中国共产党必须要有新的作为。

再如，35 年来通过改革正确处理政府与市场的关系，使市场在国家宏观调控下对资源配置起基础性作用，显著提高了我国经济发展的质量和效益，经济总量已达世界第二，但是创新活力不旺、大而不强的问题还非常突出。究其原因，主要在于产业结构、经济结构不尽合理。这就要求在加快转变经济发展方式的同时，深化经济体制改革。而经济体制改革最根本的一条就是进一步正确处理政府与市场的关系，既发挥社会主义制度集中力量办大事的优势，又通过市场规则增强经济发展活力，推动资源配置实现效益最大化、效率最优化，推动生产要素向优势产业、现代服务业和前瞻性战略性产业聚集。

又如，35 年来通过改革加快构建城乡一体化发展的体制机制，积极推进城镇化、农业现代化，使我国社会生产力和整个国民经济发展的区域布局日渐均衡合理，但是城乡之间、区域之间发展不平衡仍然是制约经济社会发展全面提升的一个重大问题，突出表现为优势产业、优质生产要素主要集中在城市和东部地区，广大农村和中西部地区的发展基础相对薄弱。如果在接下来的发展中不从根本上扭转这种局面，就不可能真正实现全面建成小康社会。只有通过改革推动更多优质生产要素和先进生产力向农村和中西部地区转移，使国民经济布局更加均衡合理，才能真正实现东西并举、共同富裕。

还如，通过改革不断加强和改善党的领导，推进党的建设新的伟大工程，为党和国家事业发展提供了根本政治保证，但在一段时间内，党内也存在不少对坚持党的领导认识模糊、行动乏力问题，存在不少落实党的领导弱化、虚化、淡化、边缘化问题，存在不少因管党不力、治党不严而导致的有些党员、干部政治信仰出现严重危机，一些地方和部门在选人用人方面风气不正，存在形式主义、官僚主义、享乐主义和奢靡之风盛行等问题。对此，全党是忧心忡忡的。如果任由这些问题继续存在和发展下去，不仅难以保证全面建成小康社会目标如期实现，就连基本实现现代化、实现中华民族伟大复兴也将成为泡影。中国共产党必须通过坚持党的全面领导、坚持全面从严治党，推动解决自身存在的深层次矛盾和问题，从而开辟党和国家事业发展新的大好局面。

### （四）党中央的新认识、新判断

党的十八大以后，基于改革开放以来党和国家事业取得的伟大成就，面对在改革攻坚期和深水区经济社会发展日益显现的一些深层次体制机制问题和利益固化藩篱，以习近平同志为核心的党中央深刻认识到实践发展永无止境，解放思想永无止境，改革开放也永无止境，停顿和倒退是没有出路的，必须以更大的政治勇气和智慧推进全面深化改革。

2012 年 12 月 7—11 日，习近平总书记在党的十八大后首次离京考察便来到中国改革开放的前沿——广东深圳。在莲花山公园，他向伫立在山顶的邓小平铜像敬献花篮并感慨地说：“我们来瞻仰邓小平铜像，就是要表明我们将坚定不移推进改革开放，奋力推进改革开放和现代化建设取得新进展、实现新突破、迈上新台阶。”[1]考察期间，他郑重指出：“改革开放是当代中国发展进步的活力之源，是我们党和人民大踏步赶上时代前进步伐的重要法宝，是坚持和发展中国特色社会主义的必由之路。现在我国改革已经进入攻坚期和深水区，我们必须以更大的政治勇气和智慧，不失时机深化重要领域改革。要敢于啃硬骨头，敢于涉险滩，既勇于冲破思想观念的障碍，又勇于突破利益固化的藩篱。要尊重人民首创精神，在深入调查研究的基础上提出全面深化改革的顶层设计和总体规划，尊重实践、尊重创造，鼓励大胆探索、勇于开拓，聚合各项相关改革协调推进的正能量。”[2]

12 月 31 日，十八届中央政治局进行第二次集体学习，主题是坚定不移地推进改革开放。习近平总书记在主持学习时强调，改革开放是一项长期的、艰巨的、繁重的事业，必须一代又一代人接力干下去。在新的历史征程上深化改革开放，必须明确改革开放也是有方向、有立场、有原则的。有的人把改革开放定义为往西方“普世价值”、西方政治制度的方向改，否则就不是改革开放。这是曲解我们的改革开放。不能笼统地说中国改革在某个方面滞后。在某些方面、某个时期，快一点、慢一点是有的，但总体上不存在中国改革哪些方面改了，哪些方面没有改。问题的实质是改什么、不改什么，有些不能改的，再过多长时间也不能改。改革开放是一个系统工程，是一场深刻而全面的社会变革，既包括经济体制又包括政治体制、文化体制、社会体制、生态体制，既涉及生产力又涉及生产关系，既涉及经济基础又涉及上层建筑，每一项改革都会对其他改革产生重要影响，又都需要其他

①② 习近平：《论坚持全面深化改革》，中央文献出版社 2018 年版，第 1—2 页。

改革协同配合，这就要求我们必须坚持全面改革，更加注重各项改革的互相促进、良性互动。[①]

很显然，面对改革开放30多年取得的巨大成就、显露的深层次矛盾和问题，以习近平同志为核心的党中央决心用更大的政治勇气和智慧、更加有力的措施和方法，在新的历史征程上深化改革开放。2013年11月，党的十八届三中全会对全面深化改革作出顶层设计和全面部署，我国改革开放的新局面就此开创。

## 二、吹响全面深化改革的号角

党的十八届三中全会是根据党的十八大提出的全面深化改革开放的目标，在国内外环境都发生极为广泛而深刻的变化、我国发展面临一系列突出矛盾和挑战的情况下召开的，其预设目标能否完成，直接关涉我国能否顺利跨越“中等收入陷阱”，能否迈进高收入国家行列和创新型国家行列，能否实现“两个一百年”奋斗目标。

### （一）提出总目标

党的十八届三中全会通过的《中共中央关于全面深化改革若干重大问题的决定》提出，全面深化改革总目标是完善和发展中国特色社会主义制度、推进国家治理体系和治理能力现代化。对

① 习近平：《论坚持全面深化改革》，中央文献出版社2018年版，第5—8页。

于这个总目标，习近平总书记特别强调，总目标是两句话组成的一个整体，前一句规定了根本方向，我们的方向就是中国特色社会主义道路，而不是其他什么道路，后一句规定了在根本方向指引下完善和发展中国特色社会主义制度的鲜明指向。两句话都讲，才是完整的。只讲第二句，不讲第一句，那是不完整、不全面的。[1]

就第一句而言，中华人民共和国成立以来，特别是改革开放以来，党和国家在实践中逐步形成了中国特色社会主义根本政治制度、基本政治制度和社会主义初级阶段的基本经济制度、中国特色社会主义法律体系，以及建立在这些制度基础之上的经济体制、政治体制、文化体制、社会体制等各方面的具体制度，这些制度已经被实践证明是唯一能够发展中国、发展社会主义、发展马克思主义的制度体系。在中国特色社会主义新时代，实现全面建成小康社会、全面建设社会主义现代化国家的战略目标，必须不断增强中国特色社会主义制度自信。那种动辄想抛开中国特色社会主义、依傍什么别的主义而重起炉灶的主张，都是极端错误的。同时也要看到，中国特色社会主义制度不是一蹴而就的，也不是一成不变的，必须在实践发展中不断完善和发展。在全面建成小康社会的决战决胜期，中国特色社会主义制度的基本框架已经搭建，但支撑这一制度的具体制度还不够完善，形势的发展又提出了制度建设新的任务和要求。所以，为了党和国家长治久安，为了人民幸福安康，为了社会和谐稳定，必须构建一套更完备、更稳定、更管用的中国特色社会主义制度体系。这项工程极

①《习近平关于全面深化改革论述摘编》，中央文献出版社2014年版，第20—21页。

为浩大，零敲碎打调整不行，碎片化修补也不行，必须是全面系统的改革和改进，是各领域改革和改进的联动集成。唯有全面深化改革，才有可能达到目的。

就第二句而言，即便中国特色社会主义各方面的制度都更加成熟、更加定型了，也不等于就自然而然地全面建成小康社会了、基本实现现代化了、建成现代化强国了。把制度优势转化为治理效能，必须推进国家治理体系和治理能力现代化。国家治理体系是指在党的领导下管理国家的制度体系，包括经济、政治、文化、社会、生态文明和党的建设等各领域的体制机制、法律法规安排，也就是一整套紧密相连、互相协调的国家制度；国家治理能力则是指运用国家制度管理社会各方面事务的能力，包括改革发展稳定、内政外交国防、治党治国治军等各个方面。推进国家治理体系和治理能力现代化，就是要适应时代变化，既改革那些不适应实践发展要求的体制机制、法律法规，又不断构建新的体制机制、法律法规，使各方面的制度更加科学、更加完善，实现党、国家、社会各项事务治理的制度化、规范化、程序化。

### （二）作出总部署

习近平总书记指出："全面深化改革，全面者，就是要统筹推进各领域改革，就需要有管总的目标，也要回答推进各领域改革最终是为了什么、要取得什么样的整体结果这个问题。"①过去，我们也提出过改革目标，但大多是从具体领域提出的，比如政治

①《习近平关于全面深化改革论述摘编》，中央文献出版社 2014 年版，第 26 页。

体制改革总的目标、经济体制改革的目标。党的十八届三中全会提出的是全面深化改革总目标，并在总目标统领下明确了经济体制、政治体制、文化体制、社会体制、生态文明体制和党的建设制度等各领域深化改革的目标。

具体来说，关于经济体制改革，提出了坚持和完善基本经济制度、加快完善现代市场体系、加快转变政府职能、深化财税体制改革、健全城乡发展一体化体制机制、构建开放型经济新体制等方面的要求，并在每一方面又提出了更加具体的要求。关于政治体制改革，提出了推动人民代表大会制度与时俱进、推进协商民主广泛多层制度化发展、发展基层民主等方面的要求，同时单独提出推进法治中国建设，要求维护宪法法律权威、深化行政执法体制改革、确保依法独立公正行使审判权检察权、健全司法权力运行机制、完善人权司法保障制度。关于文化体制改革，提出了完善文化管理体制、建立健全现代文化市场体系、构建现代公共文化服务体系、提高文化开放水平等方面的要求。关于社会体制改革，一方面强调要推进社会事业改革创新，要求深化教育领域综合改革、健全促进就业创业体制机制、形成合理有序的收入分配格局、建立更加公平可持续的社会保障制度、深化医药卫生体制改革；另一方面强调要创新社会治理体制，要求改进社会治理方式、激发社会组织活力、创新有效预防和化解社会矛盾体制、健全公共安全体系。关于生态文明体制改革，提出了健全自然资源资产产权制度和用途管制制度、划定生态保护红线、实行资源有偿使用制度和生态补偿制度、改革生态环境保护管理体制等方面的要求。关于党的建设制度改革，强调要强化权力运行制约和监督体系，要求形成科学有效的权力制约和协调机制、加强反腐败体制机制创新和制度保障、健全改进作风常态化制度，最后还特别强调了加强和改善党对全面深化改革的领导。

所有这些，都是为了从具体制度层面推进中国特色社会主义制度更加成熟、更加定型。有了更加成熟、更加定型的制度，就可以最广泛、最充分地调动社会各方面参与国家治理的积极性，进而把国家治理、社会治理提高到新的水平、推进到新的境界，实现国家治理体系和治理能力现代化。

### （三）开创新局面

党的十八届三中全会吹响了全面深化改革的号角。在以习近平同志为核心的党中央坚强领导下，改革全面发力、多点突破、蹄疾步稳、纵深推进，许多领域实现历史性变革、系统性重塑、整体性重构。今日中国，全面深化改革气势如虹、波澜壮阔，当年勾勒的宏伟蓝图已经化作生机勃勃的壮美画卷。

第一，着力增强改革的系统性、整体性、协同性，使改革在广度上有历史性拓展。2022 年 2 月 15 日，在广西河池市政务服务中心内，不到半小时就办完开公司申请手续的杜荣中兴奋地说：“手续办得特别顺利，很开心。”不仅是广西，放眼全国，在全面深化改革的大潮中，“脸难看、门难进、腿跑断”的办证困扰逐渐消失，“一网通办、一日办结”让创新创业蔚然成风。党的十八届三中全会召开以来，各方面共推出 2000 多个改革方案，涉及经济建设、政治建设、文化建设、社会建设、生态文明建设、国防和军队建设、党的建设等所有领域。“到我们党成立一百周年时，在各方面制度更加成熟更加定型上取得明显成效”[①]的目标如期实现。

第二，不断提升改革的战略性、前瞻性、针对性，使改革在高度上有历史性跃升。党的十八届三中全会确立全面深化改革总目标，不仅把对改革重要作用的认识提升到了新的高度，而且合理布局了改革的战略重点、优先顺序、主攻方向、工作机制、推进方式和时间表、路线图，形成了完整的战略设计。根据这个战略设计，全面实施市场准入负面清单制度，政府管理模式实现重大变革；加强产权保护和要素市场制度建设，社会主义市场经济体制进一步成熟和定型；推进国企改革三年行动，中国特色现代企业制度更加成熟和定型；合理划分中央和地方的事权和支出责任，下好全国“一盘棋”……一项项改革利当前、谋长远，护航中国经济稳健前行、迈向高质量发展。

第三，敢于担当，敢于啃硬骨头，敢于涉险滩，使改革在深度上有历史性突破。全面深化改革迎难而上，解决的是中国的现实问题。湖南浏阳，因着力推进医疗、医保、医药三项改革联动，越来越多的群众看病不再难。甘肃平凉，因抓紧落实土地承包经营权登记制度，农民拿着土地承包证信心满满。放眼全国，因改革重大科技项目立项和组织管理方式，为科技自立自强提供了更好的创新环境；因建立健全生态文明建设制度框架，使生态环境保护发生了历史性、转折性、全局性变化；因领导开展中华

---

①《中共中央关于坚持和完善中国特色社会主义制度、推进国家治理体系和治理能力现代化若干重大问题的决定》，《人民日报》2019 年 11 月 6 日。

人民共和国成立以来最为广泛、最为深刻的国防和军队改革，使人民军队实现了整体性、革命性重塑……一项项改革冲破束缚、突破藩篱，回答时代之问，顺应群众期待，形成了改革理论和政策的一系列新的重大突破。

## （四）确立基础性制度框架

“相比过去，新时代改革开放具有许多新的内涵和特点，其中很重要的一点就是制度建设分量更重。”[①] 自党的十八届三中全会对全面深化改革作出顶层设计和整体谋划以来，从夯基垒台、立柱架梁到全面推进、积厚成势，再到系统集成、协同高效，各领域基础性制度框架基本确立，支撑中国特色社会主义制度的根本制度、基本制度、重要制度在坚持中得到完善和发展。

所谓根本制度，是指在中国特色社会主义制度体系中起着奠基础、定方向、管全局作用的制度，它们反映着中国特色社会主义制度质的规定性，在整个中国特色社会主义发展中都不能有丝毫动摇。党的十九届四中全会通过的《中共中央关于坚持和完善中国特色社会主义制度、推进国家治理体系和治理能力现代化若干重大问题的决定》（以下简称《决定》），在重申“坚持和完善人民代表大会制度这一根本政治制度”的同时，强调“坚持马克思主义在意识形态领域指导地位的根本制度”。另外，习近平总书记在全会上的讲话中指出，“党的领导制度是我国的根本领导

① 习近平：《关于〈中共中央关于坚持和完善中国特色社会主义制度、推进国家治理体系和治理能力现代化若干重大问题的决定〉的说明》，《人民日报》2019 年 11 月 6 日。

制度”。这样，党已经明确提出的支撑中国特色社会主义制度的根本制度有三项：党的领导制度、人民代表大会制度、马克思主义指导制度。这三者之所以被称为根本制度，就在于它们奠定了中国特色社会主义制度的基石，体现了中国特色社会主义制度的本质，覆盖了中国特色社会主义制度的全局。

基本制度和根本制度一样，都属于本源、根源意义上的制度，区别在于基本制度涵盖的范围更广一些，从不同领域或方面维持并推动着制度体系的正常运行，而根本制度只是在基本制度中最能体现该制度质的规定性的制度。根据党的十九届四中全会《决定》和党的重要文献，在中国特色社会主义制度体系中已经分领域提出基本制度并明确其内涵的只有基本经济制度和基本政治制度。基本经济制度包括公有制为主体、多种所有制经济共同发展，按劳分配为主体、多种分配方式并存，社会主义市场经济体制等；基本政治制度包括中国共产党领导的多党合作和政治协商制度、民族区域自治制度、基层群众自治制度等。当然，在党的领导和文化、社会、生态文明、军事、外事等领域，应该也有着支撑中国特色社会主义制度的基本制度。随着这些领域已经建立的重要制度不断成熟和定型，从中确立相应的基本制度也是势在必行。

如果说根本制度是制度确立之本，基本制度是制度运行之基，那么重要制度就是在根本制度、基本制度统领下保障制度正常运转和有效发挥作用的具体制度以及相应的体制机制、法律法规安排了，它们在制度体系中上接根本制度、基本制度，下连受制度规范和制约的一切活动，覆盖党的领导、政治、法治、行政、经济、文化、民生、社会、生态、军队、国家统一、外交、监督等国家治理和社会生活的方方面面，而且在每一方面又都涉及不同领域、不同层次。可以说，在党的十九届四中全会《决定》提出的13个“坚持和完善”所涉及的55项（类）具体制度中，除已经明确为根本制度、基本制度的以外，都可以说是重要制度。相比于根本制度、基本制度，重要制度的动态性会更强一些。它们来源于实践中的好经验、好做法，并随着实践的发展而不断地完善和发展，至一定程度，还可能会因其特殊的地位和作用而上升为基本制度乃至根本制度。

正如习近平总书记所指出的：“制度更加成熟更加定型是一个动态过程，治理能力现代化也是一个动态过程，不可能一蹴而就，也不可能一劳永逸。”[①] 党的十九届四中全会在党已经明确的根本制度、基本制度、重要制度的基础上作出了一些新的概括，随着实践发展，党还会在这个概括的基础上作出更新的概括，由此不断完善和发展中国特色社会主义制度，到2035年基本实现国家治理体系和治理能力现代化。

## 三、实行更加积极主动的开放战略

开放也是改革。“站在新的历史起点，中国开放的大门只会越开越大。”[②] 党的十八大以来，我们顺应经济全球化大势，依托

① 习近平：《坚持和完善中国特色社会主义制度 推进国家治理体系和治理能力现代化》，《求是》2020年第1期。

② 习近平：《开放合作，命运与共——在第二届中国国际进口博览会开幕式上的主旨演讲》，《人民日报》2019年11月6日。

我国超大规模市场优势，坚定不移实行更加积极主动的开放战略，努力构建互利共赢、多元平衡、安全高效的开放型经济体系，不断增强我国国际经济合作和竞争新优势。

## （一）应对经济全球化逆流

20世纪90年代以来，伴随着冷战结束，新技术革命大力推进，特别是信息技术取得突破并广泛运用，全球资本的跨国流动迅速加快，经济全球化迅猛发展。在此背景下，全球经济链条越拧越紧，整个世界成为一个整体，一荣俱荣、一损俱损的局面开始形成。但是自2008年国际金融危机爆发以来，在世界经济低迷、全球市场萎缩的情况下，一些国家保护主义、单边主义盛行，“去全球化”“逆全球化”的言论和行动甚嚣尘上。有人担心，已经深度融入世界经济的中国是否也会关上开放的大门，中国开放的道路还能走多远？

面对如此疑问，习近平总书记给出了明确回答：“世界经济的大海，你要还是不要，都在那儿，是回避不了的。”“中国经济要发展，就要敢于到世界市场的汪洋大海中去游泳，如果永远不敢到大海中去经风雨、见世面，总有一天会在大海中溺水而亡。”[①] 针对“逆全球化”的动向，习近平总书记指出，这“只不过是全球化潮流中激起的几朵浪花，阻挡不住全球化大潮。全球化出现一些问题并不可怕，不能因噎废食，动辄采取保护主义、

①《论坚持推动构建人类命运共同体》，中央文献出版社2018年版，第402页。

单边主义措施，不能采取以邻为壑的自私做法”①。正确的选择应该是，“坚持合作共赢理念，信任而不是猜忌，携手而不是挥拳，协商而不是谩骂，以各国共同利益为重，推动经济全球化朝着更加开放、包容、普惠、平衡、共赢的方向发展”②。鉴于此，在世界经济不稳定性、不确定性突出的情况下，中国的对外开放非但没有止步，反而推出了一系列进一步扩大开放的政策措施，不仅彰显了中国开放自信的大国气度和计利天下的大国担当，也为推动世界经济实现更高质量、更有韧性的发展注入了强大正能量。

## （二）共建“一带一路”

2013 年 9 月和 10 月，习近平主席在出访中亚和东南亚国家期间，先后提出共建“丝绸之路经济带”和“21 世纪海上丝绸之路”的重大倡议，得到国际社会高度关注。自那时起，“一带一路”倡议跟随新时代的脚步启航奋进。在世界经济持续低迷的情况下，中国将顺周期下形成的巨大产能和建设能力输送出去，有力支持了沿线国家提高基础设施水平、推进工业化和现代化快速发展的迫切需要，在五洲四海书写下了伟大中国的精彩故事。

聚焦发展这个根本性问题，中国推进“一带一路”建设，帮助沿线各国释放发展潜力，实现经济大融合、发展大联动、成果

① 《习近平出席第二十三届圣彼得堡国际经济论坛全会并致辞》，《人民日报》2019 年 6 月 8 日。

② 习近平：《在第三届中国国际进口博览会开幕式上的主旨演讲》，《人民日报》2020 年 11 月 5 日。

大共享。以埃及为例，共建“一带一路”以来，中国连续稳居埃及第一大贸易伙伴，是近年来对埃及投资最活跃、增速最快的国家。2015 年，为开发地下水井用于沙漠地区农业灌溉，埃及政府提出“百万费丹”（1 费丹约合 4200 平方米）沙漠开垦项目。中国企业中曼石油天然气集团响应国家“一带一路”倡议，于 2016 年上半年快速升级改造 11 台专业水井设备，并成立中曼埃及公司。如今，埃及明亚省西部的沙漠深处，中国企业从荒芜的黄沙和砾石中改造出一片片绿洲，为当地民众带来了生活和发展的新希望。

10 年来，中国同“一带一路”沿线国家一道推进重大项目建设，让有实力、重信誉的中国企业到那里投资合作，参与当地振兴经济、惠及民生的工业和工程项目，由此极大地推动了中国人民与共建国人民的“心联通”。从这个意义上讲，“一带一路”是一条民心相通、交流合作之路。以塞尔维亚为例，2016 年 6 月 19 日，正在该国访问的习近平主席专程来到两国共建“一带一路”项目——斯梅代雷沃钢厂。该钢厂曾被誉为“塞尔维亚的骄傲”，但在国际形势剧变的冲击下一度濒临倒闭。为了挽救这座百年钢厂，时任总理武契奇不知熬了多少夜，但希望都变成失望。2016 年 4 月，中国河钢集团的一笔投资终于让该钢厂 5000 名面临失业的工人看到了曙光。这次习近平主席来访，如同来到一片热情的海洋。他对饱含期待的工人们说：“我们承诺的事情，包括引进先进技术、开拓更广阔市场、保障当地就业、惠及广大民生，一定做到！”话音未落，掌声雷动。

青山遮不住，毕竟东流去。中国的发展是历史的必然，合作共赢是各国人心所向。“一带一路”倡议提出以来，中国与世界许多国家和主要国际组织一起打造“一带一路”“朋友圈”，塑造多边主义和共商共建共享的大格局，绘就共建“一带一路”的大写意和工笔画。可以想象，“一带一路”倡议体现的和合共生、互利共赢思想，将带领中国人民在新时代不断奋进，在世界舞台上谱写发展繁荣的精彩篇章。

### （三）构建开放型经济体系

开放带来进步，封闭必然落后。我国发展要赢得优势、赢得主动、赢得未来，必须坚持对内对外开放相互促进、“引进来”和“走出去”更好结合，推动规则、规制、管理、标准等制度型开放，形成更大范围、更宽领域、更深层次的对外开放格局。近些年来，主要推进了这样一些工作：

第一，降低关税，缩短“清单”，开放大门越开越大。2018年至今，中国已连续举办五届进口博览会。进口商品越来越丰富，巴基斯坦的骆驼皮灯、斯里兰卡的红茶、阿富汗的松子……陆续进入中国百姓的年货清单。与此同时，中国的关税总体水平降至7.4%，接近世贸组织发达成员水平；进口整体通关时间降至32.97小时，较2017年缩短了66.14%。此外，中国还颁布实施了《中华人民共和国外商投资法》，连续五年缩减外商投资准入负面清单，开放领域延伸至金融、电信等服务领域；打造市场化、法治化、国际化的一流营商环境，吸收外资连续五年保持全球第二。一贯的开放政策和稳定的营商环境，让更多外资企业更安心扎根中国，共享中国发展带来的机遇。

第二，拓宽领域，提升层次，开放质量越来越高。从无到有、从东到西，党的十八大以来，我国分批次设立 21 个自由贸易试验区，以不足全国 4‰的国土面积实现了全国 18.5% 的外商投资额和 17.3% 的进出口额，为稳外贸、稳外资作出了积极贡献。尤其是 2021 年颁布实施《中华人民共和国海南自由贸易港法》，出台首张跨境服务贸易负面清单，扩大“一线放开、二线管住”进出口管理制度试点，使得海南自由贸易港建设蹄疾步稳，让制度型开放按下“快进键”，更大范围、更宽领域、更深层次的对外开放格局得以形成。

第三，多点突破、强化优势，开放合作走深走实。截至 2022 年 1 月，我国已同 147 个国家、32 个国际组织签署了 200 多份共建“一带一路”合作文件。至中欧班列开行 10 周年之际，中欧之间已打通 73 条运行线路，中方列车通达欧洲 22 个国家的 160 多个城市，合计货值超过 2000 亿美元，开创了亚欧陆路运输新篇章，铸就了沿线国家互利共赢的桥梁纽带。2020 年 11 月，中国、日本、韩国、澳大利亚、新西兰和东盟 10 国共 15 方成员制定的《区域全面经济伙伴关系协定》正式签署，这将带动全球近 1/3 经济体量形成统一的超大规模市场，为区域乃至全球经济增长注入强劲动力。

2022 年 1 月 17 日，习近平主席在 2022 年世界经济论坛视频会议上的演讲中郑重宣示：“中国将坚定不移推进改革开放。中国改革开放永远在路上。不论国际形势发生什么变化，中国都将高举改革开放的旗帜。”[①] 在以习近平同志为核心的党中央坚强领导下，坚持以习近平新时代中国特色社会主义思想为指导，将改革开放进行到底，我们一定能够在实现第二个百年奋斗目标的新征程上不断创造出让世界刮目相看的新的更大奇迹！

① 习近平：《坚定信心，勇毅前行，共创后疫情时代美好世界——在 2022 年世界经济论坛视频会议的演讲》，《人民日报》2022 年 1 月 17 日。

第五讲

# 新时代政治建设

樊　鹏

民主是中国共产党和中国人民始终不渝坚持的重要理念。100年前，中国共产党自诞生之日起就将民主旗帜高高擎起。70多年前，中华人民共和国成立，建立了人民当家做主的民主政治制度，中国人民真正成为国家、社会和自己命运的主人。改革开放以后，党领导人民坚持中国特色社会主义政治发展道路，发展社会主义民主，取得重大进展。中国特色社会主义新时代，我国民主政治建设取得重大成就，开创了社会主义民主的全新境界。新时代中国的社会主义民主政治建设彰显了显著的制度优势，积累了宝贵的历史经验。展望未来，要继续坚定地走中国社会主义民主政治发展道路，发展全过程人民民主，建设人类文明史上最优越的民主。

## 一、我国社会主义民主政治取得重大进展

党的十八大以来，党带领人民坚持和发展中国特色社会主义理论，不断深化对社会主义民主政治发展规律的认识，全面推进社会主义民主政治制度化、规范化、程序化。坚持发展和完善人民代表大会根本政治制度、支持和保证人民通过人民代表大会行使当家做主权力，推进社会主义协商民主广泛多层制度化发展、

形成中国特色协商民主体系，坚持巩固基层政权、完善基层民主制度，坚持和完善民族区域自治制度、坚定不移地走中国特色解决民族问题的正确道路；坚持以人民为中心实现党和国家机构职能系统性、整体性重构。

## （一）坚持完善人民代表大会制度，充分发挥根本政治制度作用

人民代表大会制度是中国的根本政治制度，是中国人民当家做主的重要途径和最高实现形式。这一制度的核心是保证国家的一切权力属于人民，人民通过人民代表大会这一组织形式参与国家事务的管理，行使当家做主的权利。党的二十大报告提出“支持和保证人民通过人民代表大会行使国家权力，保证各级人大都由民主选举产生、对人民负责、受人民监督”。实践充分证明，人民代表大会制度是真正符合中国国情和实际、体现社会主义国家性质、保证人民当家做主、保障实现中华民族伟大复兴的好制度。

党的十八大以来，党中央统筹中华民族伟大复兴战略全局和世界百年未有之大变局，从坚持和完善党的领导、巩固中国特色社会主义制度的战略全局出发，持续推进人民代表大会制度理论和实践创新，提出了一系列新理念、新思想、新要求。强调必须坚持中国共产党领导，必须坚持用制度体系保障人民当家做主，必须坚持全面依法治国，必须坚持民主集中制。

新时代大力推进社会主义民主政治制度化、规范化和程序化

进程，取得了一系列积极成果。中国积极支持和保证人民通过人民代表大会行使国家权力，发挥人大及其常委会在立法工作中的主导作用，支持和保证人大依法行使立法权、监督权、决定权、任免权，不断加强人大自身建设，使各级人大及其常委会成为全面担负起宪法法律赋予的各项职责的工作机关，成为同人民群众保持密切联系的代表机关。进一步完善了人民代表大会制度，还为各级人大代表行使代表职权和履行代表义务提供了法律依据和有力保证，使选举工作更加规范化、制度化。

中央坚持立足实践，坚持理论与实践相统一，坚持从国情和实际出发，不断丰富人民代表大会制度的实践特色和时代特色。坚持将人民代表大会制度作为实现我国全过程人民民主的重要制度载体，坚持在党的领导下，不断扩大人民有序政治参与，加强人权法治保障，保证人民依法享有广泛权利和自由；坚持保证人民依法行使选举权利，民主选举产生人大代表，保证人民的知情权、参与权、表达权、监督权落实到人大工作各方面各环节全过程，确保党和国家在决策、执行、监督落实各个环节都能听到来自人民的声音。坚持完善人大的民主民意表达平台和载体，健全吸纳民意、汇集民智的工作机制，推进人大协商、立法协商，把各方面社情民意统一于最广大人民根本利益之中。新时代注重充分发挥人大代表作用，做到民有所呼、我有所应。通过支持和保障代表更好地依法履行职责，不断致力丰富人大代表联系人民群众的内容和形式，密切人大代表同人民群众的联系，构建更好的接地气、察民情、聚民智、惠民生的人民代表制度。

## （二）积极发展协商民主，形成中国特色社会主义协商民主体系

社会主义协商民主是中国社会主义民主政治的特有形式和独特优势，是实践全世界人民民主的重要形式，是中国共产党和中国人民的伟大创造。党的十八大以来，习近平总书记高度重视社会主义协商民主建设，作出了一系列重要论述，极大地丰富了协商民主理论，极大地深化了对协商民主发展规律的认识。他强调，“在中国社会主义制度下，有事好商量，众人的事情由众人商量，找到全社会意愿和要求的最大公约数，是人民民主的真谛”，提出“人民通过选举、投票行使权利和人民内部各方面在重大决策之前进行充分协商，尽可能就共同性问题取得一致意见，是中国社会主义民主的两种重要形式。在中国，这两种民主形式不是相互代替、相互否定的，而是相互补充、相得益彰的”。这些重要论述，不仅深化了对协商民主内涵本质和特征优势等的认识，而且为新时代开展协商民主创新实践提供了科学指引和根本遵循。

中国共产党领导的多党合作和政治协商制度是中国的一项基本政治制度。党的十八大以来，中国共产党领导的多党合作和政治协商制度实现了新发展。在人民民主的共同旗帜下，中国共产党与各民主党派长期共存、互相监督、肝胆相照、荣辱与共，形成了具有鲜明中国特色和显著优势的新型政党制度。党的二十大报告就全面发展协商民主作出战略部署，首次提出“坚持党的领导、统一战线、协商民主有机结合”的科学论断，为新时代坚

持和完善新理政党制度、发挥专门协商机构作用提供了理论指引和行动指南。

新时期党中央出台了加强社会主义协商民主建设的意见，系统谋划协商民主的发展路径，推进政党协商、人大协商、政府协商、政协协商、人民团体协商、基层协商以及社会组织协商，极大丰富了协商民主形式，拓宽了协商民主渠道，加深了协商民主内涵。新时代在推进协商民主的制度、程序建设方面取得重大进展，中国社会主义协商民主的制度化水平显著提高。在政党协商方面，完善民主党派中央直接向中共中央提出建议制度；在人大协商方面，健全了立法协商制度等；围绕政府协商，规范了意见征集和反馈机制、听证机制、决策咨询机制等；在政协协商方面，完善了政协全体会议协商制度、双周协商座谈会等制度；在人民团体协商方面，健全了人民团体参与各渠道协商的工作机制等；在基层协商方面，建立健全了乡镇、街道协商与行政村、社区协商的联动机制等；在社会组织协商方面，建立健全了党和政府与相关社会组织联系的工作机制和渠道等。通过不断健全和完善工作程序、制度和机制，为确保协商民主有制可依、有规可守、有章可循、有序可遵提供了坚实的制度保障。

### （三）全面贯彻人民当家做主要求，发展健全基层民主制度

基层民主是人民行使民主权利、参与管理国家事务和社会事务的一种形式，是全过程人民民主的重要体现。加强基层民主制

度建设，是中国特色社会主义民主建设更加广泛、真实、管用的民主形态的重要内容。党的十八大以来，习近平总书记就推进社会主义民主政治建设作出一系列重要论述，他深刻指出，保证和支持人民当家做主不是一句口号、不是一句空话，必须落实到国家政治生活和社会生活之中。习近平总书记还多次强调，要坚持和完善基层群众自治制度，发展基层民主，保障人民依法直接行使民主权利。这些重要论述为基层民主建设提供了有力指引和重要理论支撑。

新时代发展基层民主始终坚持党的领导，充分发挥党总揽全局、协调各方的领导核心作用，把党的领导贯穿于基层群众自治机制建设全过程、各方面，确保基层民主建设始终沿着中国特色社会主义政治发展道路前进。

新时代发展基层民主始终坚持民主的法治化方向，依法推进基层群众自治制度建设，通过健全基层选举、议事、公开、述职、问责等机制，促进群众在城乡社区治理、基层公共事务和公益事业中依法行使自我管理、自我服务、自我教育和自我监督权利。

新时代发展基层民主始终坚持不断丰富民主形式、拓宽民主渠道，既保证人民依法实行民主选举，也保证人民依法实行民主决策、民主管理、民主监督，切实防止出现选举时漫天许诺、选举后无人过问的现象。正是由于构建了广泛真实的基层民主制度，广大人民群众不仅有参与管理国家事务的机会和渠道，而且可以通过村（居）民委员会、企业、事业单位、机关单位、社会组织等多样化的民主管理机制参与基层民主和基层治理。在新冠疫情防控期间，中国广大基层群众性自治组织的民主参与和政府采取的积极、灵活、果断的应对措施相结合，这种被称为“最后一公里”的民主管理在中国的社会管理中发挥了巨大效用。

## （四）坚持完善民族区域自治制度，构建社会主义新型民族关系

民族区域自治制度是我国的一项基本政治制度，是中国特色解决民族问题的正确道路的重要内容和制度保障，是人民当家做主在我国民族关系领域的制度规范和生动实践。用什么样的制度来很好地处理民族关系、解决民族问题、凝聚起各民族智慧和力量来实现中华民族伟大复兴，是中国民主政治建设的重大政治课题。

党的十八大以来，以习近平同志为核心的党中央高度重视民族工作，形成了关于加强和改进民族工作的重要思想，将铸牢中华民族共同体意识确定为新时代党的民族工作的总方针，反复强调巩固发展平等团结互助和谐的社会主义民族关系，对新时代正确处理民族问题、做好民族工作指明了方向、提供了遵循。党的十九届四中全会总结并指出我国国家制度和国家治理体系具有多方面的显著优势，其中一个方面是“坚持各民族一律平等，铸牢中华民族共同体意识，实现共同团结奋斗、共同繁荣发展的显著优势”。2018 年 3 月，十三届全国人大一次会议通过的宪法修正案将总纲中的“维护和发展各民族的平等、团结、互助关系”，修改为“维护和发展各民族的平等团结互助和谐关系”。平等团结互助和谐的社会主义民族关系正式进入宪法，成为全国各族人

民的共同遵循。党的二十大报告强调："以铸牢中华民族共同体意识为主线、坚定不移走中国特色解决民族问题的正确的道路，坚持和完善民族区域自治制度，加强和改进党的民族工作，全面推进民族团结进步事业。"为做好新时代民族工作提供了新的指引。

为维护和发展各民族的平等团结互助和谐关系，党的十八大以来，我们党坚持一切从我国民族问题实际出发，坚定不移地走中国特色解决民族问题的正确道路，通过社会主义原则来解决民族问题、处理民族关系，尊重历史、符合国情、顺应民心，充分考虑了各民族之间发展不均衡、文化有差异的基本现实，强调通过社会主义发展促进各民族的共同繁荣。在中国共产党的领导下，全国各族人民不断深化交往交流交融，不断巩固发展平等团结互助和谐的社会主义民族关系，丰富了民族团结进步事业的内涵，不仅成为中国社会稳定、民族关系融洽的不竭源泉，也成为构筑各民族共有精神家园、实现中华民族伟大复兴的力量之源。

### （五）坚持以人民为中心，实现党和国家机构职能系统性重构

中国特色社会主义进入新时代，我国社会主要矛盾已经转化为人民日益增长的美好生活需要和不平衡不充分的发展之间的矛盾。人民群众不仅对物质文化生活提出了更高要求，而且在民主、法治、公平、正义、安全、环境等方面的要求日益增长。党中央坚持通过党和国家机构改革，充分发挥我国民主集中制的优势，充分释放我国社会主义制度活力，为顺应人民对美好生活的

向往奠定了坚实的制度基础。

党的十九届三中全会提出，深化党和国家机构改革必须贯彻坚持党的全面领导、坚持以人民为中心、坚持问题导向和优化协同高效原则、坚持全面依法治国的原则。目标是构建系统完备、科学规范、运行高效的党和国家机构职能体系，形成总揽全局、协调各方的党的领导体系。在党中央的坚强领导下，坚持以人民为中心，推动实施了改革开放以来规模最大也是力度最强的机构改革，实现了党和国家机构职能实现系统性、整体性重构。

这次改革适应新时代中国特色社会主义发展的要求，通过对重点领域和关键环节的党和政府机构职能进行调整和优化，增强了国家制度体系的问题导向能力和高效协同能力；通过对新时代中国经济社会发展中出现的重大风险考验的全面分析，补足了制度短板，堵住了监管漏洞，大大提高了制度体系的风险防范能力；通过对新时代人民对美好生活向往的真切关注，直面群众所需，关注民生领域，提高服务能力，为增进人民福祉提供了有力保障，释放出巨大制度红利。

在新时代的赶考中，人民才是改革成败的阅卷人。通过这次影响深远的机构改革，人民群众因改革增进了获得感，改革因人民支持而获得深厚的民意基础。党的十九届四中全会着眼于党长期执政和国家长治久安，对坚持和完善中国特色社会主义制度、推进国家治理体系和治理能力现代化作出总体擘画，重点部署坚持和完善支撑中国特色社会主义制度的根本制度、基本制度、重要制度。党中央强调，必须坚持人民主体地位，保证人民依法实行民主选举、民主协商、民主决策、民主管理、民主监督。

## 二、我国社会主义民主彰显显著制度优势

中国社会主义民主，最能体现中国共产党领导下的人民当家做主，最能广泛反映人民群众的民主愿望和政治要求，保障人民群众的根本利益，从根本上调动人民群众的积极性、主动性、创造性，最能有效地维护国家统一、民族团结、社会稳定，集中力量办大事、推动我国社会主义现代化事业不断向前发展，具有无可比拟的显著优势。新时代中国社会主义民主制度优越性得到更好发挥，生动活泼、安定团结的政治局面得到巩固和发展。

### （一）保障和实现人民广泛真实权利

中国的社会主义民主坚持“民主是要用来解决人民要解决的问题的”原则，不仅在形式上保障人民当家做主，而且是在内容上更加有利于保障人民更加广泛真实的权利的民主。

保障和实现人民广泛参与的权利。覆盖面广是中国社会主义民主的一大优势。我们党领导人民发展全过程人民民主，使选举民主和协商民主这两种重要民主形式能更好地结合起来，构建起覆盖960万平方公里土地、14亿多人民、56个民族的民主体系，实现了最广大人民的广泛持续参与。人民代表大会制度是人民当家做主的重要途径和最高实现形式。截至2021年4月，全国各级人民代表大会代表共有262万多人。各级人大代表来自各民族、各行业、各阶层、各党派，各级人民代表大会中均有相当数量的工人、农民代表，体现了我国民主极强的广泛性和包容性。

保障人民享有最广泛的民主权利。党领导人民探索形成了社会主义民主的丰富实现形式，人民既参与国家发展顶层设计的意见和建议征询，又参与地方公共事务治理；既参与民主选举、民主协商，又参与民主决策、民主管理、民主监督；既通过人大、政协等渠道表达意愿，又通过社会组织、网络等平台表达诉求。全面、广泛、有机衔接的人民当家做主制度体系既保证人民在日常生活中广泛充分享有民主权利，又构建了多样、畅通、有序的民主渠道，有效保证党的主张、国家意志、人民意愿相统一。

保障人民享有最真实充分的民主权利。中国的民主既保证人民依法实行民主选举，也保证人民依法通过各种途径和形式管理国家事务，管理经济和文化事业，管理社会事务，切实防止了选举时漫天许诺、选举后无人过问的现象。我国的民主为人民过上美好生活提供了坚强保障。丰富多样的民主渠道把党和政府做的与老百姓盼的紧紧连在一起，使人民的意愿诉求既能充分表达又能有效实现，推动人民的意愿和呼声成为党和国家的方针政策。

## （二）激发全社会创造力和发展活力

调动积极性是最大的民主。中国特色社会主义民主不断适应解放和发展社会生产力的要求，注重依靠人民群众，有效地调动人民群众的积极性、主动性、创造性，有效地推动了经济发展和社会进步，为中国式现代化提供了源源不断的动力。

有效地促进经济增长和国家发展。中国的民主尊重人民群众在实践活动中所表达的意愿、所创造的经验、所拥有的权利、所发挥的作用，充分激发了蕴藏在人民群众中的创造伟力，促进了中国经济持续快速发展。中国人民生活实现了由贫困到温饱再到全面建成小康社会的翻天覆地的变化，国家发展取得举世瞩目的伟大成就，中国经济实力、综合国力、人民生活水平显著提升。对于中国这样一个人口多、体量大、人均资源禀赋处于世界较低水平的最大发展中国家，没有人民的主人翁地位和主人翁精神，没有亿万人民的团结奋斗，实现这样的发展是不可能的。中国的民主，真正把发展为了人民、发展依靠人民、发展成果由人民共享落到了实处，充分调动起人民的主观能动性，这是中国之治的“密码”，是中国民主的力量。

实现社会活力与良好秩序的有机统一。中国特色社会主义民主重视人民群众的首创精神，重视加强和创新基层民主治理，使每个社会细胞都健康活跃，将矛盾纠纷化解在基层，将和谐稳定创建在基层。中国用几十年时间走过了西方发达国家几百年走过的工业化历程，在剧烈的社会变革中，没有发生后发国家在现代化进程中容易出现的社会动荡，不仅创造了经济快速发展的奇迹，也创造了社会长期稳定的奇迹，推动亿万人民的创新源泉充分涌流、创造活力竞相迸发。

### （三）巩固发展安定团结的政治局面

安定团结的政治局面关系人民福祉和国家稳定。中国特色社会主义民主最大限度地保障人民当家做主，正确处理事关国家前途命运的一系列重大政治关系，团结一切可以团结的力量，维护国家统一和民族团结，有效保证了国家的政治生活既充满活力又安定有序。

有效地调解了各方面重大关系。中国共产党是中国特色社会主义事业的领导核心，处在总揽全局、协调各方的地位。党领导人民治国理政，最重要的就是处理好各种复杂的政治关系，始终保持党和国家事业发展的正确政治方向。在党的领导下，实行民主基础上的集中与集中指导下的民主相结合，充分发挥有效调解各方面重大关系的制度优势，有利于正确处理中央和地方关系，正确处理民族关系，正确处理各方面利益关系，调动一切积极因素，维护国家统一、民族团结、社会和谐，巩固和发展民主团结、生动活泼、安定和谐的政治局面。

构建全社会最大公约数。我国的民主坚持一致性和多样性统一的政治原则，团结一切可以团结的力量、调动一切可以调动的积极因素，最大限度凝聚起共同奋斗的力量。党和国家通过完善社会主义民主制度，充分保障人民群众依法行使民主权利，各党派、各团体、各民族、各阶层和各界人士，无论从事何种职业、持有何种信仰，都享有平等的政治权利，在共同的政治基础上充分表达不同的意见和诉求，广泛凝聚共识，努力寻求最大公约数、画出最大同心圆，汇聚起实现民族复兴的磅礴力量。

### （四）推动形成治国安邦的强大合力

我国社会主义制度决定了全民族、全社会、全体中国人民在根本利益上的高度一致，发展民主要能够形成整体的意志和集中的力量。在党的领导下发展社会主义民主，有利于坚持全国“一盘棋”，充分发挥积极性，集中力量办大事，形成治国理政的强大合力。

党在充分发扬民主的基础上正确集中各方意见，汇聚各方面的智慧和力量，形成统一意志和统一行动，从而实现广泛民主基础上的高度集中。在党的领导下，由国家统一有效地组织各项事业、开展各项工作，成功应对了一系列重大风险挑战、克服了无数艰难险阻，确保国家始终沿着正确方向稳步前进。

在我国，各地区、各部门的工作都是党和国家事业的重要组成部分，这是能够坚持全国“一盘棋”、调动各方面积极性的原因所在，也是能够集中力量办大事的原因所在。按照宪法原则，国家层面实行人民代表大会统一行使国家权力，实行决策权、执行权、监督权既有合理分工又有相互协调，有利于促使各类国家机关提高能力和效率、增进协调和配合，保证国家机关统一有效组织各项事业，同时切实防止出现相互掣肘、效率低下、内耗严重的现象，为集中力量办大事提供了坚实的制度支撑和治理支撑。

党和国家充分发挥集中力量办大事的优势，聚焦全局性、战略性、长远性目标任务，在重大科技攻关、区域协调发展、重大工程建设、生态环境保护、“一带一路”建设、防范化解重大风险等方面，办成了一件又一件大事，取得了一个又一个重大成就。我们集中力量所要办的这些大事，体现出人民的整体意志、符合人民的根本要求、代表了人民长远利益。

## 三、我国民主政治建设积累了宝贵历史经验

“方向决定道路，道路决定命运。”中国的社会主义民主发展道路，是近代以来中国人民长期奋斗历史逻辑、理论逻辑、实践逻辑的必然结果。在这条道路上，中国始终坚持党的领导、人民当家做主、依法治国有机统一，并将这三者统一于建设中国特色社会主义民主政治的伟大实践之中，具有鲜明的人民性、自主性、实践性和时代性特征，我国民主政治建设积累了宝贵历史经验。

### （一）始终坚持党对民主政治建设的领导

中国共产党是中国的最高政治领导力量，也是民主发展的领导力量。发展社会主义民主，必须坚持党的领导。中国共产党来自人民、植根人民、服务人民，是中国人民的主心骨，没有任何自己的特殊利益，始终把为中国人民谋幸福、为中华民族谋复兴作为自己的初心使命。中国的民主，是中国共产党领导人民创造的民主。

党带领人民实现当家做主。党自诞生之日起，就高举人民民主的旗帜，以建设人民当家做主的新国家、新社会为己任，领导人民为争取民主、反抗压迫和剥削进行了艰苦卓绝的斗争。正是由于中国共产党的坚强领导，中华民族彻底走出了百年屈辱的阴霾，中国人民真正成为国家、社会和自己命运的主人。

党带领人民巩固民主。党充分发挥总揽全局、协调各方的领

导核心作用，国民经济命脉牢牢掌握在人民手中，社会主义基本经济制度得以确立，使人民当家做主具有坚实的经济基础和物质保障。人民民主专政的国家政权和人民代表大会的根本政治制度得以建立，人民当家做主的制度体系保证了人民当家做主，实现了人民群众的根本利益。

党带领人民推动民主持续发展。党倡导民主、推行民主，在党内实行民主，有力带动和促进人民民主的发展。党坚持“一切为了群众，一切依靠群众，从群众中来，到群众中去”的群众路线，健全群众工作机制，持续解决人民最关心最直接最现实的利益问题，最大限度凝聚起人民的智慧和力量。党立足新的历史方位，深刻把握我国社会主要矛盾的新变化，积极回应人民对民主的新要求、新期盼，深刻吸取古今中外治乱兴衰的经验教训，全面总结中国民主发展取得的显著成就，不断发展与完善人民民主。

## （二）始终坚持民主必须深深扎根中国社会土壤

党的十九届六中全会通过的《决议》提出，坚定中国特色社会主义制度自信，首先要坚定对中国特色社会主义政治制度的自信，建设社会主义民主政治，发展社会主义政治文明，必须使中国特色社会主义政治制度深深扎根于中国社会土壤，照抄照搬他国政治制度是行不通的，甚至会把国家的前途命运葬送掉。

民主是在一个国家历史传承、文化传统、经济社会发展的基础上长期发展、改进和内生性演化的结果，是传承性和自主性的结合体。民主具体形态的形成，从根本上来说，根植于不同的历史文化传统，受益于各国人民的实践探索和智慧创造。

中国特色社会主义民主之所以行得通、有生命力、有效率，就是因为它是从中国的社会土壤中生长起来的，是中国人民自主探索的、内生的民主。长期以来，中国坚持从国情出发、从实际出发发展自己的民主，立足自身文化传统和历史传承，合理借鉴其他文明政治发展成果，但不照搬照抄他国政治制度，形成了符合中国实际、独具中国特色的民主制度。

中国特色社会主义民主深深扎根中国历史文化传统。中国古代文明在价值理念上蕴含着现代民主的文化基因，在政治实践中有着丰富的治国安邦之道、经世济民之策，为现代追求民主积累了宝贵经验。中国人民在5000多年的文明历史中形成了重视民生的历史传统和崇尚仁政的民本思想，也孕育了“有事好商量”的协商传统。中华历史文化传统为当代中国的民主发展提供了丰厚的历史土壤和丰富的文化养分。

中国特色社会主义民主紧密结合中国现实国情。为了探索符合我国国情要求的民主，党紧紧依靠人民，把马克思主义基本原理同中国具体实际相结合、同中华优秀传统文化相结合，既立足自身文化传统和历史传承，又合理借鉴其他文明政治发展成果，但不照搬照抄他国政治制度，绝不希望搞制度的“飞来峰”，形成了符合我国基本国情、适应国家发展要求、反映人民心声的民主。实践证明，只有从中国社会土壤中生长起来的民主制度才最有生命力，内生的民主比外部强加的民主更加富有效率。

## （三）始终坚持用完善健全的制度保障人民当家做主

法治和制度是民主长期稳定发展的重要支持和保障。中国特色社会主义民主计百代千年、谋长远发展，坚持民主与法治整体推进、协同共进，通过有力的法治和健全的制度保障民主发展，是中国社会主义民主政治建设的又一重要宝贵历史经验。党的十八大以来，党中央统筹中华民族伟大复兴战略全局和世界百年未有之大变局，从坚持和完善党的领导、巩固中国特色社会主义制度的战略全局出发，强调必须坚持用制度体系保障人民当家做主，必须坚持全面依法治国。

从制度上、法律上保证人民当家做主。坚持依法治国与民主发展相统一，依法治国不仅是从制度上、法律上保证人民当家做主，而且从制度上、法律上保证党的执政地位。推进依法治国的过程，就是在党的领导下维护人民的主人翁地位、保证人民实现当家做主的过程。中国共产党领导人民通过国家权力机关制定宪法和各项法律，同时保证执法、支持司法、带头守法，通过法定程序使党的主张成为国家意志、形成法律，通过法律保障党的政策有效实施、保障人民当家做主，党的领导、人民当家做主和依法治国得以有机统一。

实现权力的有效制约和监督。持续推进依法治国和依规治党、依法执政、依法行政相结合，依法设定权力、规范权力、制约权力、监督权力，让权力在阳光下运行。坚持系统施治，标本兼治，不敢腐、不能腐、不想腐一体推进，惩治震慑、制度约束、提高觉悟一体发力，确保人民赋予的权力始终用来为人民谋幸福。

推动民主运行的法制化、规范化。把民主运行建立在法治轨道上，使民主无论在制度运行还是在政治实践中都有法可依，是中国特色社会主义民主的不懈追求。丰富发展的民主实践成果，及时以法律的形式确认和巩固下来。有力的法治保障让中国的民主稳步发展、接续发展，在发展中不断创新，在创新中不断完善。

## （四）始终坚持民主是用来解决人民要解决的问题的

习近平总书记深刻指出：民主不是装饰品，不是用来做摆设的，而是要用来解决人民要解决的问题的。民主好不好，不仅要看形式怎么样，还要看内容怎么样，优质的民主是形式与内容相互统一的民主。中国坚持“发展依靠人民，发展为了人民，发展成果由人民共享”的理念和原则，在推动国家现代化发展中，体现人民意志、维护人民利益，汇聚人民心声、凝聚人民力量。

中华文明向来提倡实事求是，判断一个国家民主制度好不好，关键要从客观国情来认识，用实践效果来检验，以人民感受来衡量。脱离实质的民主如空中楼阁，徒有花哨的外表，好看却不中用。中国特色社会主义民主政治建设的实践进程表明，发展民主要统一于国家政治发展的总目标，要同中国特色社会主义经济建设、社会建设、文化建设、法治建设总体进程相互协调，服务于人的全面发展和社会的全面进步。

中国特色社会主义民主以人的全面发展和社会进步为导向，在长期探索基础上，形成了鲜明的发展导向，是维护人民根本利益的真实、有效、高质量的民主。“积力之所举，则无不胜也；

众智之所为，则无不成也。”中国的民主及时回应人民需求，有效凝聚社会人心，形成了有力推动国家和社会健康发展的磅礴伟力。

中国特色社会主义民主满足了人民群众的发展需求，使人民群众在发展中有发言权，推动中国人民生活实现了由贫困到温饱再到全面小康的翻天覆地的变化。2020 年，中国人均 GDP 从中华人民共和国成立初期的 119 元增加到 7.3 万元，城镇和农村居民年人均可支配收入分别从不足 100 元、50 元增加到 43834 元、17131 元，同时社会安定，是世界上最具安全感的国家之一。

## 四、建设人类文明史上最优越的民主

全过程人民民主是社会主义民主政治的本质属性，是中国式现代化的本质要求之一。新时代继续发展中国特色社会主义民主，要在把握中国特色社会主义民主鲜明特点和显著优势的基础上，认清中国民主同西式民主的本质区别，发展全过程人民民主，充分发挥中国民主的制度优势和显著效能，推动中国特色社会主义民主继续向前发展，探索人类政治文明新形态，建设人类文明史上最优越的民主。

### （一）全面发展全过程人民民主

习近平总书记在庆祝中国共产党成立 100 周年大会上的讲话中提出了“发展全过程人民民主”的重要论述。党的二十大提出了“发展全过程人民民主，保障人民当家做主”。我国全过程人民民主不仅有完整的制度程序，而且有完整的参与实践。我国全过程人民民主实现了过程民主和成果民主、程序民主和实质民主、直接民主和间接民主、人民民主和国家意志相统一，是全链条、全方位、全覆盖的民主，是最广泛、最真实、最管用的社会主义民主。

全过程人民民主是对我国实行的人民当家做主民主制度本质和创新特征的概括，科学表达了中国特色社会主义民主的深刻内涵和时代特征，阐明了中国特色社会主义民主的总体政治优势，标志着我们党对社会主义民主政治建设规律的认识达到了一个新高度，为推进中国特色社会主义民主政治建设指明了前进方向。

新时代继续发展中国特色社会主义民主，要坚持中国特色社会主义政治发展道路，全面发展全过程人民民主。人民当家做主是社会主义民主政治的本质和核心。保证和支持人民当家做主不是一句口号、不是一句空话，必须落实到国家政治生活和社会生活之中，保证人民依法通过各种途径和形式行使管理国家事务、管理经济文化事业、管理社会事务的权利。全过程人民民主是对人民民主的实践体系和实践形态的具体化，创造性地提出了人民有效地参与国家事务和社会管理的新理念、新形态和新机制。全过程人民民主的理念丰富了人民民主的实现方式，提升了人民民主的运行质量，拓展了人类政治文明新视野。

全过程人民民主还深刻回答了如何统筹坚持党的领导、人民当家做主、依法治国三者关系的重大问题，强调坚持中国特色社会主义政治发展道路，要把三者统一于新时代中国特色社会主义民主政治建设的伟大实践之中，统一于人民代表大会制度的根本制度安排和根本制度载体，统一于全面建设社会主义现代化国家、实现中华民族伟大复兴的全过程。

## （二）充分发挥社会主义民主优势效能

当今世界正经历百年未有之大变局。制度竞争是综合国力竞争的重要方面，制度优势是一个国家在大变局中赢得战略主动的重要优势。历史和现实都表明，制度稳则国家稳，制度强则国家强。党的十八大以来，我们不断深化对民主政治发展规律的认识，社会保持和谐稳定，综合国力连上新台阶，有效保证国家沿着社会主义道路前进，有效保证国家治理的稳定性，不断创造经济社会发展奇迹。未来我们要毫不动摇地坚持、与时俱进地完善中国社会主义民主制度，要继续发挥中国社会主义民主制度的显著制度优势，充分释放中国民主的强大治理效能。

坚持党的领导、人民当家做主和依法治国三者有机统一，是坚持社会主义民主方向不动摇和充分发挥社会主义民主效能的前提和基础，新时代坚持和完善中国社会主义民主，要继续将三者统一于新时代中国特色社会主义民主政治建设的伟大实践之中，统一于全面建设社会主义现代化国家、实现中华民族伟大复兴的过程中。继续推进中国特色社会主义民主政治建设，充分发挥全过程人民民主的制度优势，还要把人民当家做主具体地、现实地体现到党的治国理政的政策措施上来，具体地、现实地体现到党和国家机关各个方面各个层级工作上来，具体地、现实地体现到实现人民对美好生活向往的工作上来。

要大力推进社会主义民主政治制度化、规范化和程序化进程，更加注重系统集成、协同高效，在统筹推进党的领导制度体系建设、人民当家做主制度体系建设、中国特色社会主义法治体系建设、国家治理体系建设、协商民主制度体系建设中，实现新时代中国特色社会主义民主政治建设从制度到制度体系的飞跃，推动新时代中国特色社会主义民主政治向更高水平、更高质量稳步发展。

### （三）警惕和防范西方错误政治思潮的侵蚀影响

中国共产党和中国人民旗帜鲜明地反对搞制度的“飞来峰”，不照搬西方政治制度的模式。继续发展完善社会主义民主，必须坚持历史唯物主义的国家观、权力观和民主观，必须坚持马克思主义政党领导下的人民民主发展道路，时刻警惕和防范西方所谓“宪政”、多党轮流执政、“三权鼎立”等政治思潮的侵蚀影响。

发展中国特色社会主义民主政治，建设社会主义政治文明，最重要的是要坚持和完善人民代表大会制度。人民代表大会制度是中国特色社会主义民主制度最鲜明的特点，是符合我国国情和实际、体现社会主义国家性质、保证人民当家做主、保障实现中华民族伟大复兴的好制度，是我们党领导人民在人类政治制度史上的伟大创造，是在我国政治发展史乃至世界政治发展史上具有重大意义的全新政治制度。

## （四）为人类政治文明进步贡献中国智慧

民主是人类社会的普遍愿望和共同追求，也是世界人民的共同精神财富，各国追求民主的道路千差万别，实现民主的形式多种多样，各国对民主的解释权属于各国人民，应当尊重各国人民的选择。

“和羹之美，在于合异”。人类文明多样性是世界的基本特征，多样性是世界的基本特征，也是人类文明的魅力所在，在民主这个问题上搞清一色是不可能的。文明因交流而多彩，因互鉴而丰富。没有哪一种民主的理解及标准是绝对真理，也没有哪一种模式能够垄断人类对于民主梦想的追求。把一种地域性和历史性的经验绝对化、一元化、模式化、普世化，是对人类共同价值多样化实现方式的遮蔽和无视。

中国的民主具有鲜明的独特性、原创性、民族性，同时又充分展示出高度的开放性、包容性、世界性，中国创造了人类文明的新形态。中华文明源远流长、薪火相传，中华文化海纳百川、开放包容，中国人民开拓进取、不断创新。中国的民主政治发展之路反映了中国这个东方文明大国的历史追求，符合统一多民族人口大国政治发展的基本规律，引领中国人民在国家发展的道路上阔步前行，保障中国人民的美好生活需要得到不断满足。

展望未来，我们完全有信心、有能力把我国社会主义民主的优势和特点充分发挥出来，为人类探索建设更好的民主制度和人类政治文明进步作出充满中国智慧的贡献。

# 第六讲

# 新时代全面依法治国

支振锋　李广德

全面依法治国是国家治理的一场深刻革命，关系党执政兴国，关系人民幸福安康，关系党和国家长治久安。党的二十大报告首次单独把法治建设作为专章论述、专门部署，进一步宣示了我们党矢志不渝推进法治建设的坚定决心，进一步深化和拓展了新时代全面推进国家各方面工作法治化的布局，是我们党推进法治中国建设的战略部署。

党的十八大以来，以习近平同志为核心的党中央从保证党长期执政和国家长治久安的战略高度出发，把全面依法治国纳入“四个全面”战略布局予以有力推进，对全面依法治国作出一系列重大决策部署，基本形成全面依法治国总体格局，开辟了关于全面依法治国理论和实践的新境界，形成了全面依法治国的新格局、新气象。

党的十九大进一步把坚持全面依法治国升华为新时代坚持和发展中国特色社会主义的基本方略之一，进一步强化了全面依法治国的突出地位和重大作用。全面依法治国是一项长期而重大的历史任务，也是国家治理领域一场广泛而深刻的革命。党的十九届五中全会明确了“十四五”时期“社会主义民主法治更加健全”和到 2035 年“基本建成法治国家、法治政府、法治社会”的目标任务，对推进法治中国建设作出明确安排。

深入学习新时代全面依法治国的理论逻辑与实践成就，是落实习近平新时代中国特色社会主义思想的自觉要求，也是我们继续深入理解和完善治国理政方式与思路的必然选择。在前进道路上，坚持法治国家、法治政府、法治社会一体建设，完善以宪法为核心的中国特色社会主义法律体系，有效地发挥法治固根本、稳预期、利长远的保障作用，我们就一定能乘势而上，顺利开启全面建设社会主义现代化国家新征程、向第二个百年奋斗目标胜利进军。

## 一、全面依法治国是新时代坚持和发展中国特色社会主义的本质要求

回顾历史，党领导法治工作经历了从“法制”到“法治”，从“依法治国”到“全面推进依法治国”再到“全面依法治国”的不同阶段，开展了丰富的法治建设探索，回答了不同的时代问题，提出了丰富的法治命题，使我们党对依法治国的思路越发明晰，依法治国的规则越发精准，体现出了党矢志不移坚持依法治国的意志和智慧，展示出了全面依法治国与社会主义本质之间的内在联结与同频共振。

### （一）全面依法治国是党领导人民治国理政的基本方略

治国理政的实质，就是在国家的道路与模式选择、制度与体制构建、方略与方式探索等问题上的判断与抉择。中国共产党坚

定地选择走中国特色社会主义法治道路，尤其是在新时代，坚定地选择全面依法治国作为党领导人民治国理政的基本方略。这既是对中国社会主义建设荆棘历程的冷静反思与经验吸取，也是新时代以习近平同志为核心的党中央基于世界百年未有之大变局这一现实背景的理性思考，兼顾治国理政实践需要之后作出的科学选择和战略部署。全面依法治国是治国理政的基本方略，在这一过程中，我们始终坚持正确方向和道路，举对旗，走对路。

一是始终坚持党的领导，确保正确的政治方向。党的领导是中国特色社会主义最本质的特征，是社会主义法治最根本的保证，是中国特色社会主义法治之魂。全面加强党的领导是新时代以来我国在政治上的显著特征，加强党的领导也在社会各个领域和行业得到了贯彻落实，在全面依法治国过程中也同样如此。坚持党的领导，全面依法治国才有灵魂。其中最重要的，就是要正确认识把握党和法的关系。党的领导与社会主义法治是一致的，社会主义法治必须坚持党的领导，党的领导必须依靠社会主义法治。在我国，法是党的主张和人民意愿的统一体现，党领导人民制定、实施宪法和法律，党自身必须在宪法和法律范围内活动，这是党的领导力量的体现。党和法、党的领导和依法治国是高度统一的，要坚决反对和摒弃所谓“党大还是法大”的伪命题。

二是始终坚持中国特色社会主义政治制度。在我国，人民代表大会制度是我国的根本政治制度，坚持人民代表大会制度，就是确保党的领导和人民当家做主的制度得以实现。同时，坚持中国共产党领导的多党合作和政治协商制度、民族区域自治制度以及基层群众自治制度等构成的基本政治制度，确保人民当家做主在国家治理的各个方面得以实现，最大限度地实现全过程民主。全面依法治国始终围绕中国特色社会主义政治制度的运转和完善着力，始终体现党领导人民治国理政平台建设的完善，更加体现人民的意志，确保人民的利益。

三是始终坚持推进社会主义民主政治制度化、规范化、法治化和程序化，让人民群众依法通过各种途径和形式管理国家事务、经济文化事业和社会事务。从党的十八届四中全会作出推进全面依法治国的顶层设计，到党的十九届四中全会提出坚持和完善中国特色社会主义法治体系，再到党的二十大报告将坚持全面依法治国作为单独一部分进行部署；从把全面依法治国纳入“四个全面”战略布局，到在党的历史上第一次设立中央全面依法治国委员会，以习近平同志为核心的党中央坚持实现党领导立法、保证执法、支持司法、带头守法，健全党领导全面依法治国的制度和工作机制，推进党的领导制度化、法治化，推动社会治理法治化，把党的领导贯彻到全面依法治国的全过程和各方面，善于使党的主张通过法定程序成为国家意志、转化为法律，通过法律保障党的政策有效实施，确保了全面依法治国的正确方向。

### （二）全面依法治国是国家治理的一场深刻革命

党的二十大报告深刻指出：“全面依法治国是国家治理的一场深刻革命，关系党执政兴国，关系人民幸福安康，关系党和国家长治久安。”这一论断是我们党在新时代，就党领导人民治理国家的基本方略所作出的重大判断，深刻揭示了中国特色社会主义法治的本质特征、发展方向和内生动力。

一部中国共产党的历史，就是协同推进伟大社会革命和伟大自我革命的历史，而全面依法治国是我们党领导的伟大社会革命的重要组成部分，是中国共产党领导人民开展伟大斗争、伟大建设的新抓手、新方略和新章法。全面依法治国作为国家治理领域的一场深刻革命，意味着我们党治国理政的基本理念、基本方略和基本方式的重大转变。这尤其要求作为领导核心的中国共产党要在宪法框架下和法治轨道上，通过法律上层建筑的立、改、废、释和授权等途径，在法治的轨道上，按照法治的方式加强制度和规则的供给，推进中国政治体制的自我完善和改革发展。

法律是社会最低限度的规则共识，法治是社会最基本的行为底线，法治更是推进国家治理体系和治理能力现代化的重要依托。全面依法治国意味着法治对国家、社会和个人三个维度的价值辐射与规则供给，意味着规则意识的建立与维护，意味着治理现代化背后的制度化、规则化和普遍化要求。随着时代发展和改革推进，国家治理现代化对科学完备的法律规范体系的要求越来越迫切。从价值论取向和制度属性的功能主义角度出发，只有全面依法治国才能有效地保障国家治理体系的系统性、规范性与协调性，才能最大限度地凝聚社会共识。习近平总书记也多次指出，在统筹推进伟大斗争、伟大工程、伟大事业、伟大梦想的实践中，在全面建设社会主义现代化国家新征程上，我们要更加重视法治、厉行法治，更好地发挥法治固根本、稳预期、利长远的重要作用，坚持依法应对重大挑战、抵御重大风险、克服重大阻力、解决重大矛盾。

## （三）全面依法治国是满足人民日益增长的美好生活需要的重要保障

新时代，党中央对我国社会主要矛盾作出了重要论断，指出我国社会主要矛盾已经转化为人民日益增长的美好生活需要和不平衡不充分的发展之间的矛盾。从内涵上讲，人民美好生活需要日益广泛，在内容维度上不仅仅是对物质文化生活的更高要求，还辐射到作为精神和价值层面的民主、法治、公平、正义、安全、环境等方面。换句话说，人民日益增长的美好生活需要的本质内涵是超越基本物质需求之后，要求更好满足人民在经济、政治、文化、社会、生态等方面日益增长的需要。而这种需求的目的和本质是为了更好地推动人的全面发展，为了更好地推动社会全面进步。超越物质基本需求的更高文化和精神层面的需求对法治也同样提出了系统的更高要求。这首先需要在法治的轨道上，按照法治的精神进行制度设计和制度保障，确保人民的美好生活需要平等、公正地得到满足和分配。

在我国，人民是国家的主人和社会的主体，同时也是治国理政的主体和力量源泉，这决定了党治理国家必须坚持为了人民、依靠人民、造福人民、保护人民，全面依法治国以保障人民根本权益为出发点和落脚点，以保证人民依法享有广泛的权利和自由、承担应尽的义务为核心追求，让全社会都在规则和制度的框架内行为处事。党的十八届四中全会把“坚持人民主体地位”明确规定为全面依法治国必须坚持的一项基本原则，集中反映了全面依法治国的人民性，充分体现了人民在国家治理和法治建设中的主体地位和根本作用。坚持人民主体地位，保证人民当家做主，实现人民幸福生活，这是党治国理政的内在要求，是全面依法治国的本质特征。

我国社会主义制度始终以保证人民当家做主的主体地位为核心价值取向，因此，保证人民在全面推进依法治国中的主体地位，既是我们的制度优势和制度特色，也是中国特色社会主义法治区别于资本主义法治的根本所在。推进全面依法治国，建设中国特色社会主义法治体系，既要始终为了人民，也要紧紧依靠人民，始终满足人民日益增长的规则需要、法治需求。要把体现人民利益、反映人民愿望、维护人民权益、增进人民福祉落实到法治体系建设全过程。

## （四）全面依法治国是“中国奇迹”的“制度奥秘”

习近平总书记在中央全面依法治国工作会议上指出：“新中国成立 70 多年来，我国之所以创造出经济快速发展、社会长期稳定‘两大奇迹’，同我们不断推进社会主义法治建设有着十分紧密的关系。”当代中国“两大奇迹”的取得、“中国之治”的形成，最关键的是在党领导下的中国制度的优势，其中坚持全面依法治国是重中之重。尤其从改革开放以来，不断深化法治，用法治确保了社会和谐稳定、维护了国家长治久安，推动了经济的快速发展。党在十九届四中全会系统地总结了我国国家制度和国家治理体系 13 个方面的显著优势，全面回答了在我国国家制度和国家治理体系上应该“坚持和巩固什么、完善和发展什么”这个重大政治问题。“经国序民，正其制度”，习近平总书记曾经强调：“我们说坚定制度自信，不是要固步自封，而是要不断革除体制机制弊端，让我们的制度成熟而持久。”

在世界百年未有之大变局的背景下，“中国之治”的成色更足、优势更加彰显，至关重要的一条就是我们坚持以习近平法治思想为指引，始终在法治轨道上推进党和国家各项事业。习近平法治思想深刻阐明了法治在推进国家治理体系和治理能力现代化中的重要作用，把制度建设和法治建设提升到更加突出、更加重要的位置，为在法治轨道上推进国家治理体系和治理能力现代化，不断谱写“中国之治”新篇章提供了行动指南。要坚持顶层设计和法治实践协同推进，不断夯实“中国之治”的制度根基，依法应对重大挑战、抵御重大风险、克服重大阻力、解决重大矛盾，提升法治促进国家治理体系和治理能力现代化的效能。

### （五）全面依法治国是“四个全面”战略布局的重要组成部分

治天下者，善谋大势；决胜负者，长于布局。党的十八大以来，以习近平同志为核心的党中央从坚持和发展中国特色社会主义全局出发，提出并形成“四个全面”战略布局。这是实现治国理政方略与时俱进的新创造，是马克思主义与中国实践相结合的新飞跃。同时，考虑到全面依法治国在治国理政实践中的重要作用和对全面建设社会主义现代化国家、全面深化改革和全面从严治党所起的基础性、战略性和全局性作用，将其作为“四个全面”的重要组成部分。这体现出以习近平同志为核心的党中央高度重视全面依法治国。“四个全面”战略布局的提出和形成把全面依法治国提升到党和国家战略布局的新高度，赋予了全面依法治国新的战略地位和历史使命。

从这个战略布局看，做好全面依法治国各项工作，意义十分重大。没有全面依法治国，我们就治不好国、理不好政，我们的战略布局就会落空，我们建设的社会主义现代化国家就会缺乏现代化的基本要素，全面小康社会就会缺乏法治的平等精神，全面从严治党就会缺乏规则和制度的笼子来长久维持。要把全面依法治国放在“四个全面”的战略布局中来把握，深刻认识全面依法治国同其他三个“全面”的关系，努力做到“四个全面”相辅相成、相互促进、相得益彰。对此，习近平总书记指出：“我多次强调，在‘四个全面’中，全面依法治国具有基础性、保障性作用。在统筹推进伟大斗争、伟大工程、伟大事业、伟大梦想，全面建设社会主义现代化国家的新征程上，我们要更好发挥法治固根本、稳预期、利长远的保障作用。”

## 二、习近平法治思想是新时代全面依法治国的根本遵循和行动指南

党的十八大以来，以习近平同志为核心的党中央大力推进全面依法治国，以中国特色社会主义法治体系建设为目标，形成了社会主义法治国家的新实践，尤其是从实现中华民族伟大复兴等

更高站位来定位法治、布局法治、厉行法治，使得全面依法治国有了新的实践基础，同时也在客观上推动了我国法治建设取得历史性的成就，在社会主义法治建设史上书写了精彩的崭新篇章。在领导和推进依法治国实践中，习近平总书记提出全面依法治国的一系列新理念新思想新战略，创造性地发展了中国特色社会主义法治理论，创立了习近平法治思想。

习近平法治思想深刻回答了新时代为什么实行全面依法治国、怎样实行全面依法治国等重大问题，是马克思主义法治理论中国化的最新成果，是习近平新时代中国特色社会主义思想的重要组成部分，是引领新时代法治中国建设的思想旗帜，确保法治中国建设沿着正确航向破浪前行。深入学习和掌握习近平法治思想，尤其是要掌握习近平法治思想作为全面依法治国的根本遵循和行动指南的重要意义，是我们学习习近平新时代中国特色社会主义思想的重中之重。

### （一）习近平法治思想是马克思主义中国化的最新成果

马克思主义法治理论是马克思主义理论体系的有机组成部分，其精髓贯穿在马克思、恩格斯、列宁的经典著作中，是人类法治思想史上弥足珍贵的精神财富，更是中国法治理论和法治实践的思想渊源。从理论源头上讲，马克思、恩格斯的重大贡献在于，他们第一次从科学社会主义真理和规律的层面深刻揭示了法与阶级和阶级斗争的内在联系，法与国家和政权之间的必然联系，法与社会物质生活条件的因果联系，法在不同社会形态和国家形态中的不同功能和价值，透彻地分析了法律、法治和法学的基本原理，提出了许多重要的法治理论新主张和新命题，形成了新的法治主张和法治理论，创立了科学的法学世界观、方法论和价值论。马克思主义法治理论所形成的这些成就不但揭示了人类法治发展的一般规律，还剖析了资本主义法治发展的特殊规律，并阐明了共产主义社会的根本法理，因此，马克思主义法治理论是人类思想史、法学史上的伟大变革，并产生了广泛而持久的影响。

在领导全国各族人民进行艰苦奋斗的各个历史时期，我们党始终坚持马克思主义基本原理同中国具体实际相结合，在面对各种中国实际存在的具体问题和复杂情况中，不断推进马克思主义中国化，产生了毛泽东思想、邓小平理论、“三个代表”重要思想、科学发展观、习近平新时代中国特色社会主义思想等重大理论创新成果。在此进程中，尽管表现形式不尽相同，但探索和推进社会主义法治建设始终是党的事业的重要组成部分；尽管基本内涵不尽相同，但探索和构建社会主义法治理论始终是马克思主义中国化的重要内容。尤其是在这些中国特色具体化实践之后所产生的不同法治理论，代表了中国共产党依据马克思主义理论对中国社会现实和中国法治语境的深入揭示和科学解释，更积累了丰富的中国特色社会主义法治理论贡献。

正是在上述思想渊源和实践基础之上，习近平总书记以马克思主义政治家、思想家、战略家的深刻洞察力和理论创造力，深入回答了事关我国社会主义法治建设的一系列重大问题，直接丰富和发展了马克思主义法治理论，从法治领域深化了对共产党执政规律、社会主义建设规律、人类社会发展规律的认识，开辟了中国特色社会主义法治理论和实践新境界。习近平法治思想是马克思主义法治理论中国化的最新成果，是对马克思主义国家和法的学说的继承与发展，是当代中国马克思主义、二十一世纪马克思主义在法治领域的最新理论成果。

与此同时，习近平法治思想深刻总结我国古代法制传统及其成败得失，挖掘传承中华优秀传统法律文化，弘扬出礼入刑、隆礼重法的治国策略，民惟邦本、本固邦宁的民本理念，天下无讼、以和为贵的价值追求，德主刑辅、明德慎罚的慎刑思想，赋予中华法治文明新的时代内涵，使中华法治文明焕发出新的生命力。习近平法治思想在法治理论上做出许多重大突破、重大创新、重大发展，为发展马克思主义法治理论作出了重大原创性、历史性贡献。

### （二）习近平法治思想是对党领导法治建设丰富实践和宝贵经验的科学总结

党的十八大以来，以习近平同志为核心的党中央从坚持和发展中国特色社会主义的全局和战略高度定位法治、布局法治、厉行法治，把全面依法治国纳入“四个全面”战略布局，创造性地提出了全面依法治国的一系列新理念新思想新战略，领导和推动了我国社会主义法治建设发生历史性变革、取得历史性成就。

党的十八届四中全会专门研究全面依法治国，出台《中共中央关于全面推进依法治国若干重大问题的决定》(以下简称《决定》),对全面依法治国进行顶层设计、描绘了宏伟蓝图;党的十九大提出到2035年基本建成法治国家、法治政府、法治社会,确立了新时代法治中国建设的路线图、时间表;党的十九届二中全会专题研究宪法修改,由宪法及时确认党和人民创造的伟大成就和宝贵经验,以更好发挥宪法的规范、引领、推动、保障作用;党的十九届三中全会站在加强党对全面依法治国的集中统一领导的高度,成立中央全面依法治国委员会,统筹推进全面依法治国工作;党的十九届四中全会从推进国家治理体系和治理能力现代化的角度,对坚持和完善中国特色社会主义法治体系,提高党依法治国、依法执政能力作出部署;党的十九届五中全会在制定“十四五”规划和二〇三五年远景目标建议时,再次就全面依法治国作出部署,对立足新发展阶段、贯彻新发展理念、构建新发展格局立法工作提出新的要求;党的十九届六中全会对坚持和完善人民代表大会制度、不断发展全过程人民民主、深入推进全面依法治国作出重大部署,强调要全面贯彻实施宪法、维护宪法的权威和尊严,加快完善中国特色社会主义法律体系,以良法促进发展、保障善治等;党的二十大对坚持全面依法治国,推进法治中国建设进一步作出了系统而详细的部署和安排,进一步明确要全面推进国家各方面工作法治化。

习近平法治思想凝聚着中国共产党人在法治建设长期探索中形成的经验积累和智慧结晶,标志着我们党对共产党执政规律、社会主义建设规律、人类社会发展规律的认识达到了新的高度,开辟了二十一世纪马克思主义法治理论和实践的新境界。

### （三）习近平法治思想是引领法治中国建设实现高质量发展的思想旗帜

党的十九届五中全会确定了“十四五”时期我国发展的指导方针、主要目标和重点任务，对推动高质量发展、构建新发展格局提出了主攻方向和系统布局。全会审议通过的《建议》指出：“我国发展不平衡不充分问题仍然突出，重点领域关键环节改革任务仍然艰巨，创新能力不适应高质量发展要求，农业基础还不稳固，城乡区域发展和收入分配差距较大，生态环保任重道远，民生保障存在短板，社会治理还有弱项。”高质量发展不只是一个经济要求，更是对经济社会发展方方面面的要求。高质量发展作为一种社会经济治理和社会经济活动管理的理想状态，体现出与法治的某种内在融洽性。也即在推动高质量发展的过程中，必须发挥法治所具有的固根本、稳预期、利长远的重要功能和价值作用，体现法治的治理作用。

习近平法治思想就是在这样的背景下产生和发展起来的，体现出法治与经济发展之间的同频共振和相互契合。习近平总书记多次指出，世界百年未有之大变局加速演进，中华民族伟大复兴进入关键的历史时期。以高质量发展为目标，面对西方国家的战略遏制，特别是美国的贸易霸凌、“脱钩断供”，中国发展面临更加复杂和不确定的国际环境，必须统筹推进国内法治和涉外法治，做好协调和互促。一方面，保持战略定力，坚持道路自信，做好自己的事，立足新发展阶段、贯彻新发展理念、加快构建新发展格局，注重营商环境和企业合规等微观制度环境的完善，为经济高质量发展保驾护航；另一方面，增强运用法律进行国际斗争的能力，以全球视角进行重点领域、新兴领域和涉外领域立法，积极参与全球治理和国际法治，为社会主义现代化建设营造更加有利的外部环境。

## （四）习近平法治思想是新时代全面依法治国的行动指南

习近平法治思想内涵丰富、论述深刻、逻辑严密、系统完备，这些都凸显了其科学性和完备性。具体而言，这些丰富的内容主要体现在习近平总书记在中央全面依法治国工作会上的重要讲话中，特别是习近平总书记精辟概括的“十一个坚持”：坚持党对全面依法治国的领导；坚持以人民为中心；坚持中国特色社会主义法治道路；坚持依宪治国、依宪执政；坚持在法治轨道上推进国家治理体系和治理能力现代化；坚持建设中国特色社会主义法治体系；坚持依法治国、依法执政、依法行政共同推进，法治国家、法治政府、法治社会一体建设；坚持全面推进科学立法、严格执法、公正司法、全民守法；坚持统筹推进国内法治和涉外法治；坚持建设德才兼备的高素质法治工作队伍；坚持抓住领导干部这个“关键少数”。这“十一个坚持”既概括了当下法治建设的重点领域，也总结了全面依法治国的核心任务，更是抓住了全面依法治国的“牛鼻子”，能起到事半功倍的效果。

中国特色社会主义实践的任何一步前进，必须首先要在法治建设的成就上多一分保障。这“十一个坚持”既是重大工作部署，又是重大战略思想，指明了全面依法治国的总抓手、主要任务和重点环节，明确了法治建设的一系列重点问题；为新时代全面依法治国的行动指引方向，为治国理政的方方面面提供了思维范式，更为我们深入学习领会习近平法治思想，贯彻落实新时代全面依法治国提供了直接的理论指引与实践指南。

## 三、新时代全面依法治国取得重大进展

中国特色社会主义步入新时代以来，以习近平同志为核心的党中央从全局和战略高度对全面依法治国作出一系列重大决策部署，对法治中国建设精心谋划和扎实推进，让法治道路更加明确、法治体系更加完善、法治实践更加深入，推动我国社会主义法治建设发生历史性变革，法治水平迈向更高层次，全面依法治国取得重大进展。

### （一）中国特色社会主义法治道路更加明确

习近平总书记多次强调，道路问题不能含糊。因为方向决定道路，道路决定命运。习近平法治思想立足中国特色社会主义法治建设的伟大实践，深刻回答了新时代为什么实行全面依法治国、怎样实行全面依法治国等一系列重大理论和实践问题，为我们坚持和发展全面依法治国提供了根本遵循，科学指明了中国特

色社会主义法治道路。

中国特色社会主义法治道路本质上是中国特色社会主义道路在法治领域的具体体现。中国特色社会主义法治道路形成于中华人民共和国成立、改革开放以来我们党领导人民努力推进社会主义民主法治建设的长期实践之中，具有鲜明的政治性、人民性。习近平总书记强调："党的领导是中国特色社会主义最本质的特征，是社会主义法治最根本的保证。把党的领导贯彻到依法治国全过程和各方面，是我国社会主义法治建设的一条基本经验。"中国特色社会主义法治道路是以党的领导作为保证的，必须坚持党的领导、人民当家做主、全面依法治国的有机统一。

中国特色社会主义法治道路植根于中华法律文化，具有鲜明的民族性。世界上不存在放之四海而皆准的法治道路。一个国家法治道路的选择，与其历史文明、民族文化、法制渊源等因素密不可分。作为世界五大法系之一的中华法系源远流长，有着出礼入刑、隆礼重法的治国策略，民惟邦本、本固邦宁的民本理念，天下无讼、以和为贵的价值追求等大批中华民族优秀传统法律文化的智慧成果。中国特色社会主义法治道路正是在传承中华民族法律文化精华的基础上不断嬗变演进的结果。

中国特色社会主义法治道路广泛借鉴了国外法治文明的有益成果，具有广阔的开放性。法治是人类文明的重要成果之一。我们党一向善于博采众长，但又坚持以我为主、为我所用，积极借鉴、合理吸收国外法治有益成果，在开放学习的动态过程中坚持和发展中国特色社会主义法治道路。

## （二）中国特色社会主义法治体系更加完善

习近平总书记指出："必须抓住建设中国特色社会主义法治体系这个总抓手，努力形成完备的法律规范体系、高效的法治实施体系、严密的法治监督体系、有力的法治保障体系，形成完善的党内法规体系，不断开创全面依法治国新局面。"这五大体系相辅相成、相得益彰，构成建设中国特色社会主义法治体系的具体内容与目标，也在新时代全面依法治国实践中取得长足的完善和发展。

法律是治国之重器，良法是善治之前提。在法律规范体系方面，党的十八大以来，科学立法、民主立法、依法立法不断推进，截至2023年4月26日十四届全国人大常委会第二次会议闭幕，我国现行有效法律295件，以宪法为统帅，以宪法相关法、民法商法、经济法、行政法、社会法、刑法、诉讼和非诉讼程序法等多个法律部门的法律为主干，由法律、行政法规、地方性法规等多个层次的法律规范构成的中国特色社会主义法律体系已经进一步形成和完善，为推进国家治理体系和治理能力现代化、满足人民群众对美好生活新期待提供了重要保障。

高效的法治实施体系是连接良法与善治的桥梁。在法治实施体系方面，党的十八大以来，法治政府建设成就斐然，行政执法体制改革不断推进，行政执法公示制度、执法全过程记录制度和重大执法法制审核制度全面推行得到全面加强，严格落实行政执法责任制，规范公正文明执法；简政放权、放管结合和优化服务改革不断深入，市场准入负面清单管理制度全面实施；各级行政机关依法行政水平不断提升。在司法体制改革中，“努力让人民群众在每一个司法案件中感受到公平正义”的理念贯穿于司法全过程，落实司法责任制，将优质司法资源充实办案一线；制约司法能力、影响司法公正的深层次、体制性问题逐步得到解决，司法能力和公信力不断提高。随着法治社会建设的深入推进，公共法律服务网络平台、热线平台全面建成并不断完善，越来越多的人享受到高效便捷的公共法律服务。人们的法治观念、法律意识不断提高，全社会普遍形成守法用法共识。

加强对权力的制约和监督，是发展社会主义民主政治的重要任务。在法治监督体系方面，党的十八大以来，党和国家监督体制机制改革取得了显著成效。健全党和国家的监督体系，要把党内监督同国家监察、群众监督结合起来，同法律监督、民主监督、审计监督、司法监督、舆论监督等多种监督形式协调起来，形成监督合力，共同构建起严密的法治监督体系，让权力运行关在制度的笼子里。

坚持和完善中国特色社会主义法治体系，加快形成有力的法治保障体系至关重要。在法治保障体系方面，从党的十八届四中全会《决定》正式提出法治保障体系概念并将其纳入中国特色社会主义法治体系之后，法治保障体系建设在全民依法治国实践中取得了重大成就。随着法律职业资格考试改革，法治教育体系和法律职业保障体系不断优化，法律顾问、公职律师在重大行政决策中的作用不断提高，法治人才素质不断提升。此外，行政执法和执法监督规范化标准化信息化建设得到全面加强，运用大数据、人工智能、云计算等高科技手段的水平和能力进一步提高，智慧法治运行体系初见成效。

党内法规既是管党治党的重要依据，也是建设社会主义法治国家的重要保障。在党内法规体系方面，依规治党理念深入党心、民心。建设法治中国，必须坚持依法治国和依规治党有机统一，加快形成覆盖党的领导和党的建设各方面的党内法规体系。党的十八大以来，制定和修订了190多部中央党内法规，出台了一批标志性、关键性、基础性的法规制度，形成了一套比较完备的党内法规制度规范，构建起了以党章为根本、若干配套党内法规为支撑的党内法规制度体系，提高了党的领导能力和执政能力，也让党的自身建设有规可依，有章可循。

### （三）中国特色社会主义法治实践更加深入

对于全面依法治国工作布局，习近平总书记多次强调要准确把握全面依法治国工作布局，坚持依法治国、依法执政、依法行政共同推进，法治国家、法治政府、法治社会一体建设。这一工作布局是习近平法治思想核心要义的“十一个坚持”之一，坚持两点论和重点论相统一，既以目标为着眼点，强化统筹谋划、顶层设计，又着力于以关键领域，以重点问题突破引领带动全局工作发展；同时也是关于中国特色社会主义法治建设路径的重要判断，是我们党对法治建设规律认识的深化，进一步发展了中国特色社会主义法治理论，有效推进了中国特色社会主义法治的深入实践。

依法治国、依法执政、依法行政是一个有机整体。依法治国是党领导人民治理国家的基本方略，依法执政是我们党执政的基本方式，依法行政是政府行政的基本准则。共同推进的关键在于党要坚持依法执政、各级政府要坚持依法行政。在依法治国实践中，我们党逐步确立和形成了依法执政这一基本执政理念和执政方式。党的十八大以来，党和国家加强全面从严治党，尤其在党风廉政建设和反腐败斗争中取得了巨大成效，推进了依法执政制度化、规范化、程序化，提高了党的长期执政能力建设、先进性和纯洁性建设。依法行政关系着广大人民群众切身利益保障问题。党的十八大以来，我们推动综合行政执法改革，加强环境保护、安全生产、食品药品、社会治安等重点领域执法工作，取得了积极成效。

法治国家、法治政府、法治社会相辅相成，法治国家是法治建设的目标，法治政府是建设法治国家的重点，法治社会是构筑法治国家的基础。习近平总书记多次强调，推进全面依法治国，法治政府建设是重点任务和主体工程，对法治国家、法治社会建设具有示范带动作用，要率先突破。从 2015 年中共中央、国务院印发的《法治政府建设实施纲要（2015—2020 年）》实施以来，进行全国法治政府建设示范市（县、区）考察，加强全国法治政府建设督察，同时推动在政府规范行政决策程序、法规规章备案审核等方面出台有关条例规定，尤其是公平竞争制度的出台与完善，全面优化营商环境，法治政府建设全面提速，政府依法行政能力显著提高。

## 四、奋力开辟全面依法治国新境界

当前，法治社会建设的宏伟蓝图已经绘就，我们要坚持把习近平法治思想作为新时代全面依法治国的根本遵循和行动指南，坚持把党的领导贯彻落实到全面依法治国的全过程和各方面，坚定不移地走中国特色社会主义法治道路，坚持牢牢把握新时代全面依法治国总目标，加快建设中国特色社会主义法治体系和社会主义法治国家，以斗志昂扬的精神状态，奋力开辟新时代全面依法治国新境界。

### （一）坚持法治体系建设的正确方向

习近平总书记指出，全面推进依法治国这件大事能不能办好，最关键的是方向是不是正确、政治保证是不是坚强有力，具体讲就是要坚持党的领导，坚持中国特色社会主义制度，贯彻中国特色社会主义法治理论。

在世界百年未有之大变局加速演进，国际形势纷繁复杂，改革发展稳定任务艰巨繁重，对外开放深入推进的背景下，方向问题至关重要。我们要始终坚持习近平法治思想这个根本遵循，始终坚持党的领导这个根本保证，始终坚持中国特色社会主义这个根本定性，始终坚持以人民为中心这个根本立场，正确处理政治和法治、改革和法治、依法治国和以德治国、依法治国和依规治党的关系，充分发挥习近平法治思想的强大理论力量和实践伟力，进一步提高中国国家治理能力和全球治理能力，在变局中保持定力，着力实现人民生活幸福与社会和谐稳定。

## （二）加快重点领域立法

法不察民情而立之，则不威。所谓重点领域立法，必然是反映在党和国家事业发展要求、人民群众关切期待之中的立法诉求。在诡谲多变的国际局势下，更加凸显我国立法在国家安全、科技创新、公共卫生、生物安全、生态文明、防范风险等重要领域的供给不足，要正视国家治理要求、社会现实需求和人民美好生活需要。我们党要发挥依规治党对党和国家事业发展的政治保障作用，形成国家法律和党内法规相辅相成的格局，必须坚持依法治国与制度治党、依规治党统筹推进、一体建设。要妥善处理好政府与市场的关系，完善经济法律制度，补齐监管漏洞和短板，及时关注新问题，保障人民群众权益，防范系统性风险。

从“有法可依”到“良法善治”，要抓住提高立法质量这个关键。要深入推进科学立法、民主立法、依法立法，优化立法职权配置，发挥人大及其常委会在立法工作中的主导性作用，综合运用制定、修改、废止、解释、编纂和决定等多种立法形式，健全立法起草、论证、协调、审议机制，完善法律草案表决程序，增强法律法规的及时性、系统性、针对性、有效性，提高法律法规的可执行性、可操作性，全方位推进立法工作。同时要健全法律面前人人平等的保障机制，维护国家法制统一、尊严、权威，一切违反宪法法律的行为都必须予以追究。各级党组织和全体党员要带头尊法学法守法用法，任何组织和个人都不得有超越宪法和法律的特权，绝不允许以言代法、以权压法、逐利违法、徇私枉法。各级立法机构和工作部门要遵循立法程序、严守立法权限，切实避免越权立法、重复立法、盲目立法，有效防止部门利益和地方保护主义影响。

## （三）深化法治领域改革

司法是维护社会公平正义的最后一道防线，司法公正对社会具有重要的引领作用，司法不公对社会公正具有致命的破坏作用。努力让人民群众感受到公平正义，这是我们党维护社会公平正义的铮铮誓言，也是衡量司法工作成败的关键标尺。党的十八大以来，法治领域改革持续推进，虽然取得了显著成绩，但与党和国家的要求相比，与人民群众对法治的期待相比，仍存在深化改革的空间。

深化法治领域改革，一是要加快建设公正高效权威的社会主义司法制度，加快构建优化协同高效的政法机构职能体系，健全纪检监察机关、公安机关、检察机关、审判机关、司法行政机关各司其职，侦查权、检察权、审判权、执行权相互制约的体制机制，完善开放、动态、透明、便民的阳光司法机制。二是要加强和创新社会治理，坚持完善党委领导、政府主导、社会协同、公众参与、法治保障的体制机制，推广好新时代“枫桥经验”，从乡村治理走向城镇、社区治理。三是要坚持以人民为中心，努力提供普惠均等、便捷高效、智能精准的公共法律服务。四是要完善法治人才培养体系，加快发展律师、公证、司法鉴定、仲裁、调解等法律服务队伍，深化执法司法人员管理体制改革，着力建设一支忠于党、忠于国家、忠于人民、忠于法律的社会主义法治工作队伍。五是要深化政法队伍教育整顿，继续依法打击执法司法领域腐败，政法工作队伍要提高政治站位，增强政治自觉，把牢政治方向，进一步树立政法机关执法司法为民的良好形象，提高司法公信力。

### （四）运用法治手段开展国际斗争

国家安全是国家发展的重要基石、人民福祉的根本保障。在国家主权、安全、发展利益方面，要时刻警惕恐怖主义、分裂主义和极端主义这“三股势力”，要善于运用法律武器参与国家斗争，落实《中华人民共和国国家安全法》《中华人民共和国反分裂国家法》等，在国家安全利益上决不让步。

当前大国博弈陡然加剧，意识形态领域里的渗透与反渗透的斗争更为尖锐。面对严峻的国际形势，习近平总书记强调，“我们决不能被逆风和回头浪所阻，要站在历史正确的一边，坚定不移全面扩大开放，推动建设开放型世界经济，推动构建人类命运共同体”。随着“一带一路”建设展开，在陆海内外联动、东西双向互济的全面开放新格局下，涉外法治需求不断增加，我国需要在双边和多边关系中持续构建、全方位拓展宽领域、多层次的多元涉外执法司法合作空间来提升涉外执法司法效能。因此，要坚持统筹推进国内法治和涉外法治，加强涉外领域立法，推动我国法域外适用的法律体系建设。

## （五）加强法治理论研究和宣传

在法治中国建设中，提高公民法治素养，加强法治理论研究和宣传是重要途径。法律需要被信任才能发挥其引导作用，实现法治的良好状态。而法律信任的前提是法律得到公布，法律背后的法理得到知悉，让“关键少数”的领导干部和广大人民群众掌握法治背后的法理人情，才能最终树立起法治的权威。

在法治理论研究方面，中国法学以及研究工作者要增强使命责任感，要在问题意识、思路方法、学术成果、人才培养等方面紧跟时代和实践发展步伐，努力构建中国特色、中国风格、中国气派的法学学科体系、学术体系、话语体系、教育体系，为坚持和发展中国特色社会主义、建设法治中国作出更多原创性学术贡献和法学研究人才培养贡献。在法治理论应用方面，要加强对律师队伍的政治引领，教育引导广大律师自觉遵守拥护中国共产党领导、拥护我国社会主义法治等从业基本要求，努力做党和人民满意的好律师。在全面守法方面，要把推进全民守法作为基础工程，发挥领导干部的示范作用，推动各级领导干部带头尊法学法守法用法，引导广大群众自觉守法、遇事找法、解决问题靠法。在法治宣传方面，要总结我国法治体系建设和法治实践的经验，阐发弘扬我国优秀传统法治文化，讲好中国法治故事。

第七讲

# 新时代文化建设

汪亭友

习近平总书记指出：实现中华民族伟大复兴的中国梦，是物质文明和精神文明比翼双飞的发展过程，没有中华文化繁荣兴盛就没有中华民族伟大复兴。要增强文化自信，在传承中华优秀传统文化基础上发展社会主义先进文化，加快建设社会主义文化强国。他还指出：意识形态关乎旗帜、关乎道路、关乎国家政治安全。必须牢牢掌握意识形态工作领导权、管理权、话语权，建设具有强大凝聚力和引领力的社会主义意识形态，巩固马克思主义在意识形态领域的指导地位，巩固全党全国各族人民团结奋斗的共同思想基础。这些重要论述指明了民族复兴与精神文明、文化建设之间的深刻联系，指明了意识形态工作对于推动中华文化繁荣兴盛、建设社会主义文化强国的重大意义，为夺取新时代伟大斗争新胜利，推动文化大发展大繁荣，提供了根本的遵循。

## 一、文化强国建设是新时代实现中华民族伟大复兴的精神支撑

### （一）中华民族伟大复兴离不开强大精神力量的正确指引

人的行为和活动受自身的意识和观念支配，意识和观念是指

导人类实践和社会发展的精神动力。因此，马克思主义在强调世界统一于物质、物质决定意识时，并不否认意识对物质的能动作用和反作用，并不否认精神力量在改造客观世界中的巨大作用和贡献，并把崇高的精神追求、发达的精神文明当作理想社会的基本特征。当今世界正经历百年未有之大变局，中华民族正处于伟大复兴关键期，二者同步交织、相互激荡，中国既面临大有可为的历史机遇，也面临一系列重大风险考验。进行伟大斗争、建设伟大工程、推进伟大事业、实现伟大梦想，必须要有科学理论的武装，一刻也离不开强大精神力量的指引。

党的十八大以来，以习近平同志为核心的党中央更加重视精神文明建设和思想文化建设，号召全党全社会增强文化自觉，坚定文化自信，推动社会主义文化大发展大繁荣，加快建设社会主义文化强国。习近平总书记深刻指出：实现中华民族伟大复兴的中国梦，是“物质文明和精神文明比翼双飞的发展过程”①，“物质财富要极大丰富，精神财富也要极大丰富”②。他强调：“没有中华文化繁荣兴盛，就没有中华民族伟大复兴。一个民族的复兴需要强大的物质力量，也需要强大的精神力量。没有先进文化的积极引领，没有人民精神世界的极大丰富，没有民族精神力量的不断增强，一个国家、一个民族不可能屹立于世界民族之林。”③“我们要大力弘扬以爱国主义为核心的民族精神和以改革创新为核心的

---

① 习近平：《在联合国教科文组织总部的演讲》，《人民日报》2014 年 3 月 28 日。

② 习近平：《在会见第四届全国文明城市、文明村镇、文明单位和未成年人思想道德建设工作先进代表时的讲话》，《人民日报》2015 年 3 月 1 日。

③ 习近平：《在文艺工作座谈会上的讲话》，见《习近平总书记在文艺工作座谈会上的重要讲话学习读本》，学习出版社 2015 年版，第 5—6 页。

时代精神，大力弘扬中华优秀传统文化，大力发展社会主义先进文化，不断增强全党全国各族人民的精神力量。”①

在习近平新时代中国特色社会主义思想指引下，党的十九大提出，要坚持中国特色社会主义文化发展道路，激发全民族文化创新创造活力，建设社会主义文化强国。党的十九届四中全会进一步要求，必须坚定文化自信，牢牢把握社会主义先进文化前进方向，激发全民族文化创造活力，更好地构筑中国精神、中国价值、中国力量。党的十九届五中全会进一步将建成文化强国确立为 2035 年基本实现社会主义现代化的远景目标，对“十四五”时期推进社会主义文化强国建设进行了战略部署。党的二十大提出，要坚持马克思主义在意识形态领域指导地位的根本制度，坚持为人民服务、为社会主义服务，坚持百花齐放、百家争鸣，坚持创造性转化、创新性发展，以社会主义核心价值观为引领，发展社会主义先进文化，弘扬革命文化，传承中华优秀传统文化，满足人民日益增长的精神文化需求，巩固全党全国各族人民团结奋斗的共同思想基础，不断提升国家文化软实力和中华文化影响力。

## （二）文化强国建设需要弘扬中国精神、中国价值、中国力量

实现中华民族伟大复兴，是近代以来中华民族最伟大的梦想，也是最为艰巨、最具挑战的使命与任务。为实现这一梦想，无数仁人志士披肝沥胆，抛头颅、洒热血，英勇探索救国救民的真理和道

① 习近平：《在中国文联十大、中国作协九大开幕式上的讲话》（2016 年 11 月 30 日）。

路。中国共产党成立后，团结带领人民前仆后继、顽强奋斗，不仅赢得了民族独立、人民解放，而且把贫穷落后的旧中国变成日益走向繁荣富强的新中国。党的十九大进一步描绘了决胜全面建成小康社会、进而全面建设社会主义现代化国家的宏伟蓝图和战略部署。党的十九届五中全会进一步明确了远景目标和近期任务。党的二十大提出今后五年和到2035年国家发展目标。民族复兴梦想和文化强国梦想以更清晰的姿态呈现出来，展现出前所未有的光明前景。

行百里者半九十。越是接近成功就越困难、越关键，就越要咬紧牙关，挺住身体，坚忍向前。习近平总书记指出："越是接近民族复兴越不会一帆风顺，越充满风险挑战乃至惊涛骇浪。"他还强调："我们面临的各种斗争不是短期的而是长期的，至少要伴随我们实现第二个百年奋斗目标全过程。"① 目前，我国全面建成了小康社会，第一个百年奋斗目标已经实现。要继续如期实现第二个百年奋斗目标，圆满完成近代以来中华民族的宏伟梦想，需要我们时刻保持"逆水行舟、不进则退"的政治清醒，始终发扬"咬定青山不放松"的干劲和韧劲，以"千磨万击还坚劲"的顽强意志，迎接挑战，奋勇向前，不达目的誓不罢休。

在新时代，弘扬中国精神、中国价值、中国力量，必须坚持马克思主义的指导地位。马克思主义以其坚定的人民立场、强大的真理威力、鲜明的实践导向和开放的理论品格，实现了人民性与科学性、实践性与发展性的高度统一，彰显了真理的力量、道义的力量、实践的力量和人民的力量，在与各种思想、各种主义的竞争博弈中脱颖而出，成为指导中国社会前进方向、引领中国

①《习近平谈治国理政》第三卷，外文出版社2020年版，第226页。

思想文化发展的光辉灯塔。中国共产党领导人民在进行革命、建设、改革的壮阔实践中创造的革命文化和社会主义先进文化，与中华民族千百年来在探索传承中孕育的优秀传统文化彼此融通、交相辉映、共同发展，一起构筑起极具民族特色和时代特色的中华文化、中国特色社会主义文化，在历史、文化和实践的积淀中凝铸成以爱国主义为核心的民族精神、以改革创新为核心的时代精神、以社会主义核心价值观为引领的中国价值，为形成并汇聚亿万中国人民实现国家富强、民族振兴、人民幸福的中国力量提供了锐利的思想武器和强大的精神力量。

在新时代，弘扬中国精神、中国价值、中国力量，就是要培育和倡导以爱国主义为核心的民族精神，激励人们自觉地把个人奋斗同国家需要、民族命运紧密结合起来，舍小家、顾大家、为人民，培养造就出一批又一批担当民族复兴大任的时代新人；就是要发扬以改革创新为核心的时代精神，坚持以人民为中心的发展思想，将全面深化改革进行到底，不断推进理论创新、实践创新、制度创新、文化创新以及其他各方面创新，不断推进国家治理体系和治理能力现代化；就是要把培育和践行社会主义核心价值观作为凝魂聚气、强基固本的基础工程来抓，体现到国民教育、精神文明创建、文化产品创作生产全过程，融入于国家的法治建设和社会治理，践行在社会生活方方面面；就是要把全体中国人民的意志和创造凝聚起来，形成无坚不摧、无往不胜的磅礴力量。

在新时代，要更好地构筑中国精神、中国价值、中国力量，推动文化强国建设，必须坚定不移地走中国特色社会主义文化发展道路。习近平总书记指出：“文化是一个国家、一个民族的灵魂。”“文化自信，是更基础、更广泛、更深厚的自信，是更基本、更深沉、更持久的力量。”[①] 中国特色社会主义文化源自五千年中华文明孕育的优秀传统文化，熔铸于党领导人民创造的革命文化和社会主义先进文化，植根于中国特色社会主义伟大实践。繁荣和发展中国特色社会主义文化，必须坚持以马克思主义为指导，不忘本来、吸收外来、面向未来，巩固全体人民团结奋斗的共同思想基础，加快建设社会主义文化强国。

必须坚持和完善繁荣发展社会主义先进文化的制度。党的十九届四中全会通过的《决定》以坚持和完善繁荣发展社会主义先进文化的制度为题，从坚持马克思主义在意识形态领域指导地位的根本制度等五个方面作出战略部署，提出一系列重大举措，标志着我们党对社会主义文化建设规律的认识达到一个新高度，将有力地推动新时代中国特色社会主义文化的繁荣和发展。党的二十大提出“推进文化自信自强，铸就社会主义文化新辉煌”的目标任务，指出今后五年实现人民精神文化生活更加丰富、中华民族凝聚力和中华文化影响力不断增强的目标，到 2035 年实现建成社会主义文化强国、国家文化软实力显著增强的目标。我们要充分认识坚持和完善繁荣发展社会主义先进文化制度的重要性，把过去长期坚持的行之有效的制度健全完善起来并形成长效机制，完善相关法律政策体系，积极探索创新社会主义文化建设的路径和方式，把中国特色社会主义文化制度优势更好地转变为国家治理效能。

必须坚持古为今用，守正创新。中华民族在长期的探索实

---

① 习近平：《在中国文联十大、中国作协九大开幕式上的讲话》，人民出版社 2016 年版，第 6 页。

践和文明传承中形成的传统文化源远流长、博大精深，深深影响着今天中国人的生活，具有重要的时代价值。我们不能对此采取虚无的态度。要深入挖掘和阐发中华优秀传统文化讲仁爱、重民本、守诚信、崇正义、尚和合、求大同的时代价值，使中华优秀传统文化成为涵养社会主义核心价值观的重要源泉，同时立足中国特色社会主义伟大实践，适应时代发展进步要求，去粗取精、去伪存真，做到古为今用，用时代精神激活优秀传统文化生命力，实现创造性转化和创新性发展，不能陷入泥古复古的泥潭。

要以开放的胸襟、发展的眼光看待中国特色社会主义文化。中国特色社会主义文化是以马克思主义为指导，立足当代中国现实、紧跟时代步伐形成的，同时也是面向世界、吸收各国文明精华的结果。它同其他一切先进思想文化一样，也需要与时俱进、创新创造，在实践中不断丰富发展。因此，对人类创造的各种文明、优秀文化，不能搞关门主义，应当虚心学习、积极借鉴其他国家、其他民族思想文化的长处和精华，在相互交流、相互学习、相互借鉴中推动人类文明文化的发展繁荣。

## 二、党的意识形态工作是为国家立心、为民族立魂的工作

### （一）高度重视并努力搞好意识形态工作是我们党的一项光荣传统

意识形态是反映社会的经济形态、政治形态、文化形态的观

念体系，包括政治经济法律思想、文化、道德、艺术、宗教、哲学等等。社会主义意识形态就是与社会主义经济基础、政治制度、社会生活相适应的观念体系，其基本特征体现为以马克思主义为指导、倡导社会主义核心价值观、建设社会主义精神文明、为社会主义现代化建设和人的全面发展提供精神动力和智力支持等。

党的意识形态工作，从根本上说，就是通过党的领导和组织、管理、宣传等工作，巩固马克思主义在意识形态领域的指导地位，坚定全党马克思主义信仰和共产主义远大理想，坚定全体人民的中国特色社会主义信念，让马克思主义、中国特色社会主义，让党和人民的意志主张，牢牢占据思想宣传理论战线的主阵地，成为社会的主流意识形态，为党和国家事业沿着正确方向有序推进，实现经济社会稳定发展，创造充分的思想舆论条件，提供强有力的思想政治保证。

意识形态工作归根结底是做人的思想工作，是争取人心的工作。人是一切活动和实践的主体，建设什么样的社会、实现什么样的目标，人是决定性因素。因此，意识形态工作具有极端重要性。只有把人的思想工作做好了，把人心争取过来，广泛汇集各方共识，有效凝聚各方力量，万众一心，步调一致，才能实现党和国家确立的奋斗目标。中国革命、建设和改革不断取得新胜利、新成就，无不与党的卓有成效的宣传思想工作密切相关。

高度重视并努力搞好意识形态工作是我们党的一项光荣传统。毛泽东指出：“掌握思想领导是掌握一切领导的第一位。”[①]邓小平指出，思想政治工作具有“非常重要的地位”，做好这项工作是全党的“一项极端重要的任务”，“决不能削弱”。[②]江泽民强调，“搞好精神文明建设，抓好思想政治工作，是我们办好一切事情的保障”，还认为“高度重视宣传思想工作是我们党的一大传统、一大优势”。[③]胡锦涛指出：“思想理论建设是党的根本建设，坚持用实践基础上的理论创新成果武装全党，形成全党团结一心、共同奋斗的思想基础，是我们党加强自身建设、推动事业发展的重要保证。”[④]他还强调：“意识形态工作是党的一项十分重要的工作。经验告诉我们，经济工作搞不好要出大问题，意识形态工作搞不好也要出大问题。”[⑤]

### （二）以习近平同志为核心的党中央把意识形态工作摆在重要位置

党的十八大以来，以习近平同志为核心的党中央继续高度重视意识形态工作，并把意识形态工作摆在党和国家全局工作中的重要位置。习近平总书记指出：“经济建设是党的中心工作，意识形态工作是党的一项极端重要的工作。”[⑥]“能否做好意识形态工作，事关党的前途命运，事关国家长治久安，事关民族凝聚力和

①《建党以来重要文献选编》，中央文献出版社 2011 年版，第 364 页。
②《邓小平文选》第二卷，人民出版社 1994 年版，第 342 页。
③《十四大以来重要文献选编》（中），人民出版社 1997 年版，第 1680 页。
④《十七大以来重要文献选编》（中），中央文献出版社 2011 年版，第 634 页。
⑤《胡锦涛文选》第二卷，人民出版社 2016 年版，第 527 页。
⑥《习近平谈治国理政》，外文出版社 2014 年版，第 153 页。

向心力。”[①] 用“极端重要”“三个事关”来说明意识形态工作的特殊地位和重大意义，既继承了我们党的优良传统，又适应了新时代意识形态工作的新要求。

党的十九大继续强调做好意识形态工作的重大意义，号召全党充分认识意识形态工作的长期性、艰巨性、复杂性，牢牢掌握意识形态工作领导权，发扬斗争精神，提高斗争本领，建设具有强大凝聚力和引领力的社会主义意识形态，不断夺取新时代伟大斗争新胜利。

2018 年 8 月，习近平总书记在全国宣传思想工作会议上的讲话中提出“九个坚持”的重要论断，强调做好新形势下宣传思想工作，必须自觉承担起举旗帜、聚民心、育新人、兴文化、展形象的使命任务，为做好新时代宣传思想工作明确了方向，提供了根本遵循。

2019 年 5 月 13 日，中共中央政治局召开会议，决定从 2019 年 6 月开始，在全党自上而下分两批开展“不忘初心、牢记使命”主题教育。2019 年 5 月 31 日，习近平总书记出席中央主题教育工作会议并发表重要讲话。6 月 24 日，十九届中央政治局举行第十五次集体学习，习近平总书记主持学习并发表重要讲话。两次讲话明确了主题教育的总要求、目标任务、方法步骤等，为全党指明了方向重点，成为此次主题教育的纲领性文献。

习近平总书记十分重视坚定理想信念对于开展主题教育的重大意义。他指出：“党的初心和使命是党的性质宗旨、理想信念、

① 《习近平关于全面建成小康社会论述摘编》，中央文献出版社 2016 年版，第 103 页。

奋斗目标的集中体现。”[①]他强调，在新中国成立70周年之际，开展“不忘初心、牢记使命”主题教育的特别意义在于，无论我们走得多远，都不能忘记来时的路。我们正在进行实现中华民族伟大复兴的新长征，广大党员、干部必须牢记党的理想信念和根本宗旨，必须弘扬伟大的长征精神，奋力夺取新时代中国特色社会主义新胜利。

在中国共产党成立100周年之际，习近平总书记强调通过学习党的历史，做到知史爱党、知史爱国，在学习领悟中坚定理想信念，在奋发有为中践行初心使命。在庆祝中国共产党成立100周年大会上的讲话中，习近平总书记代表党中央号召全体党员，牢记初心使命，坚定理想信念，践行党的宗旨，永远保持同人民群众的血肉联系，始终同人民想在一起、干在一起，风雨同舟、同甘共苦，继续为实现人民对美好生活的向往不懈努力，努力为党和人民争取更大光荣。

正是在习近平新时代中国特色社会主义思想的指引下，在党中央集中统一领导和坚强有力的部署下，严格落实意识形态工作责任制，形成了党政各部门齐抓共管、宣传部门组织协调、相关部门积极配合、共同做好意识形态工作的格局，主旋律更加响亮，正能量更加强劲，意识形态工作取得历史性成就、发生历史性变革，意识形态领域形势发生了全局性、根本性转变，全党全国各族人民文化自信明显增强，全社会凝聚力和向心力极大提升，为新时代开创党和国家事业新局面提供了坚强思想保证和强大精神

---

① http://paper.people.com.cn/rmrb/html/2019-06/26/nw.D110000renmrb_20190626_2-01.htm，2019年9月2日。

力量。实践证明，只要加强党对意识形态工作的领导，不断创新思想理念、方式手段，把握工作规律，增强主动性，掌握主动权，打好主动仗，就没有克服不了的困难，也没有解决不了的难题。

## （三）正确认识和处理党的意识形态工作同党的中心工作之间的关系

习近平总书记在强调意识形态工作是党的一项极端重要的工作的同时，又指出意识形态工作一定要把围绕中心、服务大局作为基本职责，主张要辩证地看待意识形态工作同经济建设这个中心工作之间的关系，提出“既要切实做好中心工作、为意识形态工作提供坚实物质基础，又要切实做好意识形态工作、为中心工作提供有力保障；既不能因为中心工作而忽视意识形态工作，也不能使意识形态工作游离于中心工作”[①]。

这些重要思想明确了意识形态工作在党的全局工作中的地位与作用，科学回答了意识形态工作必须遵循的基本原则和指导方针。党的十八大以来，以习近平同志为核心的党中央在集中精力进行经济建设的同时，牢牢掌握意识形态工作领导权，围绕中心、服务大局开展意识形态工作，既重视建设国家软实力更重视建设国家硬实力，既注重解决思想问题更注重解决实际问题，推动精神文明与物质文明协调发展，意识形态工作和党的各项工作取得历史性成就，中国特色社会主义进入新时代。

就意识形态工作而言，需要坚持团结稳定鼓劲、正面宣传

① 《习近平关于社会主义文化建设论述摘编》，中央文献出版社 2017 年版，第 21 页。

为主，始终高扬主旋律，传播正能量。这是由我国社会实际和党肩负的历史使命所决定的。习近平总书记指出："我们之所以要强调团结稳定鼓劲、正面宣传为主，是因为：一方面，我国社会积极正面的事物是主流，消极负面的东西是支流，要正确认识主流和支流、成绩和问题、全局和局部的关系，集中反映社会健康向上的本质，客观展示发展进步的全貌，使之同我国改革发展蓬勃向上态势相协调；另一方面，我们正在进行具有许多新的历史特点的伟大斗争，面临的挑战和困难前所未有，必须激发全党全社会团结奋进、攻坚克难的强大力量，调动各方面积极性、主动性、创造性。"①

习近平总书记从社会存在和现实需要出发明确了意识形态工作的方向任务，同时也表达了这样一个重要思想：强调意识形态工作要高扬主旋律、传播正能量、正面宣传为主，并不是要否定我国社会还存在消极负面的东西、各种各样的挑战和困难，只准颂扬、不准批评，只讲成绩、不提问题，只要正面宣传、不要舆论斗争。应当看到，任何事物都有它的两面性，我国的社会发展状况也是如此。我国社会既有需要充分肯定和宣扬的占主流的积极正确方面，又有需要遏制和消除的不占主流的消极负面方面。存在决定意识，占主流的积极正确方面必然产生与之相适应的占主流的社会意识形态，不占主流的消极负面方面必然产生与之相适应的不占主流的社会思想意识。我国改革与发展的成就是在坚持马克思主义和中国特色社会主义的条件下取得的，马克思主义和中国特色社会主义的意识形态在我国社会自然占据主流地位。与之

①《习近平关于社会主义文化建设论述摘编》，中央文献出版社 2017 年版，第 44 页。

相对应，非马克思主义、反马克思主义的意识形态不占主流地位。

尽管非马克思主义、反马克思主义的意识形态不占我国社会的主流地位，不能反映我国社会的本质和全貌，但其影响和危害不可低估。实践反复证明，意识形态领域的阵地，马克思主义、社会主义的思想不去占领，非马克思主义、反马克思主义的思想就会占领。因此，对意识形态这块阵地，不能坐视不管、听之任之，不能任由反马克思主义、反社会主义的意识形态滋生蔓延。习近平总书记指出，“坚持正面宣传为主，绝不意味着放弃舆论斗争”，“在事关坚持还是否定四项基本原则的大是大非和政治原则问题上，我们必须增强主动性、掌握主动权、打好主动仗”。①

一段时期以来，我国意识形态领域特别是网络意识形态一度出现被动局面，引起人民群众不满，就与一些单位和党政干部政治敏锐性、责任感不强，在重大意识形态问题上含含糊糊、遮遮掩掩，不敢或不愿同错误观点、错误倾向和错误思潮进行坚决斗争有着密切关系。在他们当中，有的爱惜羽毛，热衷于当“开明绅士”，搞一团和气；有的从个人或单位的狭隘本位出发，害怕批判错误观点得罪人，对自己或本单位没有好处；有的以为反马克思主义观点“本来没有多少人知道，一批判却使得更多的人知道了”，担心把这些错误观点“炒热”，会适得其反；有的明明知道是错误观点，但仍以“学术自由”等名义，为其提供传播机会和平台，甚至为其打掩护、开脱责任。

其实，正面宣传与批评反马克思主义、反社会主义等错误观点并不是对立的关系，而是相辅相成的。批判反马克思主义、

①《习近平关于社会主义文化建设论述摘编》，中央文献出版社 2017 年版，第 27 页。

反社会主义的观点，指出它的实质和危害，亮明党的立场和主张，反而能够教育转化团结一大批人，尤其是持观望立场的中间人群，也就是习近平总书记指出的介于“红色地带”和“黑色地带”之间的“灰色地带”的群众。把持观望立场的绝大多数人，把不明真相的群众争取过来、团结起来，不仅能更好更有力地推动党的思想宣传工作，扩大党的正面宣传的影响，巩固壮大社会的主流意识形态，激发全党全社会团结奋进的强大力量，而且能够孤立、瓦解处在“黑色地带”的极少数人。反之，在重大意识形态问题上含含糊糊、遮遮掩掩，不仅反马克思主义、反社会主义的观点得不到遏制和纠正，反而使党的主张弱化，使正面宣传达不到预期效果，甚至出现正面宣传越来越没有人信、主流意识形态陷入瓦解的危险。

绝不能低估反马克思主义、反社会主义等错误观点的破坏性。一种社会思潮的滋生与蔓延总会经历一个由小到大、由弱到强的过程。反马克思主义、反社会主义的观点名目繁多，善于伪装，有着各种旗号，迷惑性、欺骗性较强，在露出苗头时没有及时加以制止，任其发展蔓延，就可能造成不可收拾的局面，甚至酿成灾难性的后果。习近平总书记指出：“一个政权的瓦解往往是从思想领域开始的，政治动荡、政权更迭可能在一夜之间发生，但思想演化是个长期过程。思想防线攻破了，其他防线就很难守住。”①这段论述意味深长，发人深省，苏联、东欧国家社会主义政权倾覆就留下了这样的深刻教训。我们决不能低估反马克思主义、反社会主义观点的生存力、影响力，做到防微杜渐，防患于未然。

---

①《习近平关于社会主义文化建设论述摘编》，中央文献出版社 2017 年版，第 21 页。

## 三、警惕危害意识形态安全和政治安全的错误倾向与思潮

党的十八大以来，我国意识形态状况整体呈现锐意进取、团结奋斗的良好局面。习近平新时代中国特色社会主义思想以及“两个确立”的决定性意义的宣传和阐释深入人心，错误观点和思潮无论在网络上还是在学术界都得到较好遏制，敢于亮剑发声的人越来越多且趋于年轻化，高校师生学习研究马克思主义的热情普遍提升，对马克思主义的信仰和中国特色社会主义的理论自信空前高涨。这是以习近平同志为核心的党中央高度重视意识形态工作，加强意识形态阵地建设，旗帜鲜明地抵制各种错误观点，正本清源、激浊扬清取得的来之不易的重要成果。与此同时，还应清醒地看到，意识形态领域仍存在这样或那样的问题和不良倾向。有的由来已久，根深蒂固；有的新近出现，迷惑性强。虽然表现各异，但都对我国意识形态安全和政治安全构成较大威胁。

### （一）认清美西方国家宣扬“普世价值”的实质和危害

西方鼓吹“普世价值”的本意和本质并不是为了克服全人类的问题，而是把西方价值观冒充为全人类的价值，维护西方统治集团的全球利益和世界霸权。奥巴马政府更是把向世界推广“普世价值”提到美国国家安全战略的高度。拜登当选总统后，继承了民主党的传统，继续宣扬“普世价值”。比如，2021 年 3 月 13

日，他在主持美国与日本、印度、澳大利亚三国领导人“四方安全对话”时表示：我们重申承诺，即确保我们的地区受国际法管辖，致力于维护“普世价值”以及免受胁迫。拜登政府的目的是用“普世价值”引领所谓“自由世界”，强化美国与其盟友的观念认同，在西方世界形成一个意识形态共同体，以应对来自中、俄等国的所谓威胁和挑战。美国的“普世价值”倡议得到日本、比利时、新西兰、法国等西方国家的支持。岸田文雄当选首相后明确表示，日本将与共享“普世价值”的国家合作，联合美国、澳大利亚、印度、东盟、欧洲等国家和地区，通过日、美、澳、印“四方机制”，大力推进“自由开放的印太”。

美西方国家构建针对中国等国家的意识形态共同体，还包括刻意强调西方同东方在种族、文化、信仰等方面的差异，煽动西方世界对中国的种族歧视、文化敌视和意识形态偏见，竭尽全力开动意识形态机器，全面抹黑和丑化中国，妄图打造一个孤立和“围剿”中国的西方阵营。面对美国等西方国家挑起的旨在封锁中国的“普世价值”战略，既需要我们认清西方“普世价值”的真实面目，又需要我们坚定不移地弘扬“全人类共同价值”，高举人类和平、世界发展的旗帜，构建体现公平正义的全球治理新格局，保障各国人民自由表达诉求的权利，推动国际关系民主化，努力占据国际道义的制高点，打破西方的舆论封锁和话语霸权。同时，要科学认识世界百年未有之大变局的深刻内涵，从两种意识形态、两种社会制度较量对抗的高度，深刻理解国际领域意识形态斗争的尖锐性，深刻领悟中华民族伟大复兴的艰巨性，敢于斗争，善于斗争，不断提升国家传播力、国际话语权，坚定维护我国的主权、安全、发展利益。

### （二）防止错误观点和反马克思主义思潮死灰复燃、兴风作浪

改革开放以来，我国意识形态领域并不平静，一直存在否定中国共产党领导、否定社会主义制度的错误言论，只是在不同的时期有着不同的表现。大体在2008年前后活跃着几种反马克思主义思潮，对我国的意识形态安全和政治安全构成威胁。在哲学领域主要是“普世价值”，在法学领域主要是“宪政民主”，在经济学领域主要是新自由主义，在历史学领域主要是历史虚无主义，在政治学领域主要是民主社会主义，在新闻学领域主要是西方“新闻自由”观等。

这些思潮虽然以学术面目出现，分布在不同学科，但本质上都是反马克思主义思潮，政治危害和社会危害大，因此，引起党中央高度重视。习近平总书记带头批判错误观点和思潮，深刻揭露了“普世价值”、“宪政民主”、新自由主义、历史虚无主义等社会思潮的实质与危害，对于阻止错误观点和思潮的蔓延泛滥，消除人们认识上的困惑发挥了巨大的引领作用。我国意识形态领域一度近乎失守的被动局面开始得到扭转，网络意识形态的混乱状况得到有效遏制，因此赢得广大人民群众的衷心拥护。

尽管如此，我们也应当清醒地认识到，这些反马克思主义的错误观点和社会思潮依然以或明或暗的方式活跃在网络空间或报纸杂志上。意识形态领域暗流涌动，有时交锋激烈，呈现出隐匿

性、顽固性、难治理等特点。顽固坚持错误观点的人并没有销声匿迹，他们中的一些人迫于形势和压力暂时蛰伏起来，但一遇时机便蠢蠢欲动，兴风作浪。这些人数量不多，但他们抱团取暖，能量不可小觑。他们善于抓住敏感事件炒作舆论，善于勾连境外反华势力。一段时间以来，否定中国革命史、否定社会主义建设史、丑化领袖和英雄模范人物的历史虚无主义屡禁不绝，一些人仍扬言在中国实现“民主宪政梦”，包括鼓吹自由放任市场经济的新自由主义仍有较大的舆论市场，就是这股势力依然活跃并时而露头的具体表现。

尽管这些消极负面的东西不占主导地位，但也表明防范和抵制错误观点和思潮的工作任重而道远，意识形态工作需要常抓不懈，做到露头就打，绝不姑息，更不能养痈畜疽、养虎为患。要思想上高度重视，牢固树立阵地意识、责任意识，加强阵地建设和管理，时刻警惕苗头性、倾向性问题。

### （三）警惕历史虚无主义等思潮的新表现、新特征、新变种

错误观点和反马克思主义思潮懂得乔装打扮，如渗透在历史、文学、绘画、电影、电视等领域的隐性历史虚无主义。隐性历史虚无主义不是一种独立的全新的历史虚无主义，而是就其表现而言，它相对于赤裸裸地宣扬历史虚无主义（显性历史虚无主义），有所收敛、更讲策略、更具有欺骗性，但本质上仍是一种错误思潮。这种历史虚无主义运用含沙射影、移花接木、牵强附

会、戏说调侃等方式歪曲历史，将宏大的历史叙事肢解、碎片化，用支流冲淡主流，用枝节取代主题，割断历史的主线，割裂历史的逻辑，宣扬现象化、表象化的历史观。概括起来，有以下几方面表现和特征。

一是坚持伪价值中立，把历史虚无主义“学术化”。即从历史研究领域着手，用历史唯心主义代替历史唯物主义，大喊“价值中立”“理性反思”等口号，高举“学术探究”“史学研究”等旗帜，堂而皇之地“假学术之名，行干政之实”。一方面，以历史唯心主义为基础，将近代以来的历史人物、历史事件、历史成就剥离出特定历史环境，解构其历史价值与时空意义，通过主观杜撰、恶意歪曲等手段，以“重新评价”为名，否定人民领袖、革命先烈和英雄模范人物，否认历史发展的主流；另一方面，以资产阶级意识形态和西方史学观为指导，采用孤立、静止、片面的观点来看待和评价历史人物、历史事件、历史事实，攻其一点，不及其余。

二是假借文学艺术等手段歪曲历史，把严肃的历史问题、历史人物庸俗化、低俗化、娱乐化。如某穿越小说污蔑孙中山是“开启中国混乱与战争的乱臣贼子”，美化李鸿章是“为了中华民族而甘愿成为历史罪人的忠臣”，颂扬慈禧是“极力推动中国现代化进程的开明太后”。某大学美术学院副教授以毛泽东肖像为创作体裁，采用艺术化手法贬低毛泽东的光辉形象。画作整体色调灰暗阴沉，构图夸张怪诞，其创作用意明显，即使不懂艺术的外行人也能看出端倪。这在艺术创作领域不是个别现象。在艺术品日益市场化的今天，一些政治观价值观扭曲的画家有意迎合或利用社会阴暗情绪捞取个人好处。借助艺术创作，抹黑党的领袖，歪曲党的历史，传播不良政治信息，成为继学术研究、文学创作之后历史虚无主义的又一表现。包括2021年引发网络舆论的“眯眯眼”事件，也反映出艺术创作领域、文艺从业人员涉及创作导向、历史观政治观价值观等问题，表明批判历史虚无主义是一场长期的斗争。

三是利用网络技术，依靠资本力量，潜入大众日常生活中。当下历史虚无主义隐匿化、危害性加大的一个重要表现，就是搭乘互联网、智能手机等信息时代发展快车，运用云计算、大数据等新技术，悄无声息地潜入大众日常生活中，呈现出多样化、情感化、生活化的特征。在文化资本化、社会娱乐化等趋势驱动下，丰富的历史领域容易成为资本满足趋利本性的狩猎场，严肃的历史话题容易变成社会“泛娱乐化”的牺牲品，人们看到或学习的往往是碎片化、娱乐化、网络化的历史，渗透其中的是包裹着资本铜臭味的历史，是快餐式的历史，用来满足人们猎奇心理的历史。“资本化”“娱乐化”的历史，距离真实的历史越来越远，而不是越来越近。由于社会大众对社交软件、短视频平台、互联共享技术的依赖与日俱增，虚无历史的人还通过社交软件、自媒体平台、社群营地等，把自己伪装成“资深行家”“网络领袖”“公知大V”，在积累了一定名气和流量后，向大众兜售推销错误的历史观、政治观。如遭有关部门查处并全网封杀的个别演员、“网红”，就是通过微博、视频等传播方式，触碰日本侵华历史的底线红线，美化日本军国主义，宣扬错误的历史观、政治观。

当然，也要注意避免将历史虚无主义以隐性之名随意泛化、扩大化。历史虚无主义有着明确的政治内涵，应当严格限定在否定共产党领导人民创造的辉煌历史这个特定含义中。不能把否定历史的现象都看成历史虚无主义，也不能把民众对历史的理解出现偏差看成是历史虚无主义。

## （四）高度重视意识形态安全，把意识形态工作引向深入

近年来，经过党中央统一部署和社会各界努力，广大人民群众对错误观点和思潮的实质与危害有了更清醒的认识，反对和抵制错误观点和思潮的自觉性坚定性显著增强。尽管如此，滋生错误观点和思潮的内外部条件依然存在，境外反华势力仍在抓紧推进对我国的意识形态渗透。要充分认识意识形态斗争的长期性、复杂性，意识形态工作的重要性、艰巨性，在总结经验的基础上把意识形态工作引向深入。切不可因眼前的成就而自满，放松了意识形态这根弦。

对待错误观点和思潮的认识与处理，既要高度重视政治原则问题、政治方向问题，也要重视思想认识问题、学术观点问题。相对而言，政治原则问题、政治方向问题容易处理，而思想认识问题、学术观点问题则不易解决，需要经历一个比较长的过程。但只有处理好思想认识问题、学术观点问题，党的宣传教育工作才能落到实处、取得实效，科学理论、正确思想才能“飞入寻常百姓家”。目前党中央对错误观点和反马克思主义思潮的批判立场是鲜明的，对错误观点的实质和危害的揭露是深入的，对是非

对错的原则界限也是清晰的，这有利于全社会意识形态工作的开展。但在思想认识问题、学术观点问题的教育引导方面则显得薄弱，仍需要调动广大理论工作者的积极性，加强理论辨析和思想引导。比如，如何看待西方“普世价值”的实质？如何厘清“普世价值”与“全人类共同价值”的区别？如何科学理解“全人类的共同价值”？这些问题都需要从理论上进行系统的阐释。

要适应时代发展需要，加强主流意识形态阵地建设。在信息化时代，广大群众尤其是年轻人接收信息的途径已经从报纸、电视、门户网站转移到自媒体平台，包括微博、微信、公众号，以及抖音、快手等短视频平台。这就要求主流意识形态传播需要与时俱进，在公众信息接受度高、影响力大的地方建立舆论阵地，不断扩大自身影响力。要不断创新传播形式。信息的碎片化、形式的娱乐化成为当今传播方式的重要特点。严肃的新闻报道和传统的长篇社论，其权威性高，但接受度在降低。与此相对应，内容轻松、语言活泼的短视频、短文章成为人民群众喜闻乐见的传播形式。要适应这一变化，创新传播方式，坚持内容与形式并重，做到内容丰富扎实、形式新颖多样。

要强化对市场化媒体和自媒体的管控，积极扶持网络正能量。市场化资本化程度高的社会媒体，以及为赚流量牟利而不顾道义的微博、公众号等自媒体，往往是网络负面舆情的推手、制造传播谣言的集散地、境外势力影响国内舆情的载体。虽然这些媒体不占主流，但其破坏力不可忽视，对缺乏自主意识和判断力的青少年有着更为直接的影响。因此，强化对市场化媒体的监管，净化网络空间，弘扬正能量，意义重大。监管部门要加大工作力度，力求把不良媒体的负面影响和社会危害降到最低，同时支持和扶持积极传播正能量的自媒体，扩大其网络影响和社会影响，推动其形成带动示范效应。

要改进意识形态工作，避免用简单粗暴的方法对待学术研究，搞“一刀切”、形式主义、官僚主义。对于设置敏感出版题材，实行出版物送审及审查制度，这些想法、做法的初衷是好的，但需要完善相关制度和相关工作，使好的愿望变成好的结果。送审及审查的重点是围绕是否存在违背党的路线方针和重大政策问题，是否存在违背学术研究的一般规范问题。切忌把学术审查变成对学术自由的侵害，变成对不同学术观点和学术见解的打压，使敢于坚持原则的学者成为被孤立打压的对象。要严格规范匿名评阅审查制度，对审阅专家实行有限授权，用清单的形式明确审查方向。要允许认识能力和水平上的差异，只要不存在严重违反政治原则、政治方向、政治纪律的问题，不存在严重违反学术研究规范和学术道德问题，这样的学术成果应当允许出版或发表。要鼓励百花齐放、百家争鸣，倡导健康的学术批评和学术反批评，通过理论辨析和思想引导，努力达成共识，共同进步。

总之，发展是解决我国一切问题的基础和关键。维护意识形态安全，建设社会主义文化强国，必须实现更高质量、更加平衡的发展，解决人民群众最为关切的现实问题。一方面，通过高质量发展，将“蛋糕”做大，同时促进共同富裕，将“蛋糕”分好，让发展成果惠及全体人民；另一方面，不断推进党的自我革命，以党的自我革命引领伟大社会革命，解决党的建设中面临的突出问题，推动实现全过程人民民主，筑牢党和人民的血肉联系。

## 第八讲

# 新时代社会建设

杨　静

社会建设直接关乎人民生活水平的高低，生存环境治理状况的好坏，全体人民是否有很好的精气神，其幸福感、获得感、安全感是否有保障，工作生活是否有后顾之忧等利益关系，是党的宗旨是否得到贯彻与落实，以人民为中心的理念是否得到充分体现，以及我们党的政策、制度及实践的出发点和落脚点有没有偏离方向等的表征。在党的十九届六中全会上通过的《中共中央关于党的百年奋斗重大成就和历史经验的决议》中，习近平总书记把社会建设作为开创中国特色社会主义新时代要做好的十二项重大工作之一，既做了对取得成就和积累经验的总结，又做了着眼于第二个百年目标实现的中长期规划与部署。在党的二十大报告中，习近平总书记再一次强调了社会建设的重要性，而且将其聚焦在“增进民生福祉，提高人民生活品质”上，社会建设的重点也聚焦在社会治理制度进一步健全，人民精神文化生活更加丰富，居民收入增长和经济增长基本同步，基本公共服务均等化水平明显提升，多层次社会保障体系更加健全，目的在于确保城乡人居环境明显改善，美丽中国建设成效显著，社会保持长期稳定。这些总体规划与重点建设相融合的顶层设计与长远布局，指向明确，针对性强，立足当前，着眼长远，意义重大，是今后很长一段时间内我国进行并加快社会建设的纲领。

# 一、改革开放以来社会建设为新时代发展夯实基础

改革开放开启了中国特色社会主义建设的伟大征程，在中国共产党的领导下，经过全国人民40多年的艰苦努力，我国的社会建设取得了很大成就，人民生活显著改善，正在由量的满足向质的提高的方向转变；社会治理明显改进，正在由强制、管束向自律、公管的程度飞跃；整个社会安定有序局面良好，正在由有序、规范向序优、文明的层次迈进。

## （一）人民生活显著改善

中华人民共和国成立初期，党中央制定了正确的政策方针，人民建设社会主义新中国的热情很高，尤其经过“一五”计划时期全国人民的共同努力，我国的经济社会发展取得了巨大成就。但其后，由于对如何进行社会主义建设认识上的失误，我国的经济社会发展出现了挫折，到改革开放前，全国人民的温饱问题仍没有得到解决，民生等状况长期没有得到改善，全国处于“短缺经济”时代。

改革开放后，变革从农村起步，发展同生产力发展水平相适应的生产关系，农民在短短几年内就解决了温饱问题。农村的改革带动了城市、全国各个行业、各个领域的改革，全国人民都在努力趁着改革的难得机遇实现自己的发展，国家也走上了飞速发展的快车道，到处蒸蒸日上、欣欣向荣，呈现出一幅充满生机与活力的画面。人们在满足了物质方面的生活需求之后，又开始了追求精神层面的满足。全国经济社会发展也走上数量供应充足、

质量不断提高、整体层次提升的局面，因而全国人民的生活水平提升很快，生活环境大为改善。正如习近平总书记在 2018 年 12 月 18 日庆祝改革开放 40 周年大会上的讲话中表述的那样："改革开放四十年来，从开启新时期到跨入新世纪，从站上新起点到进入新时代，四十年风雨同舟，四十年披荆斩棘，四十年砥砺奋进，我们党引领人民绘就了一幅波澜壮阔、气势恢宏的历史画卷，谱写了一曲感天动地、气壮山河的奋斗赞歌。"①

在改革开放以来的 40 多年中，我们深入贯彻以人民为中心的发展思想，在幼有所育、学有所教、劳有所得、病有所医、老有所养、住有所居、弱有所扶上持续用力，人民生活全方位改善。人均预期寿命增长到 78.2 岁。居民人均可支配收入从 16500 元增加到 35100 元。城镇新增就业年均 1300 万人以上。建成世界上规模最大的教育体系、社会保障体系、医疗卫生体系，教育普及水平实现历史性跨越，基本养老保险覆盖 10.4 亿人，基本医疗保险参保率稳定在 95%。及时调整生育政策。改造棚户区住房 4200 多万套，改造农村危房 2400 多万户，城乡居民住房条件明显改善。互联网上网人数达 10.3 亿人。人民群众获得感、幸福感、安全感更加充实、更有保障、更可持续，共同富裕取得新成效。②忍饥挨饿、缺吃少穿、生活困顿等困扰了我国人民几千年的基本生计问题彻底得到解决，取得了令世界惊叹的成绩，为建

---

① 习近平：《在庆祝改革开放 40 周年大会上的讲话》，见《十九大以来重要文献选编》（上），中央文献出版社 2019 年版，第 724 页。

② 习近平：《高举中国特色社会主义伟大旗帜　为全面建设社会主义现代化国家而团结奋斗——在中国共产党第二十次全国代表大会上的报告》，人民出版社 2022 年版，第 10—11 页。

设中国特色社会主义、实现中华民族伟大复兴打下了坚实基础。

2023 年 2 月 28 日国家统计局公布的《中华人民共和国 2022 年国民经济和社会发展统计公报》显示，2022 年年末，全国常住人口城镇化率为 65.22%，全年全国居民人均可支配收入 36883 元（其中，农村居民人均可支配收入 20133 元），全年全国居民人均消费支出 24538 元，全国居民恩格尔系数为 30.5%，全国参加城镇职工基本养老保险人数 50349 万人（比上年年末增加 2275 万人），参加基本医疗保险人数 134570 万人，全国共有各类提供住宿的民政服务机构 4.3 万个（其中养老机构 4.0 万个，儿童福利和救助保护机构 899 个），[①] 这些都实现了跨越式发展，说明我国人民生活水平、生活条件、生活设施、生活质量等都在由量的满足开始向质的提高转变，中国人民的生活状况正在向世界高水平国家靠拢。这既是我国经济社会发展取得的成就，又为我们实现更大步伐、更高质量的跨越式发展打下了扎实基础，创造了优越条件。

## （二）社会治理明显改进

社会治理是政府、社会组织、企事业单位以及个人等具有不同职能与权限的主体通过合作、对话、协商、沟通等方式，依法对社会事务、社会组织和社会生活进行引导和规范，最终目标是实现公共利益的最大化。显然，社会治理水平和治理能力是一个

---

①《中华人民共和国 2022 年国民经济和社会发展统计公报》，2023 年 2 月 28 日。http://www.stats.gov.cn/sj/zxfb/202302/t20230228_1919011.html?eqid=a7c5ef9d0004e81e00000003642bdfd1。

党、一个政府治国理政能力和水平高低的直接表征，也是一个国家的领导者，尤其是国民综合素质高低、文明程度高低、现代化水平高低的直接表现。“经过改革开放40年的努力，我国社会大局稳定、人民安居乐业、国家兴旺发达，既创造了经济发展的奇迹，也创造了社会稳定的奇迹。中国的社会治理现代化与平安中国建设给亿万中国人民带来安定生活和良好发展环境，也为世界和平发展与全球治理做出了中国贡献。”①

改革开放以来，我们党在抓经济建设的同时，也非常注重民主政治建设、道德法治建设、社会良好秩序的建设，以及社会管理理念、方式方法等的转变与转型升级，加强相关规章制度的建设和有关体制机制的完善，重点解决社会治理中的重点领域和行业，以及突出问题与痼疾，为社会治理朝着有序、良好、健康方向发展打牢根基。同时，严厉打击各类刑事犯罪行为，整治社会治安领域的突出问题，为建设健康发展的社会扫除障碍，为平安中国强基固本，不断增强人们的幸福感和安全感，形成科学的社会治理方式，取得理想的社会治理效果。

党的十八大以来，在党中央的精心部署下，在各级各类部门和社会各界的共同努力下，我国社会治理取得了重大进展和成就，以党的领导为核心，社会组织和广大人民群众共同参与，社会有关力量广泛参与的社会治理体系已经形成；以人民为中心，以聚焦保障和改善民生为重点，确保改革、发展的成果更多更公平地惠及全体人民的理念已经成为共识；以实现社会公平正义为要旨，以提供高质公共服务为抓手的社会治理格局已经日趋成

---

① 江必新：《把新时代社会治理提升到更高水平》，《人民日报》2018年8月5日。

形；以狠抓基层治理与建设为中心，加强城乡社会治理统筹、协同的协作机制不断完善；以法德共治为框架，推进社会各个方面的诚信建设，比较完善的社会治理规则和体系的积极作用日渐明显。这是我国改革开放40多年在社会治理方面取得的丰硕成就，但是，相较于建设社会主义现代化强国的各项要求，在社会治理方面我们仍有差距，仍需继续努力，在体制机制创新，稳步推进社会治理体系和治理能力现代化，打造共建共治共享的社会治理格局，提高社会治理社会化、法治化、智能化、专业化水平等方面要实现新的突破与提升，才能为建设更高水平、更文明的社会软环境及良好文化氛围发挥积极作用。

### （三）安定有序局面良好

营造安定有序的社会环境和局面，是构建和谐社会的基本要求，也是社会发展的客观要求和人民群众的良好愿望。安定有序，就是要求社会机制健全，社会管理完善，社会秩序良好，社会政治安定，人民群众安居乐业。这既是不断向前、向上发展着的社会文明化的要求，又是人民群众放心生活、安心生产，具有满满幸福感和安全感的保障。

早在2005年2月，胡锦涛就明确指出，“我们所要建设的社会主义应该是和谐社会，其要求是民主法治、公平正义、诚信友爱、充满活力、安定有序、人与自然和谐相处的社会”[①]。可以说，其中的每一个方面既是确保社会和谐、安定有序的重要前提，也

---

①《胡锦涛文选》第二卷，人民出版社2016年版，第470页。

是构建安定有序、和谐社会的结果，彼此互补，又相互制约，融合在构建社会主义和谐社会、建设法治中国等的伟大实践中。当前，我国正处于加快经济社会发展不可多得的战略机遇期，同时又进入了经济社会结构发生深刻变化而带来各种矛盾的转型时期。在经济社会快速发展，人们的物质生活水平不断提高的过程中，因为每个人的愿望和要求不同，同以往相比，不稳定的因素会明显增多，不和谐的事端和矛盾会经常发生，有些社会矛盾可能还比较复杂和尖锐，这就需要我们做扎实细致的工作，正确引导广大群众通过正常渠道表达自己的合理诉求，通过合法手段维护自身的权益。要倍加珍惜全国人民在党的领导下经过40多年努力得来不易的团结稳定局面，更加努力地加快发展，创造更多丰富的物质财富、多样化的精神产品，以及构建法治社会，营造安定有序的社会局面与社会环境，为人民群众舒心、快乐地生活创造良好的环境，也为进行中国特色社会主义建设、建设社会主义现代化国家创造有利的条件。

这就要求，继续坚持和完善党的领导，为党和国家各项事业发展提供强有力的政治保证，提高党中央把方向、谋大局、定政策、促改革的能力，确保充分发挥党总揽全局、协调各方的领导核心作用。加快经济社会发展，提供量多质优的生产生活财富和产品，为营造安定有序的良好局面提供物质基础。全面深化改革，从纵深方向与层面上扫除与当前经济生活发展不相适应的体制、机制，减少制造障碍与矛盾、冲突与无序的不利因素，加快经济社会的快速发展和安定有序发展局面的形成。加快社会主义民主政治建设的制度化、规范化、程序化进程，使中国特色社会主义政治制度优越性得到更好发挥，生动活泼、安定团结的政治局面得到巩固和发展。

坚持依法治国，不断推进社会主义法治建设，坚持依法治国、依法执政、依法行政共同推进，坚持法治国家、法治政府、法治社会一体建设，全面增强全社会尊法学法守法用法意识和能力。加强文化建设与发展，牢牢掌握意识形态工作领导权，建设具有强大凝聚力和引领力的社会主义意识形态和社会主义文化强国，激发全民族文化创新创造活力，在思想认识等方面达成一致，使大家心往一处想、劲往一处使，形成强大的活力与凝聚力，荡涤不积极、不科学、不合理因素，为巩固社会主义安定有序良好局面，为推动现代化建设打下全党全国各族人民团结奋斗的共同思想基础。[①] 继续弘扬社会主义法治精神，建设覆盖城乡的现代公共法律服务体系，推进多层次多领域依法治理，努力使尊法学法守法用法在全社会蔚然成风，提升社会治理法治化水平，夯实构筑法治国家的坚实基础。[②]

## 二、新时代对推进社会建设提出了更高要求

经过中华人民共和国成立以来，尤其改革开放 40 多年来党领导全国各族人民进行的中国特色社会主义建设，我国的社会主

①《中共中央关于党的百年奋斗重大成就和历史经验的决议》，人民出版社 2021 年版，第 41—44 页。

② 习近平：《高举中国特色社会主义伟大旗帜 为全面建设社会主义现代化国家而团结奋斗——在中国共产党第二十次全国代表大会上的报告》，人民出版社 2022 年版，第 42 页。

要矛盾，即人民日益增长的物质文化需求同落后的社会生产之间的矛盾已转变为人民日益增长的美好生活需要和不平衡不充分的发展之间的矛盾，即重在质的提高。社会主要矛盾的这一转变对新时代我国社会建设提出了更高要求。

### （一）决胜全面建成小康社会任务艰巨

中华人民共和国的成立，在从生产关系上彻底实现了全国人民的解放、政治上获得了基本权利的同时，发展经济使人民过上好日子，是党中央的清晰目标，也是人民的美好愿望。但是，由于我们党缺少如何建设社会的经验和理论，所以在很长一段时间内，人民一直挣扎在贫困线上，基本的温饱都没有解决。改革开放初期，全国绝对贫困人口约有2.5亿人，约占全部人口的1/4，①而且主要集中在农村。

改革开放后，为了解决全国人民的温饱问题，邓小平提出了“三步走”发展战略，第一步是在1980年的基础上，用10年时间解决全国人民的温饱问题。在农村实行以家庭联产承包为主的责任制，极大地调动了农民的积极性，也释放了农民的潜力，很快农村就解决了温饱问题，第一步在实践中用了8年时间就完成了规划的任务。第二步是在1990年的基础上用10年时间实现小康。在实践中用大概7年时间就在全国基本实现了小康，完成了第二步规划的目标和任务。但是，在农村，尤其是偏远地区，仍旧有总计8000多万贫困人口的温饱问题没有解决。1994年4月

① 胡萍：《2.35亿：我国绝对贫困人口大幅减少》，《金融时报》2009年8月19日。

15日，国务院发出关于印发《国家八七扶贫攻坚计划》（“八七扶贫计划”）的通知，要求在20世纪内的最后7年，集中力量，基本解决全国农村8000万贫困人口的温饱问题。到21世纪初，中国贫困人口数量大量下降。但是随后，由于物价上涨、农民增收渠道不畅、与市场对接不顺畅、农民的收入赶不上物价上涨的增幅、自然灾害严重等原因，部分脱贫的人口又开始返贫，到2012年年底，全国贫困人口又高达9899万。①

贫困人口的增加，贫富差距不断扩大，社会不和谐因素增多，也会挫伤一些人的生产生活积极性，影响全国整体性发展布局与产业结构的升级。因此，实现建设小康社会到建成小康社会、持续性的扶贫到全社会脱贫任务艰巨且意义重大，现实状况给决胜全面建成小康社会提出了艰巨的任务。

以习近平同志为核心的党中央从全面建成小康社会的大局出发，把扶贫开发工作摆在治国理政的突出位置，全面实施精准扶贫、精准脱贫方略，全面打响脱贫攻坚战。在党的十九大报告中，习近平总书记指出，让贫困人口和贫困地区同全国一道进入全面小康社会是我们党的庄严承诺，确保到2020年我国现行标准下农村贫困人口实现脱贫，贫困县全部摘帽，解决区域性整体贫困，做到脱真贫，真脱贫。在实施精准脱贫、全面建成小康社会的过程中，秉持“小康不小康，关键看老乡”的理念；认准脱贫攻坚是全面建成小康社会的底线任务，只有打赢脱贫攻坚战，才能确保全面建成小康社会、实现第一个百年奋斗目标的艰巨任

① 赵艳艳：《七年来我国农村贫困人口累计减少9300多万》，光明网，https://economy.gmw.cn/2020-03/12/content_33642080.htm，2020年3月12日。

务；立下以更大决心、更精准思路、更有力措施，采取超常举措，实施脱贫攻坚工程的宏愿，坚持精准扶贫，确立不愁吃、不愁穿和义务教育、基本医疗、住房安全有保障工作目标，实行“军令状”式责任制，动员全党全国全社会力量，上下同心、尽锐出战，攻克坚中之坚、解决难中之难，组织实施人类历史上规模最大、力度最强的脱贫攻坚战，形成伟大脱贫攻坚精神。经过全党全国上下一心的艰辛努力，在2020年年底，全国832个贫困县全部摘帽，128000个贫困村全部出列，近1亿农村贫困人口实现脱贫，提前10年实现联合国2030年可持续发展议程减贫目标，历史性地解决了绝对贫困问题，创造了人类减贫史上的奇迹。[①]历史性地解决了绝对贫困问题，实现了小康这个中华民族的千年梦想，为全球减贫事业作出了重大贡献，使我国的发展站在了更高的历史起点上。[②]

## （二）人民对美好生活的向往更加强烈

带领人民创造幸福的生活，是我们党始终不渝的奋斗目标。经过改革开放40多年的发展，我国的社会生产力、综合国力、人民生活水平实现了历史性跨越和提升，使人民更加坚信，中国共产党是实现人民美好生活愿望的主心骨、规划者、设计师，人

---

①《中共中央关于党的百年奋斗重大成就和历史经验的决议》，人民出版社2021年版，第47—48页。

② 习近平：《高举中国特色社会主义伟大旗帜　为全面建设社会主义现代化国家而团结奋斗——在中国共产党第二十次全国代表大会上的报告》，人民出版社2022年版，第7—8页。

民的期盼和愿望，他们都能想得到，并尽力将其变成现实；社会主义道路是实现人民根本利益的保障和坦途，只有坚持社会主义道路，我们的目标才能实现；改革开放取得的成就、打下的坚实基础，使我们有条件、有能力实现更高层次、更高水平、更高质量的美好生活，我们要实现更美好的生活是有基础和条件的，人民所期盼的美好生活是能够实现的，所以人民对美好生活的向往与愿望更加强烈，目标也更加明确。

党的十八大以来，为了继续改善和提升人民生活水平，营造更好的生活环境，习近平总书记提出以人民为中心的发展思想，就保障和改善民生等方面作出一系列重要论述，提出了更高要求：从长远发展战略与目标的角度，提出并阐述了实现中华民族伟大复兴的中国梦，强调中国梦归根结底是人民的梦，将人民对美好生活的向往融入中华民族伟大复兴的洪流中，使人民美好生活的实现与国家富强、民族振兴同频共振，融为一体。在全面建成小康社会的过程中，不断强调“小康不小康，关键看老乡”，以及一个都不能掉队等理念，将人民对美好生活的向往变为群体的愿望，而不是部分人的理想，再次体现了中国共产党全心全意为人民服务的宗旨。不断提出要全面深化改革，扫除经济社会发展过程中的障碍，强调把改革方案的含金量充分展示出来，让人民群众有更多获得感，使全国人民在推动改革的过程中为实现自己的美好愿望创设更多更好的条件，使美好生活的实现具有源源不断的活力，构成经济社会快速、高质量发展的基础和源泉。实施全面依法治国战略，强调努力让人民群众在每一个司法案件中都能感受到公平正义，为人民实现理想中的美好生活提供强有力的法治保障。全面从严治党，强调关键问题是保持党同人民群众的血肉联系，不断打造实现国强民富的坚强有力领导核心，使人民对美好生活的向往、国家的强大、民族的振兴在党的领导下，实现相互促进与良性互动，得到发展与提高。在习近平总书记的英明领导与高标准要求下，尽管受新冠疫情和国际大环境影响，经济下行发展给我们带来了很大压力，但是各项民生指标却逆势上扬，改革发展的成果更多更公平地惠及全体人民，人民群众的获得感、幸福感和安全感不断增强，体验感满满，积极向上、投入中国特色社会主义现代化建设的热情空前高涨。这都进一步印证了中国共产党保障和改善民生“没有终点站，只有连续不断的新起点”的执政理念，兑现了“在经济社会不断发展的基础上，朝着共同富裕方向稳步前进”的坚定承诺，彰显了“让老百姓过上好日子是我们一切工作的出发点和落脚点”的价值追求。[①]

## （三）增进民生福祉是党的本质要求

习近平总书记多次强调，民生是人民幸福之基、社会和谐之本，为民造福是立党为公、执政为民的本质要求，[②] 是检验我们党的一切工作成败得失的标准，带领人民创造美好生活是我们党始终不渝的奋斗目标。新民主主义革命时期，我们党团结和带领

① 人民日报评论员：《人民对美好生活的向往就是党的奋斗目标》，《人民日报》2017 年 8 月 3 日。

② 习近平：《高举中国特色社会主义伟大旗帜 为全面建设社会主义现代化国家而团结奋斗——在中国共产党第二十次全国代表大会上的报告》，人民出版社 2022 年版，第 46 页。

全国各族人民进行了长达28年的伟大革命，根本目的就是实现人民的解放，让人民过上好日子。社会主义革命和建设时期，对如何进行社会主义建设，我们党进行了摸索，最终目的还是让人民过上好日子。改革开放和社会主义现代化建设新时期，我们实行经济体制改革，扫除经济社会发展的障碍，解决了温饱，确实让人民过上了富足的好日子。但是，这样的好日子与马克思所设想的、我们党所规划的真正的好日子还是有距离。进入中国特色社会主义新时代，不管是党中央实施精准扶贫、全面建成小康社会，还是提出把我国建设成为社会主义现代化强国，核心的任务还是为了让人民过上期望中的好日子。

为了让人民过上好日子、不断增进民生福祉，我们党的一切工作就必须始终把人民利益摆在至高无上的地位，必须以最广大人民的根本利益作为衡量我们是否进行、如何进行的最高标准，多谋民生之利、多解民生之忧，坚持把人民群众的小事当作自己的大事，从人民群众关心的事情做起，从让人民群众满意的事情做起，做人民群众利益的忠实缔造者和坚强守护者，在推动经济持续健康发展的基础上，坚持发展为了人民、发展依靠人民、发展成果由人民共享，保证全体人民在共建共享发展中有更多获得感，让社会主义制度优越性得到充分体现，不断促进人的全面发展和全体人民的共同富裕。

在民生福祉中，就业是最大的民生工程、民心工程、根基工程。因此，要把稳定就业摆在突出位置，不断提高劳动者收入水平，构建多层次社会保障体系，改善劳动安全卫生条件，使广大劳动者共建共享改革发展成果，以更有效的举措不断推进共同富裕。实施就业优先政策，完善各项措施，使应届毕业的大学生、硕士生、博士生按照专长与技能，实现更高质量和更充分的就业，做到人尽其才、各显其能，在实现自身价值的同时为社会创造出更多的财富。要适应新技术、新业态、新模式迅猛发展的态势与走向，采取多种手段，维护好专业人才、技术人员，以及新出现的行业，如快递员、网约工、货车司机等的充分就业，并维护其合法权益。要建立健全困难群众帮扶工作机制，把党和政府的关怀送到困难群众手中，帮助失业者尽快实现再就业，让他们感受到党的关怀、社会的关爱，使他们能以饱满的热情、积极的态度继续发挥专长，为社会贡献力量。要坚持从群众多样化需求出发开展工作，打通服务群众的新途径、新方式，使服务更直接、更深入、更贴近广大人民群众，以贴心的服务、热心的帮助打动人心、温暖人心、影响人心、赢得人心，增强均衡性和可及性，扎实推进共同富裕，不断实现人民对美好生活的向往，[①] 使人民群众感受到党的政策的温度，解决民生问题的效度，体会到党中央全局谋划的高度。

### （四）补齐民生保障短板是紧迫任务

由于历史的原因，以及发展基础、自然状况等的差别，我国各地在经济社会发展方面千差万别、水平高低不一。此外，也存在着行业、领域的差别与差距，以及体制、机制等方面的差异。有些地方、行业、领域发展水平很高，体制机制也很完善，政策

---

① 习近平：《高举中国特色社会主义伟大旗帜　为全面建设社会主义现代化国家而团结奋斗——在中国共产党第二十次全国代表大会上的报告》，人民出版社 2022 年版，第 46 页。

也比较配套，超越了总体的发展水平，处于引领、带动、示范的地位；有些地方则水平比较低，发展缓慢，成了整个地区、行业、领域快速发展、质量齐升的制约因素，存在明显的“水桶效应”。因此，要解决民生问题，实现社会建设的高质量发展，在发挥“领头羊”作用的同时，补齐短板任务更重、更紧迫，这也是新时代对我国实现社会建设高质量发展提出的新要求。

就目前而言，我国民生领域的短板主要表现在基础设施、市政工程、农业农村、公共安全、生态环保、公共卫生、物资储备、防灾减灾、民生保障等方面的薄弱环节，与当前经济社会发展的水平不匹配、不适应。尤其是经过新冠疫情的冲击，公共卫生领域的短板凸显，其中包括公共卫生设施有待完善，应急医疗物资的储备设施严重不足，城镇污水处理、垃圾处理等市政设施服务供给能力短缺等。此外，还有城市管理和服务等领域存在的问题等。就各地的具体情况来说，上海市公布的2022年重大建设项目清单中，共安排正式项目173项，聚焦科技产业、社会民生、生态文明、城市基础设施、城乡融合与乡村振兴等领域，这些重大建设项目看似分属不同行业，但其实大都属于民生领域，属于民生工程。这些重大项目的实施既是补历史欠的账，也是为了适应新时代经济社会发展的需要以及满足人民对美好生活的需要，在补足量的不足的同时，也重在质的提高，重在补短板、强弱项、促发展。这也说明短板已经严重制约了国民经济的发展，也影响民生工程的持续、快速且高质量发展，这些问题已经引起了各地的重视，都在采取有效的措施加快这些领域的发展。

除了上海采取的措施之外，各地也都根据本地的实际情况，有针对性地采取措施，旨在补齐短板、促进民生发展，如海南省提出的要深入实施文化惠民工程，集中财力，加快推进一批教育、医疗、文体等方面的重大民生项目建设；福建省提出，要加快医疗卫生补短板、强弱项，加强公共卫生体系建设，推进义务教育提质扩容、职业教育产教融合等建设；湖北省表示，要加快实施公共卫生体系补短板工程三年行动计划，加快健康、文旅、体育等幸福产业发展；北京市提出要加强交通、水利、医疗、教育、养老等城市基础设施和公共服务项目建设，以及老旧小区、商业区改造等城市更新项目建设等。[①] 这些都是各省各地补齐民生短板的有力举措。

李克强在2022年3月5日全国两会上所作的《政府工作报告》中又一次强调，民生领域还有不少短板，我们一定要下大力气补足并加强。明白了什么是民生短板，有党中央的重视和全面领导、国务院的具体部署并制定相关制度、各省各地根据本地实际制定的重大举措和有效实施，形成上下一心、相互配合的局面，我国民生领域的短板是能够逐步补足的，并为经济社会发展夯实基础，促使经济社会发展再上台阶，为人民过上幸福美好有质量的生活提供有力保障。

## （五）实现基本公共服务均等化成为共识

基本公共服务是指建立在一定社会共识基础之上，根据一个国家和地区经济社会发展的阶段和总体水平，为维持本国和本地区经济社会稳定、社会正义和凝聚力，保护每个人最基本的生存

① 第一财经评论员：《社论：补齐民生领域短板需要社会资本广泛参与》，《第一财经》2021年2月9日。

权和发展权，为实现人的全面发展所需要的基本社会条件。一般包括三个方面：一是保障人类基本生存权或生存的基本需要；二是满足基本尊严，也就是我们所说的体面地活着的条件和基本能力需要；三是满足基本健康的需要。基本公共服务均等化是指全体公民都能公平可及地获得大致均等的基本公共服务，其核心是促进机会均等，重点是保障人民群众得到基本公共服务的机会。在我国，提出逐步实现基本公共服务均等化是构建社会主义和谐社会的内在要求，是消除社会矛盾、体现社会公平正义、体现社会主义制度优越性的标志之一，意义重大。当然，这里所讲的实现基本公共服务均等化并不是简单的平均化。

实现基本公共服务均等化是政府施政的重要任务，随着国家推行的区域协调发展战略的深入实施，以及国家和各地公共财政、民生建设的大力推进，我国基本公共服务的制度框架已经初步形成，使得基本公共服务投入不足、覆盖面窄等问题得到了初步解决。但是，目前这些方面取得的成绩与人民群众的期盼相比，与我国经济社会可持续发展和新型城镇化建设，尤其是与人民对美好生活的期盼与向往的预期和目标相比，公共服务资源在区域间、地区间，甚至行业间的配置不均衡问题依然较为突出。

就我国目前的状况而言，基本公共服务不均等主要表现在以下几个方面：一是在就业服务和基本社会保障等“基本民生性服务”方面的不均等，劳动者自主择业、市场调节就业和政府促进就业的体制机制还不完善，渠道还不畅通，社会各界普遍感觉就业压力大，相应的养老保险、基本医疗保险、失业保险、工伤保险、妇女生育保险以及农村的社会保险还不是很完善。二是义务教育、公共卫生和基本医疗、公共文化等“公共事业性服务”方面的不均等，尤其是公共卫生和基本医疗、公共文化产品供给，公共图书馆、农村文化室等的建设还没完全普及，建设好的由于数量、质量等方面的问题，利用率也不是很高，尤其是农村。三是公益性基础设施和生态环境保护等“公益基础性服务”方面的不均等，不少偏远农村的饮水工程、道路交通等基础设施还很不到位，大气环境、水环境、声环境等生存环境方面的条件也不是很好。四是生产安全、消费安全、社会安全、国防安全等“公共安全性服务”方面的不均等，尤其在中西部农村、山区，安全方面的公共产品、公共服务（包括生产安全、消费安全、社会安全等）都还不是很完善，完全不能满足人民的需要和确保基本安全的需要。①

要切实解决这些带有全局性、基本上各地都存在的问题，实现基本公共服务均等化，让全体公民能公平可及地获得大致均等的基本公共服务，能大大提升人民群众的获得感、幸福感和安全感，其意义重大，影响深远。为此，早在 2006 年 10 月召开的党的十六届六中全会上通过的《中共中央关于构建社会主义和谐社会若干重大问题的决定》中就明确提出，要逐步实现基本公共服务均等化。经过各级政府部门和社会各界的努力，我国的基本公共服务不管是涵盖面，还是数量、质量，都有了大幅度的提升，实现了量增质升的巨大变化。但是，这一发展水平与人民对美好生活的期望仍有差距。为了在这些方面实现更快更好的发展，2021 年 4 月 20 日，国家发展改革委等 21 个部门发布了《国家基本公共服务标准（2021 年版）》，从幼有所育、学有所教、劳有所

① 常修泽：《逐步实现基本公共服务均等化》，《人民日报》2007 年 1 月 31 日。

得、病有所医、老有所养、住有所居、弱有所扶以及拥军优属服务保障、文体服务保障9个方面明确了国家基本公共服务具体保障范围和质量要求，要求各地结合实际，对照2021年版国家标准查缺补漏，抓紧制定本地区基本公共服务具体实施标准，进一步细化、充实本地区的相关服务标准和服务流程，并与国家标准和行业标准规范充分衔接，进行财政承受能力评估，确保内容无缺项、人群全覆盖、标准不攀高、财力有保障、服务可持续，确保国家标准落地落实。①《国家基本公共服务标准（2021年版）》的制定、出台和落实，能为我国实现基本公共服务均等化提供明确的标准，有利于基本公共服务实现均等化，使每一个人都能感受到党的温暖和政策的红利，在自己生活质量提高的同时，有一个更好的生活、生存环境。在党的二十大上，习近平总书记再次强调，要不断健全基本公共服务体系，提高公共服务水平，基本公共服务实现均等化，使农村基本具备现代生活条件，人民生活更加幸福美好，人的全面发展、全体人民共同富裕取得更为明显的实质性进展，共同富裕目标扎实推进，②我国的社会建设再上新台阶。

## 三、新时代党中央对加强社会建设作了全面部署

社会建设同政治建设、经济建设、文化建设和生态文明建设

① 安蓓、谢希瑶：《〈国家基本公共服务标准（2021年版）〉发布》，中国政府网，http://www.panzhihua.gov.cn/zwgk/gzdt/rdgz/1869635.shtml，2021年4月21日。

② 习近平：《高举中国特色社会主义伟大旗帜 为全面建设社会主义现代化国家而团结奋斗——在中国共产党第二十次全国代表大会上的报告》，人民出版社2022年版，第24页。

一起，构成了中国特色社会主义“五位一体”总体布局的重要组成部分。进入新时代，以习近平同志为核心的党中央对社会建设的每一个方面及其发展作了全面部署和具体安排，使社会建设的各个方面在国家的统筹规划下向前推进，快速发展。

## （一）实施脱贫攻坚工程，全面建成小康社会

实施脱贫攻坚工程，全面建成小康社会，是既事关我国社会发展全局，又关乎每个人，尤其是生活贫困者切身利益的大事，所以，能不能实现每个人、每个地区的脱贫，对全国建成小康社会意义重大。改革开放政策的实施，使我国贫困人口大为减少，但是仍有不少人口，尤其是农村，以及偏远山区的人口长期处于贫困线以下，成为脱贫攻坚工程中的“硬骨头”。为了啃下硬骨头，以习近平同志为核心的党中央作出全局部署，举全国人民之力，确保这项工程如期完成任务，取得了举世瞩目、让世界惊叹的成就，也使我国整体实力上升了一个大台阶。

党的十八大报告以《坚定不移沿着中国特色社会主义道路前进　为全面建成小康社会而奋斗》为标题，要求“全党一定要牢记人民信任和重托，更加奋发有为、兢兢业业地工作，继续推动科学发展、促进社会和谐，继续改善人民生活、增进人民福祉，完成时代赋予的光荣而艰巨的任务”[①]，着力解决收入分配差距较大问题，在改善民生和创新管理中加强社会建设，使发展成果

① 胡锦涛：《坚定不移沿着中国特色社会主义道路前进　为全面建成小康社会而奋斗——在中国共产党第十八次全国代表大会上的报告》，人民出版社 2012 年版，第 1—2 页。

更多、更公平地惠及全体人民，朝着共同富裕的方向稳步前进。2013 年 11 月，习近平总书记到湖南省湘西考察时首次提出精准扶贫的理念。2014 年 1 月，中央办公厅详细规制了精准扶贫工作模式的顶层设计，推动了“精准扶贫”思想落地。2015 年 6 月，习近平总书记在贵州考察时提出，要科学谋划好“十三五”时期扶贫开发工作，确保贫困人口到 2020 年如期脱贫，并提出扶贫开发“贵在精准，重在精准，成败之举在于精准”。

在 2015 年 10 月举行的党的十八届五中全会上，以习近平同志为核心的党中央提出了全面建成小康社会的新目标、新要求，那就是经济保持中高速增长，在提高发展平衡性、包容性、可持续性的基础上，到 2020 年国内生产总值和城乡居民人均收入比 2010 年翻一番，产业迈向中高端水平，消费对经济增长贡献明显加大，户籍人口城镇化率加快提高。农业现代化取得明显进展，人民生活水平和质量普遍提高，我国现行标准下农村贫困人口实现脱贫，贫困县全部摘帽，解决区域性整体贫困。国民素质和社会文明程度显著提高。生态环境质量总体改善。各方面制度更加成熟、更加定型，国家治理体系和治理能力现代化取得重大进展。① 2017 年 10 月召开的党的十九大上，习近平总书记作了题为《决胜全面建成小康社会 夺取新时代中国特色社会主义伟大胜利》的报告，对实施脱贫工程、全面建成小康社会又一次作出了符合时代发展走向的规划：“从现在到二〇二〇年，是全面建成小康社会决胜期。要按照十六大、十七大、十八大提出的全

① 《中国共产党第十八届中央委员会第五次全体会议公报》，人民出版社 2015 年版，第 6—7 页。

面建成小康社会各项要求，紧扣我国社会主要矛盾变化，统筹推进经济建设、政治建设、文化建设、社会建设、生态文明建设，坚定实施科教兴国战略、人才强国战略、创新驱动发展战略、乡村振兴战略、区域协调发展战略、可持续发展战略、军民融合发展战略，突出抓重点、补短板、强弱项，特别是要坚决打好防范化解重大风险、精准脱贫、污染防治的攻坚战，使全面建成小康社会得到人民认可、经得起历史检验。”“从十九大到二十大，是‘两个一百年’奋斗目标的历史交汇期。我们既要全面建成小康社会、实现第一个百年奋斗目标，又要乘势而上开启全面建设社会主义现代化国家新征程，向第二个百年奋斗目标进军。”[①]

在以习近平同志为核心的党中央部署下，经过全国人民三年多的攻坚和努力，我国脱贫攻坚战取得了全面胜利！[②]脱贫攻坚战的全面胜利标志着我们党在团结带领人民创造美好生活、实现共同富裕的道路上迈出了坚实的一大步，也为解决发展不平衡不充分问题、缩小城乡区域发展差距、实现人的全面发展和全体人民共同富裕打下了坚实的基础。

### （二）统筹新冠疫情防控，保护人民生命安全

2020年伊始，一场不期而至的新冠疫情打乱了人们的正常

---

① 习近平：《决胜全面建成小康社会　夺取新时代中国特色社会主义伟大胜利——在中国共产党第十九次全国代表大会上的报告》，人民出版社2017年版，第27—28页。

② 习近平：《在全国脱贫攻坚总结表彰大会上的讲话》，人民出版社2021年版，第1页。

生活，扰乱了国家和社会的正常生产秩序。这场疫情发生后，党中央统筹安排，全力抗击疫情，尽一切努力保护人民的生命与安全。三年来，在党中央的坚强领导下，全国人民上下一心，社会各界齐心协力，取得了抗击疫情的初步胜利，使我国成为全球疫情蔓延中的安全岛。回观全国人民抗疫历程，总结我们取胜经验，与我国特有的政治优势和坚实的社会基础分不开，更与党中央的全面部署、有力领导分不开，与党中央确立的以人民为中心的立场与发展理念分不开。

新冠疫情发生后，习近平总书记高度重视，亲自指挥，统一部署，分类指导各地做好疫情防控工作；多次召开会议，听取汇报，作出重要指示，“生命重于泰山。疫情就是命令，防控就是责任”“把人民群众生命安全和身体健康放在第一位，把疫情防控工作作为当前最重要的工作来抓”，① 在法治轨道上统筹推进各项防控工作，坚决反对形式主义、官僚主义，把落实工作抓实抓细，打赢疫情防控阻击战。2022 年 3 月 19 日，习近平总书记在中央政治局常委会会议上发表重要讲话，要求优化防控举措，提高防控水平，努力用最小的代价实现最大的防控效果，为统筹疫情防控和经济社会发展指明方向、提振干劲。② 李克强亲赴疫情最严重的武汉指导疫情防控工作，慰问疫情防控一线医务人员；并多次主持召开会议，部署疫情防控工作，要求全力保障疫情防

---

① 人民日报评论员：《把人民群众生命安全和身体健康放在第一位》，《人民日报》2020 年 1 月 28 日。

② 熊丰等：《优化防控举措 提高防控水平——习近平总书记在中央政治局常委会会议上的重要讲话为科学精准防控疫情提供有力指导》，《人民日报》2022 年 3 月 20 日。

控重点医疗物资和生活必需品的供应和保障。孙春兰深入一线，指导武汉以战时状态抓好源头防控，实施全民拉网式排查，全力以赴做好病人的收和治。各级党政机关按照中央部署，全身心投入疫情防控阻击战中，把党的领导和对人民的关怀传递给每一个人。

在党中央的领导和全面部署下，社会各界都积极行动起来，投入到抗击新冠疫情的战役中来。许多医护人员不顾个人安危，投入病人救治和防护工作。他们被口罩磨破了鼻梁、汗水泡胀了双手，甚至消毒液、滑石粉灼伤了身体，仍不停歇，时刻做好自己被感染、被隔离的准备，坚持奋战在救治防护的前沿，有的医护人员甚至献出了自己宝贵的生命，为的是救治患者的生命。各级领导干部和广大党员不分年龄、不分地域、不分职业，都积极行动起来，有的听从组织安排，有的主动请缨。他们要么奔赴疫情防控第一线，及时救治病人；要么坚守自己的工作岗位，做好后勤保障工作；要么集资捐物，为一线医护人员和病人提供所需物资；要么做好宣传工作，控制人员流动，防止疫情扩散；要么昼夜加班，赶制或者运送医疗物资。他们都在尽职尽责、尽心尽力为抗击疫情、维护和救治人民的生命作出自己最大的努力。基层群众也立即行动起来，设立值班卡点，专人昼夜值守，防止人员流动；安排宣传员、劝导员，喊话劝返闲逛和扎堆聊天的人员回家防护；安排体温检测员、消毒员对流动人员测体温、进行消毒，切断传染源，以消除感染隐患，建立起一道道严密、坚固的群防群治、联防联控防线，最大限度地控制了疫情的传播。社会各界也立即行动起来，纷纷奉献自己的爱心，捐赠药品、防护用品和消毒用品，以及蔬菜、米、面、油等生活物资，极大地支持了抗疫工作。

总之，有党中央的坚强领导，有我国独特的政治优势和坚实的社会基础、群众基础，以及中国特色社会主义制度优势，我们坚信，我们完全有信心、有能力保护好人民群众生命财产安全。

## （三）采取系列重大举措，切实保障改善民生

民生是人民幸福之基、社会和谐之本，直接决定社会稳定、民心向背，涵盖面广，影响范围大，民生是最大的政治。因此，每一届党中央都非常注重民生问题的解决和民众生活质量的提高。

在党的十八大上，党中央就如何保障和改善民生提出了以下要求和措施：（1）推动经济跨越发展，使民生保障有雄厚的经济支撑，确保人民过上更好的生活。（2）雄厚的财政实力对完善保障与改善民生至关重要，积极打造民生财政，使新增财政向民生项目倾斜。（3）多谋民生之利，多解民生之忧，解决好人民最关心最直接最现实的利益问题。（4）切实落实“学有所教、劳有所得、病有所医、老有所养、住有所居”等民生问题，不断完善社会保障体系。①

在党的十八届三中全会上，尽管会议的主要议题是“全面深化改革”，以习近平同志为核心的党中央仍就如何保障和改善民

① 胡锦涛：《坚定不移沿着中国特色社会主义道路前进 为全面建成小康社会而奋斗——在中国共产党第十八次全国代表大会上的报告》，人民出版社2012年版，第34页。

生作出了更为明确、更加细致的规划：（1）回应群众关切。要着力解决民生领域突出问题，特别是要健全基本民生保障安全网，避免制度碎片化，完善养老保险、基本医疗、社会救助等制度，构建相互衔接、运行有效、保障特困群众的兜底制度，防止冲击社会心理底线的事件频繁发生，使改革发展成果惠及全体人民。（2）突出民生优先。坚持以人为本，尊重人民主体地位，发挥群众首创精神，紧紧依靠人民推动改革，促进人的全面发展。人们相信，随着我国综合国力的不断增强，民生问题将在更高层次上得以解决，越来越多的群众将能更多更公平地分享到经济社会发展的成果。（3）增进人民福祉。提出要全面深化改革，坚持社会主义市场经济改革方向，以促进社会公平正义、增进人民福祉为出发点和落脚点，使发展成果让人民共享，改革红利惠及全体人民。①

即使面对新冠疫情的大范围冲击和影响，以习近平同志为核心的党中央仍然没有放松全面部署，并采取系列重大举措，切实保障和改善民生。2020 年 4 月 20—23 日，习近平总书记在陕西调研时强调，要全面落实党中央决策部署，扎实做好稳就业、稳金融、稳外贸、稳外资、稳投资、稳预期工作，全面落实保居民就业、保基本民生、保市场主体、保粮食能源安全、保产业链供应链稳定、保基层运转任务，努力克服新冠疫情带来的不利影响，确保完成决战决胜脱贫攻坚目标任务，全面建成小康社会，

① 《中共中央关于全面深化改革若干重大问题的决定》，人民出版社 2013 年版，第 43 页。

奋力谱写陕西新时代追赶超越新篇章。[①]“六稳”“六保”的重点是保市场主体、保就业、保民生，核心是民生。

在党中央的坚强领导下，经过全体人民的共同努力，我国的民生得到了很大改善与提高，人民的生活质量和幸福指数也大为提高。但是，这一状况与党中央的预期、人民群众的预想都还有距离，曾经存在的尖锐性问题还没有得到彻底解决。因此，在《中共中央关于党的百年奋斗重大成就和历史经验的决议》中，习近平总书记又就我们在建设社会主义现代化强国过程中如何保障和改善民生做了精心部署：党中央将按照坚守底线、突出重点、完善制度、引导预期的思路，在收入分配、就业、教育、社会保障、医疗卫生、住房保障等方面推出一系列重大举措，注重加强普惠性、基础性、兜底性民生建设，推进基本公共服务均等化。我们努力建设体现效率、促进公平的收入分配体系，调节过高收入，取缔非法收入，增加低收入者的收入，稳步扩大中等收入群体，推动形成橄榄型分配格局，居民收入增长与经济增长基本同步，农村居民收入增速快于城镇居民。实施就业优先政策，推动实现更加充分、更高质量就业。全面贯彻党的教育方针，优先发展教育事业，推进教育强国建设，办好人民满意的教育。我国已建成世界上规模最大的社会保障体系，10.2 亿人拥有基本养老保险，13.6 亿人拥有基本医疗保险。全面推进健康中国建设，坚持预防为主的方针，深化医药卫生体制改革，健全遍及城乡的公共卫生服务体系。坚持房子是用来住的、不是用来炒的定位，

---

①《习近平在陕西考察时强调 扎实做好“六稳”工作落实“六保”任务 奋力谱写陕西新时代追赶超越新篇章》,《人民日报》2020 年 4 月 24 日。

加快建立多主体供给、多渠道保障、租购并举的住房制度，加大保障房建设投入力度，使城乡居民住房条件明显得到改善。[①] 我们要实现好、维护好、发展好最广大人民根本利益，紧紧抓住人民最关心最直接最现实的利益问题，坚持尽力而为、量力而行，深入群众、深入基层，采取更多惠民生、暖民心举措，着力解决好人民群众急难愁盼问题，坚持在发展中保障和改善民生，鼓励共同奋斗创造美好生活，不断实现人民对美好生活的向往。[②]

这些部署，既是当前我们要努力做好的民生工作，又是从长期着眼，彻底解决民生问题的纲领性文件，必须采取有效措施，扎实、细致地贯彻和落实。

### （四）着眼久安乐业工程，完善社会治理体系

久安乐业是党中央的努力方向，是人民群众的美好愿望和不懈追求。为了实现这个目标，我们在加快经济社会发展的同时，要不断加强和完善社会治理体系，使久安乐业有坚实的基础和保障。为此，党的十九届四中全会经过深入讨论，通过了《中共中央关于坚持和完善中国特色社会主义制度、推进国家治理体系和治理能力现代化若干重大问题的决定》，为推进国家治理体系和治理能力现代化，实现久安乐业的目标提供了纲领性文献和重要

---

①《中共中央关于党的百年奋斗重大成就和历史经验的决议》，人民出版社 2021 年版，第 48—50 页。

② 习近平：《高举中国特色社会主义伟大旗帜　为全面建设社会主义现代化国家而团结奋斗——在中国共产党第二十次全国代表大会上的报告》，人民出版社 2022 年版，第 46 页。

指导。《决定》指出，坚持和完善共建共治共享的社会治理制度，保持社会稳定、维护国家安全。共建共治共享的社会治理制度，是我们党经过长期探索形成的，是被实践证明符合我国国情、符合人民意愿、符合社会治理规律的科学制度。在新时代，我们要把共建共治共享的社会治理制度坚持好、完善好，不断加强和创新社会治理，提升社会治理现代化水平，确保人民安居乐业、社会安定有序。①

坚持党的领导是坚持和完善共建共治共享的社会治理制度的根本政治保证。因此，在这一社会治理体系中，必须把党委领导摆在第一位，确保党的领导落到实处，不断增强党的政治领导力、思想引领力、群众组织力、社会号召力，把党的理论优势、政治优势、制度优势、密切联系群众优势转化为社会治理效能，形成党委领导、政府负责、民主协商、社会协同、公众参与、法治保障、科技支撑的系统化社会治理体系。必须坚持以人民为中心，坚持人民的主体地位，一切为了人民、一切依靠人民，让人民群众广泛参与到社会治理中，充分满足人民群众参与社会治理的意愿，充分保障人民群众合法权益，坚持在发展中保障和改善民生，让人民群众成为维护社会和谐稳定的主体力量，不断增强人民群众的获得感、幸福感、安全感。健全法律实施机制，以法治定分止争，引导群众在法律框架下分清是非，在权利义务统一中判断对错，将共建共治共享的社会治理制度落到实处，提升社

---

①《中共中央关于坚持和完善中国特色社会主义制度 推进国家治理体系和治理能力现代化若干重大问题的决定》，人民出版社 2019 年版，第 28 页。

会治理实际效能，确保人民能够安居乐业。[①]

党的十八大以来，我国社会建设全面加强，人民生活水平全方位改善，社会治理社会化、法治化、智能化、专业化水平大幅度提升，形成了人民安居乐业、社会安定有序的良好局面，续写了社会长期稳定奇迹。随着经济社会的发展，人民生活水平的提高，人民群众会对生活条件与环境、生产方式与目标提出更高要求，就需要党中央着眼于国家长治久安、人民安居乐业的目标和要求，建设更高水平的平安中国，不断完善社会治理体系，健全党组织领导的自治、法治、德治相结合的城乡基层治理体系，推动社会治理重心逐渐向下、向基层下移，建设共建共治共享的社会治理制度和人人有责、人人尽责、人人享有的社会治理共同体，[②]使久安乐业工程既有完善的制度作保障，又有人人参与并提供活力与动力，还有党的领导把舵掌握方向，使国家治理能力和治理体系实现现代化，也使人民长治、久安、乐业的愿望实现有顺畅运行的长效机制保障。

党的二十大上，就如何完善社会治理体系，习近平总书记代表党中央向全党、全国各族人民提出了新的要求：要健全共建共治共享的社会治理制度，提升社会治理效能；在社会基层坚持和发展新时代“枫桥经验”，完善正确处理新形势下人民内部矛盾机制，加强和改进人民信访工作，畅通和规范群众诉求表达、利益协调、权益保障通道，完善网格化管理、精细化服务、信息化

① 林孝文：《确保人民安居乐业、社会安定有序　把共建共治共享的社会治理制度落到实处》，《人民日报》2020 年 2 月 13 日。

②《中共中央关于党的百年奋斗重大成就和历史经验的决议》，人民出版社 2021 年版，第 50 页。

支撑的基层治理平台，健全城乡社区治理体系，及时把矛盾纠纷化解在基层、化解在萌芽状态；加快推进市域社会治理现代化，提高市域社会治理能力；强化社会治安整体防控，推进扫黑除恶常态化，依法严惩群众反映强烈的各类违法犯罪活动；发展壮大群防群治力量，营造见义勇为社会氛围，建设人人有责、人人尽责、人人享有的社会治理共同体。[①] 这些要求是我们今后加强社会建设、进行社会治理的纲领性文件，要切实贯彻和落实。

## 四、新时代社会建设成就举世瞩目影响深远

### （一）普惠性、基础性、兜底性民生建设成就巨大

党的十八大以来，以习近平同志为核心的党中央把民生建设摆上更加突出的位置。习近平总书记指出，“人民对美好生活的向往，就是我们的奋斗目标”，“在发展经济的基础上不断提高人民生活水平，是党和国家一切工作的根本目的”。[②]2016 年 1 月，习近平总书记在重庆调研时讲话提出：“在整个发展过程中要注重民生、保障民生、改善民生……做好普惠性、基础性、兜底性民生建设，全面提高公共服务共建能力和共享水平，满足老百姓

① 习近平：《高举中国特色社会主义伟大旗帜 为全面建设社会主义现代化国家而团结奋斗——在中国共产党第二十次全国代表大会上的报告》，人民出版社 2022 年版，第 54 页。

② 中共中央文献研究室编：《习近平关于实现中华民族伟大复兴的中国梦论述摘编》，中央文献出版社 2013 年版，第 13 页。

多样化的民生需求，织就密实的民生保障网。”[①] 事实证明，党的十八大以来，我国的普惠性、基础性、兜底性民生建设取得了全方位、开创性成就。

普惠性、基础性、兜底性是民生建设的战略重点，各有侧重但又互相支撑，缺一不可，这三者共同指引了我国民生建设方向。普惠性是民生建设的本质要求，民生建设应该惠及全体人民，使全体公民都能够公平可及地获得大致均等的基本公共服务，实现人人都能共享社会发展成果。基础性体现了当下阶段民生建设的主要内容，即保障人民基本生产、生活需要。我国有 14 亿多人口，目前仍处于社会主义初级阶段，仍需要全体人民共同努力把“蛋糕”做大做好，而不能落入福利主义陷阱。当下阶段的民生建设，我们只能尽力而为、量力而行，先要使每个人的基本生活需要与生存发展权利得到保障。在此基础上，随着经济社会不断发展，再不断提高已有的福利待遇。兜底性民生建设针对的是由于先天或后天疾病或者灾难事故等原因导致的生活极端困难的群众，这部分群众一般劳动力水平较低，缺乏足够的自给能力。这个时候就需要政府发挥救助的功能，要坚持一个都不能少的原则，保障特殊困难群体的基本生产生活需要。

民生建设应该具有普惠性、基础性、兜底性，这明显地体现在七个主要的民生领域的建设。2012 年 11 月 15 日在十八届中央政治局常委同中外记者见面时的讲话中，习近平总书记就指出：“我们的人民热爱生活，期盼有更好的教育、更稳定的工作、更

① 《落实创新协调绿色开放共享发展理念 确保如期实现全面建成小康社会目标》，《人民日报》2016 年 1 月 7 日。

满意的收入、更可靠的社会保障、更高水平的医疗卫生服务、更舒适的居住条件、更优美的环境，期盼孩子们能成长得更好、工作得更好、生活得更好。”[①]党的十九大报告进一步将其概括为“七有”：“幼有所育、学有所教、劳有所得、病有所医、老有所养、住有所居、弱有所扶”。这“七有”也是当下人民最关心最直接最现实的利益问题，真正抓住了民生建设的痛点。党的十八大以来，围绕这“七有”建设，我国取得了巨大成就。

幼有所育着力于解决老百姓普遍关注的托育问题，改变“入园难”“入园贵”的现状，减轻家庭婴幼儿照护方面的养育压力和经济负担。为此，我国大力推动了普惠性教育公共服务体系的建设。自2011年以来，财政部会同教育部等有关部门支持各地先后实施了三期学前教育行动计划，重点支持地方扩大普惠性学前教育资源。据统计，2011—2020年中央财政累计安排支持学前教育发展资金1520亿元。[②]截至2022年，全国共有幼儿园28.92万所。在园幼儿4627.55万人，其中，普惠性幼儿园在园幼儿4144.05万人，普惠性幼儿园覆盖率达到89.55%。共有学前教育专任教师324.42万人。学前教育毛入学率89.7%。[③]

“人才决定未来，教育成就梦想。”民惟邦本，本固邦宁。学有所教，民心所向。党的十八大以来，我国教育一路前行，成就

① 中共中央文献研究室编：《论群众路线——重要论述摘编》，中央文献出版社、党建读物出版社2013年版，第119页。

②《中央财政下达转移支付资金188.4亿元重点支持地方扩大普惠性学前教育资源》，财政部网站，https://baijiahao.baidu.com/s?id=1672275739639214890&wfr=spider&for=pc，2020年7月15日。

③ 教育部：《2022年全国教育事业发展基本情况》，教育部网站，http://www.moe.gov.cn/fbh/live/2023/55167/sfcl/202303/t20230323_1052203.html，2023年3月23日。

瞩目。就教育总体水平而言，我国跃居世界中上行列。截至 2022 年，我国高中阶段毛入学率 91.6%，各种形式的高等教育在学总规模 4655 万人，高等教育毛入学率 59.6%。[①] 此外，城乡统一、重在农村的义务教育经费保障机制也得到了进一步巩固完善。“十三五”期间，财政部累计安排学生资助补助经费 2243 亿元，年均增长 8.7%，惠及普通高中学生约 3359 万人次，中等职业教育学生 6838 万人次，高等教育学生 3437 万人次。[②]

有“劳”才有“得”，就业是民生之本，发展之基。有就业才有收入，有收入才能更好地实现病有所医、老有所养等其他民生需求。党的十八大以来，就业一直被摆在优先的位置，就业形势持续向好，亮点纷呈。数据显示，2013—2019 年，我国城镇新增就业连续 7 年超过 1300 万人。“十三五”期间，我国城镇新增就业累计超过 6500 万人，城镇登记失业率长期保持在 4.3% 以内的低位。就业质量显著提升，2016—2020 年，城镇私营单位就业人员年平均工资实际增长 5.5%；城镇非私营单位就业人员年平均工资实际增长 7.1%。实行“双休日”、全面实行劳动合同制度、出台带薪年休假制度……劳动者全年法定休息日从中华人民共和国成立时的 59 天增加到现在的 120 天，工作生活更加平衡，劳动力市场活力更足。[③]

对病有所医而言，我国已建成全世界最大、覆盖全民的基

---

① 教育部：《2022 年全国教育事业发展基本情况》，教育部网站，http://www.moe.gov.cn/fbh/live/2023/55167/sfcl/202303/t20230323_1052203.html，2023 年 3 月 23 日。

② 曲哲涵：《中央财政安排学生资助补助经费 553 亿元 比上年增长 9.6%》，《人民日报》2020 年 8 月 4 日。

③ 韩秉志、敖蓉：《就业优先是“最大民生”》，《经济日报》2021 年 6 月 26 日。

本医疗保障网，基本实现看病就医有制度保障。“十三五”期间，我国基本医疗保险参保覆盖率稳定在95%以上。截至2020年年底，我国参保人数超过13.6亿人。2020年，人均财政补助标准已达到550元以上，个人缴费280元。此外，药品集中带量采购成为常态，2018年以来，共启动5批药品集采，覆盖了218个品种，平均降价54%，节省费用超2000亿元；首批高值医用耗材集采中选冠脉支架价格从均价1.3万元降至700元左右，平均降幅93%。[①]

老有所养，“让所有老年人都能有一个幸福美满的晚年”[②]。中国作为世界上最大的发展中国家，也是世界上老年人口最多的国家，截至2021年年末，我国60周岁及以上老年人口26736万人，占总人口的18.9%，65周岁及以上老年人口20056万人，占总人口的14.2%。[③]2012年党的十八大以来，以习近平同志为核心的党中央将应对人口老龄化工作上升到前所未有的战略高度，取得了令人瞩目成就。目前，我国有10.2亿人拥有基本养老保险。截至2021年年底，全国共有3994.7万老年人享受老年人补贴，其中享受高龄补贴的老年人3246.6万人，享受护理补贴的老年人90.3万人，享受养老服务补贴的老年人573.6万人，享受综合老龄补贴的老年人84.2万人。全国共支出老年福利经费386.2亿元，

---

① 国家医疗保障局：《“十四五”全民医疗保障规划一问一答》，http://www.nhsa.gov.cn/art/2021/9/30/art_38_6144.html，2021年9月30日。

② 中共中央党史和文献研究院编：《习近平关于注重家庭家教家风建设论述摘编》，中央文献出版社2021年版，第26页。

③ 国家卫健委：《2021年度国家老龄事业发展公报》，http://www.nhc.gov.cn/cms-search/xxgk/getManuscriptXxgk.htm?id=e09f046ab8f14967b19c3cb5c1d934b5，2022年10月24日。

养老服务经费 144.9 亿元。[①]

住房保障，让全体人民住有所居。中华人民共和国成立以来特别是党的十八大以来，我国住房保障取得了历史性成就，保障体系不断完善，保障能力持续增强，为促进实现全体人民住有所居的目标发挥了重要作用。[②]数据显示，党的十八大以来累计建设各类保障性住房和棚改安置住房 8000 多万套，帮助 2 亿多困难群众改善了住房条件。[③]住房和城乡建设部数据显示，截至 2018 年年底，3700 多万困难群众住进公租房，累计近 2200 万困难群众领取了公租房租赁补贴；通过购买经济适用住房等配售型保障房，5000 多万城镇中低收入“夹心层”群体有了合适的住房；上亿居民“出棚进楼”。[④]“让全体人民住有所居”的目标正越来越接近现实。

救助保障，让弱有所扶、难有所帮、困有所助。“弱有所扶”中的“弱”，广义上涵盖了社会中各类处于生活窘迫和发展困境的群体。不仅要关注弱势群体中的绝对贫困群体，也应该把社会中各类处于生活窘境和发展困境的群体纳入保障和改善民生的对象范围。[⑤]习近平总书记特别指出：“对各类困难群众，我们要

---

① 民政部：《2021 年民政事业发展统计公报》，https://images3.mca.gov.cn/www2017/file/202208/2021mzsyfztjgb.pdf，2022 年 8 月 26 日。

② 祝君壁：《努力实现让全体人民住有所居——我国住房保障取得历史性成就》，《经济日报》2019 年 8 月 17 日。

③ 李如意：《十八大以来累计建设保障住房和棚改安置住房 8000 多万套》，北京日报客户端，2021 年 7 月 7 日。

④ 邱玥：《住房保障，帮助百姓安居圆梦——我国住房保障成就综述》，《光明日报》2019 年 8 月 15 日。

⑤ 中央纪委监察部：《“弱有所扶”如何实现？》，https://www.ccdi.gov.cn/special/zmsjd/zm19da_zm19da/201801/t20180102_160578.html，2018 年 1 月 3 日。

格外关注、格外关爱、格外关心，时刻把他们的安危冷暖放在心上，关心他们的疾苦，千方百计帮助他们排忧解难。”[①] 党的十八大以来，我国始终注重织密扎牢基本民生保障安全网，切实兜底保障残疾人群体、孤儿、特困人员等特殊群体生产生活。数据显示，到 2020 年年底，107.5 万残疾人得到特困人员救助供养，1000 多万残疾人纳入最低生活保障范围。截至 2021 年第三季度，我国困难残疾人生活补贴惠及 1189.5 万残疾人，重度残疾人护理补贴惠及 1489.8 万残疾人，年发放资金额度超过 300 亿元。[②] 对于孤儿等困境儿童，开展“合力监护、相伴成长”等专项行动，全国 5.6 万名乡镇（街道）儿童督导员、67.5 万名村（居）儿童主任已成为关心关爱未成年人特别是农村留守儿童和困境儿童的主力军。[③] 今后，我们要健全覆盖全民、统筹城乡、公平统一、安全规范、可持续的多层次社会保障体系，健全分层分类的社会救助体系，[④] 使所有有困难的人都能得到及时的救助，生存生活有切实、可靠的保障。

## （二）解决绝对贫困，创造了人类减贫史上的奇迹

贫困是人类社会的顽疾，也是一个世界性难题。党的十八大

---

① 中共中央文献研究室编：《论群众路线——重要论述摘编》，中央文献出版社、党建读物出版社 2013 年版，第 128 页。

② 周静圆：《牢记总书记的谆谆嘱托 推动残疾人事业发展》，人民网，2022 年 3 月 4 日。

③ 李纪恒：《坚持在发展中保障和改善民生》，《求是》2021 年第 19 期。

④ 习近平：《高举中国特色社会主义伟大旗帜 为全面建设社会主义现代化国家而团结奋斗——在中国共产党第二十次全国代表大会上的报告》，人民出版社 2022 年版，第 48 页。

以来，在以习近平同志为核心的党中央领导下，我国组织实施了人类历史上规模空前、力度最大、惠及人口最多的脱贫攻坚战。党的十八大召开后不久，习近平总书记就指出，“小康不小康，关键看老乡，关键在贫困的老乡能不能脱贫”，承诺“决不能落下一个贫困地区、一个贫困群众”，拉开了新时代脱贫攻坚的序幕。2013 年，党中央提出“精准扶贫”理念，创新扶贫工作机制。2015 年，党中央召开扶贫开发工作会议，提出实现脱贫攻坚目标的总体要求，实行扶持对象、项目安排、资金使用、措施到户、因村派人、脱贫成效“六个精准”，实行发展生产、易地搬迁、生态补偿、发展教育、社会保障兜底“五个一批”，发出打赢脱贫攻坚战的总攻令。2017 年，党的十九大把“精准脱贫”作为三大攻坚战之一进行全面部署，锚定全面建成小康社会目标，聚力攻克深度贫困堡垒，决战决胜脱贫攻坚。2020 年，为有力应对新冠疫情和特大洪涝灾情带来的影响，党中央要求全党全国以更大的决心、更强的力度，做好“加试题”、打好收官战，信心百倍向着脱贫攻坚的最后胜利进军。①

我们攻克了一个又一个贫中之贫、坚中之坚，脱贫攻坚取得了重大历史性成就。党的十八大以来，平均每年有 1000 多万人脱贫，相当于一个中等国家的人口脱贫。我国的贫困人口收入水平显著提高，全部实现“两不愁三保障”，脱贫群众不愁吃、不愁穿，义务教育、基本医疗、住房安全有保障，饮水安全也都有了保障。数据显示，贫困地区农村居民人均可支配收入从 2013

① 习近平：《在全国脱贫攻坚总结表彰大会上的讲话》，人民出版社 2021 年版，第 4—5 页。

的6079元增长到2020年的12588元，年均增长11.6%，增长持续快于全国农村，增速比全国农村高2.3个百分点。[①]2000多万贫困患者得到分类救治，曾经被病魔困扰的家庭挺起了生活的脊梁。近2000万贫困群众享受低保和特困救助供养，2400多万困难和重度残疾人拿到了生活和护理补贴。110多万贫困群众当上护林员，守护绿水青山，换来了金山银山。农村贫困家庭子女义务教育阶段辍学问题实现动态清零，2020年贫困县九年义务教育巩固率达到94.8%。[②]最终，我国脱贫攻坚战取得了全面胜利，现行标准下9899万农村贫困人口全部脱贫，832个贫困县全部摘帽，12.8万个贫困村全部出列，区域性整体贫困得到解决，完成了消除绝对贫困的艰巨任务，创造了又一个彪炳史册的人间奇迹！[③]

### （三）取得了疫情防控与经济社会发展的双重成就

2020年年初，突如其来的新冠疫情给我国经济社会发展带来前所未有的负面冲击。“我们坚持人民至上、生命至上，坚持外防输入、内防反弹，坚持动态清零不动摇，开展抗击疫情人民战争、总体战、阻击战，最大限度保护了人民生命安全和身体健康，统筹疫情防控和经济社会发展取得重大积极成果。”[④]

新冠疫情发生后，习近平总书记高度关注，第一时间作出一

① 国务院新闻办公室：《人类减贫的中国实践》，人民出版社2021年版，第15页。
② 国务院新闻办公室：《人类减贫的中国实践》，人民出版社2021年版，第17页。
③ 习近平：《在全国脱贫攻坚总结表彰大会上的讲话》，人民出版社2021年版，第1页。
④ 习近平：《高举中国特色社会主义伟大旗帜 为全面建设社会主义现代化国家而团结奋斗——在中国共产党第二十次全国代表大会上的报告》，人民出版社2022年版，第3页。

系列重要指示。2020 年 1 月 7 日，习近平总书记在主持召开中央政治局常委会会议时对做好疫情防控工作提出要求。1 月 20 日，习近平总书记就疫情防控工作作出重要指示。1 月 22 日下午，习近平总书记审时度势，要求立即对湖北省、武汉市人员流动和对外通道实行严格封闭的交通管控。中共中央坚持把人民生命安全和身体健康放在第一位，统筹全局、沉着应对，果断采取一系列防控和救治措施，用 1 个多月的时间初步遏制了疫情蔓延势头，用 2 个月左右的时间将本土每日新增病例控制在个位数以内，用 3 个月左右的时间取得了武汉保卫战、湖北保卫战的决定性成果。[①] 随后两年多来，中国坚持“动态清零”政策，将因疫情造成的死亡率降至最低，同时将疫情对经济的干扰达到最小化。中国抗疫交出了不凡答卷，为后续经济复苏走稳走实奠定了基础。

疫情在初期不可避免对经济产生了巨大的负面冲击，主要表现为经济指标明显下滑。有关数据显示，2020 年第一季度，国内生产总值同比下降 6.8%，社会消费品零售总额同比下降 19.0%，货物进出口总额同比下降 6.4%，全国居民人均可支配收入扣除价格因素实际下降 3.9%。[②] 面对严峻形势，党中央、国务院部署，统筹推进疫情防控和经济社会发展，扎实做好“六稳”工作，全面落实“六保”任务，着力畅通经济循环，积极稳岗扩就业，大力助企纾困，筑牢民生保障基础，稳住了经济基本盘，保持了社会大局稳定。率先控制住疫情、率先复工复产、率先实现经济正

① 《就新冠肺炎疫情防控工作听取意见和建议 中共中央召开党外人士座谈会 习近平主持并发表重要讲话》，《人民日报》，2020 年 5 月 9 日。

② 国家统计局：《统筹疫情防控和经济社会发展成效显著 3 月份主要经济指标降幅明显收窄》，http://www.gov.cn/xinwen/2020-04/17/content_5503429.htm，2020 年 4 月 17 日。

增长。[1]随着疫情得到有效防控和复工复产加快推进，2020年二、三、四季度分别增长3.2%、4.9%和6.5%，经济增速在全球范围率先由负转正。2020年，世界经济比上年下降3.3%，而我国国内生产总值比上年增长2.3%。在全球国内生产总值1万亿美元以上的主要经济体中，我国是唯一实现经济正增长的主要经济体。同时，经济总量突破百万亿元大关。[2]

## （四）人民获得感、幸福感、安全感空前提高

习近平总书记在庆祝改革开放40周年大会上的讲话中指出："我们要着力解决人民群众所需所急所盼，让人民共享经济、政治、文化、社会、生态等各方面发展成果，有更多、更直接、更实在的获得感、幸福感、安全感，不断促进人的全面发展、全体人民共同富裕。"[3]党的十八大以来，人民群众获得感、幸福感、安全感空前提高，这主要体现在三个方面：

全面建成小康社会奠定了广大人民获得感的物质基础。党的十八大以来，以习近平同志为核心的党中央始终把民生放在重要位置，一大批惠民举措落地实施，脱贫攻坚、改善就业、推进教育公平、推进住房保障、医疗以及养老改革等都是围绕增进人民

---

① 郭同欣：《统筹疫情防控和经济社会发展的新答卷——〈2021中国统计摘要〉评读》，国家统计局，http://www.stats.gov.cn/ztjc/zthd/lhfw/2022/lh_hgjj/202202/t20220228_1827993.html，2021年5月28日。

② 郭同欣：《统筹疫情防控和经济社会发展的新答卷——〈2021中国统计摘要〉评读》，国家统计局，http://www.stats.gov.cn/ztjc/zthd/lhfw/2022/lh_hgjj/202202/t20220228_1827993.html，2021年5月28日。

③《十九大以来主要文献选编》（上），中央文献出版社2019年版，第731页。

获得感、增进人民福祉而展开的。党的十九大报告特别强调，必须“保证全体人民在共建共享发展中有更多获得感”[①]。

收入增长牵系民生福祉，收入分配事关千家万户。在新华网连续 20 年推出的全国两会热点调查中，收入分配共有 16 次成为大家最关心的热点。[②]党的十八大以来，我国一直致力于建设体现效率、促进公平的收入分配体系，对高收入进行调节，对非法收入进行取缔，同时增加低收入者收入，稳定扩大中等收入群体，推动形成橄榄型分配格局。我国在增进国民收入，改善收入分配格局方面效果显著，2022 年全国居民人均可支配收入 35100 元，相比 2012 年增长超过 1 倍，同时形成了世界上规模最大、成长最快的中等收入群体，总量超过 4 亿人。就业有保障，日子才更有奔头。推动实现更加充分、更高质量就业一直是政府工作的重点。2013—2019 年，全国城镇新增就业连续 7 年超过 1300 万人，2020—2022 年面对多重严重冲击，仍分别实现城镇新增就业 1186 万人、1269 万人、1206 万人，保持了就业大局稳定。[③]

教育方面，推进教育强国建设，办好人民满意的教育。全国财政性教育经费占国内生产总值比例保持在 4% 以上。2022 年我国九年义务教育巩固率达到 95.5%，高中阶段和高等教育毛入学率分别达到 91.6% 和 59.6%，新增劳动力平均受教育年限达到 14

---

① 习近平：《决胜全面建成小康社会 夺取新时代中国特色社会主义伟大胜利——在中国共产党第十九次全国代表大会上的报告》，人民出版社 2017 年版，第 23 页。

② 王莹：《调查告诉你丨关于收入分配，网民最关心这件事》，新华社，http://www.xinhuanet.com/politics/2021-03/09/c_1211056482.htm，2021 年 3 月 9 日。

③ 人社部：《2022 年全国城镇新增就业 1206 万人》，人民网北京，https://baijiahao.baidu.com/s?id=1755337952105063103&wfr=spider&for=pc，2022 年 1 月 18 日。

年，教育普及水平稳居世界中上国家行列。①社会保障方面，坚持覆盖全民、城乡统筹、权责清晰、保障适度、可持续。我国建成世界上规模最大的社会保障体系，10.5亿人拥有基本养老保险，13.4亿人拥有基本医疗保险。②

人民健康方面，全面推进健康中国建设。居民人均预期寿命由2015年的76.3岁提高到2022年的78.2岁。③养老方面，积极应对人口老龄化，加快建设居家社区机构相协调、医养康养相结合的养老服务体系，2022年全国养老床位达到822万张，比2012年增长97%。④

住有所居方面，加快建立多主体供给、多渠道保障、租购并举的住房制度，加大保障房建设投入力度。累计建设各类保障性住房和棚改安置住房近5000万套，低保、低收入住房困难家庭基本实现应保尽保。⑤2021年，城镇居民和农村居民人均住房建

---

① 教育部：《2022年九年义务教育巩固率为95.5%》，新华社客户端，https://baijiahao.baidu.com/s?id=1761138070056190216&wfr=spider&for=pc，2023年3月23日。

② 人社部：《全国基本养老保险参保人数达10.5亿人》，《光明日报》2023年1月28日。

③ 习近平：《高举中国特色社会主义伟大旗帜 为全面建设社会主义现代化国家而团结奋斗——在中国共产党第二十次全国代表大会上的报告》，人民出版社2022年版，第11页。

④ 国家统计局：《2022年末养老机构4.0万个，养老服务床位822.3万张》，载《中华人民共和国2022年国民经济和社会发展统计公报》，https://mp.weixin.qq.com/s?__biz=MzAxMTE3NTA3OA==&mid=2654267946&idx=1&sn=a67045c703437b5686216011d8cd3386&chksm=80855fe3b7f2d6f500464c359eb8cc18b2bfda3227ae1f374fe0c3ee088e51a2800b4c87b622&scene=27，2023年3月1日。

⑤ 肖捷：《使人民获得感、幸福感、安全感更加充实、更有保障、更可持续（学习贯彻党的十九届六中全会精神）》，《人民日报》2021年12月3日。

筑面积分别为 41 平方米和 50.2 平方米，比 2012 年分别增加 8.1 平方米和 13.1 平方米，城乡居民住房条件明显改善。[①]

坚持人民至上、生命至上，更高水平的平安中国使得人民安全感更有保障。安全感的提升涉及方方面面，如安全生产、食品安全、医疗司法公正、国防安全、社会治安、网络安全和金融安全等等。党的十八大以来，以习近平同志为核心的党中央对各领域的安全问题高度重视，强调要始终把人民群众的生命安全放在第一位，切实维护国家安全和社会安定。一方面，坚持统筹外部安全和内部安全。党的十九大报告中强调："以人民安全为宗旨，以政治安全为根本，统筹外部安全和内部安全、国土安全和国民安全、传统安全和非传统安全、自身安全和共同安全，完善国家安全制度体系，加强国家安全能力建设，坚决维护国家主权、安全、发展利益。"[②] 另一方面，坚持统筹发展和安全，把安全发展贯穿国家发展各领域和全过程。加强防灾减灾救灾和安全生产工作，加强国家应急管理体系和能力建设，安全生产形势持续好转；严格食品药品疫苗监管；等等。

坚持以总体国家安全观为指导，推进国家安全体系现代化，推进维护国家安全能力现代化。党的二十大报告将"国家安全"置于显要位置，作为"推进国家安全体系和能力现代化，坚决维

① 国家统计局：《建筑业高质量大发展 强基础惠民生创新路——党的十八大以来经济社会发展成就系列报告之四》，http://www.gov.cn/xinwen/2022-09/19/content_5710837.htm，2022 年 9 月 19 日。

② 习近平：《决胜全面建成小康社会 夺取新时代中国特色社会主义伟大胜利——在中国共产党第十九次全国代表大会上的报告》，人民出版社 2017 年版，第 24 页。

护国家安全和社会稳定”章节独立撰写。[①] 总体国家安全观始终把人民安全置于国家安全所有要素的首位，把“一切为了人民、一切依靠人民”作为国家安全工作的本质要求，强调国家安全工作要“以人民安全为宗旨”，强调“国家安全工作归根结底是保障人民利益”。[②]

始终坚持以人民为中心的发展思想，增进人民幸福感是核心和目的。获得感与安全感是人民幸福感的主要来源，而精神上的满足与良好的生态环境也是人们幸福感的重要来源。习近平总书记指出：“既要创造更多物质财富和精神财富以满足人民日益增长的美好生活需要，也要提供更多优质生态产品以满足人民日益增长的优美生态环境需要。”[③] 党的十八大以来，我国不仅在民生建设与国家安全建设方面成就卓越，精神文明建设与生态文明建设方面也取得了非凡成绩，这极大地增进了人民的幸福感。党的十九大以来，进行了改革开放 40 周年、中华人民共和国成立 70 周年、抗战胜利 75 周年、中国人民志愿军抗美援朝出国作战 70 周年等重要时间节点的庆祝活动，开展爱国主义教育，极大地激发了人民群众的爱国情怀。党的十八大以来，以习近平同志为核心的党中央高度重视生态文明建设，提出了一系列新理念新思想新战略，一以贯之大力推进生态文明建设。生态文明建设成效显

---

① 习近平：《高举中国特色社会主义伟大旗帜 为全面建设社会主义现代化国家而团结奋斗——在中国共产党第二十次全国代表大会上的报告》，人民出版社 2022 年版，第 52 页。

② 刘跃进，宋希艳：《推进国家安全体系和能力现代化》，《前线》2022 年第 11 期。

③ 习近平：《决胜全面建成小康社会 夺取新时代中国特色社会主义伟大胜利——在中国共产党第十九次全国代表大会上的报告》，人民出版社 2017 年版，第 24 页。

著，良好的生态环境使人民幸福感日益增强。这十年我国绿色发展底色亮丽，2021 年，全国单位 GDP 二氧化碳排放量比 2012 年下降34.4%。[①]污染防治力度加大，生态保护稳步推进，生态环境明显改善。“十三五”规划纲要确定的九项生态环境约束性指标和污染防治攻坚战的阶段性目标全面圆满超额完成，公众对生态环境满意度达到 89.5%，污染防治攻坚战阶段性成效得到人民群众充分认可。[②]党的十八大以来，在习近平生态文明思想科学指引下，我国生态文明建设和生态环境保护取得了历史性成就，生态文明建设和生态环境保护发生历史性、转折性、全局性变化。

① 新华网：《二十大新闻中心第五场记者招待会：建设人与自然和谐共生的美丽中国》，http://www.xinhuanet.com/politics/cpc20/zb/jzh10698/，2022 年 10 月 21 日。

② 生态环境部：《“十三五”九项生态环境约束性指标全面超额完成》，光明网，https://m.gmw.cn/baijia/2021-08/18/35090197.html，2022 年 8 月 18 日。

第九讲

# 新时代生态文明建设

黄承梁

党的十八大把生态文明建设纳入“五位一体”中国特色社会主义总体布局；党的十九大提出生态文明建设是中华民族永续发展的千年大计；党的十九届六中全会通过的《决议》是我们党继1945年党的六届七中全会通过《中国共产党中央委员会关于若干历史问题的决议》、1981年党的十一届六中全会通过《中国共产党中央委员会关于建国以来党的若干历史问题的决议》之后的第三个历史决议，它第一次将“生态文明建设”写入党的“三大决议”之中；党的二十大提出中国式现代化的重要特征之一是“人与自然和谐共生的现代化”，“站在人与自然和谐共生的高度谋划发展”。可见，生态文明建设历史地位极其重要。党的十八大以来，以习近平同志为核心的党中央高度重视生态文明建设，习近平总书记亲自谋划、亲自部署和亲自推动我国生态文明建设的一系列重大战略实践，提出了一系列关于生态文明建设的新理念新思想新战略，在我们党的历史上第一次形成了专门以生态文明为研究对象的学说体系、学术体系和话语体系。习近平生态文明思想，推动我国生态文明建设在新时代发生了历史性、转折性和根本性变化。

# 一、深刻认识生态文明建设的战略地位

## （一）生态文明建设是中华民族永续发展的千年大计

习近平总书记指出："历史地看，生态兴则文明兴，生态衰则文明衰。"[①] 人类社会的发展史、文明史，归根结底，是一部人与自然、生态与文明的关系史。马克思指出，我们仅仅知道的一门历史科学，可以把它划分为自然史和人类史。"只要有人存在，自然史和人类史就彼此相互制约。"[②] 尊重自然、顺应自然、保护自然，人类文明就能兴盛；反之，人类将遭受到自然的惩罚、报复，其文明就要衰落。历史上，作为西亚最早文明的美索不达米亚文明，居民为了耕地而毁灭了森林，渐为沙尘所掩埋，而成为不毛之地，自此文明不复。历史的教训令人十分痛心。在当今时代，环境污染、生态破坏、资源短缺问题十分普遍，系统性、区域性、全球性生态危机十分突出。

我国的生态资源和环境问题同样十分突出。党的十八大用"资源约束趋紧、环境污染严重、生态系统退化"表达了这一严峻形势。总体来看，西方发达国家一两百年积累和发展起来的环境问题，在改革开放 40 多年的快速发展中集中显现，不仅生态环境中的历史欠账难以归还，新的环境问题也不断涌现。

党的十九大指出：生态文明建设是中华民族永续发展的千年大计。必须着眼人与自然生命共同体，尊重自然、顺应自然、保

① 习近平：《在中央政治局第六次集体学习时的讲话》，新华网，2013 年 5 月 24 日。
②《马克思恩格斯选集》第 1 卷，人民出版社 1995 年版，第 66 页。

护自然，才能有效防止在开发利用自然上走弯路。习近平总书记指出："我之所以要盯住生态环境问题不放，是因为如果不抓紧、不紧抓，任凭破坏生态环境的问题不断产生，我们就难以从根本上扭转我国生态环境恶化的趋势，就是对中华民族和子孙后代不负责任。"① 如果不从现在立即行动起来，将来付出的代价恐怕要让我们沉痛思考中华文明要向何处去的问题。我们必须以"生态兴则文明兴，生态衰则文明衰"的科学论断所昭示的生态与文明发展的历史规律，坚持生态文明建设是中华民族永续发展的千年大计的历史定位，以对中华文明悠久灿烂历史文明负责、对中华民族伟大复兴负责、对人类文明整体进步负责的历史性、时代性和全球性态度，以历史性勇气，下大力气在更高水平上建设生态文明，确保中华民族永续发展。

### （二）生态文明建设是"五位一体"中国特色社会主义总体布局的内在要求

党的十八大着眼于社会主义初级阶段总依据、实现社会主义现代化和中华民族伟大复兴总任务的有机统一，把生态文明建设纳入中国特色社会主义事业总体布局，由传统的经济建设、政治建设、文化建设和社会建设"四位一体"总体布局拓展为包括生态文明建设在内的"五位一体"。习近平总书记指出："这标志着我们对中国特色社会主义规律认识的进一步深化，表明了我们加

---

①《习近平关于社会主义生态文明建设论述摘编》，中央文献出版社 2017 年版，第 15 页。

强生态文明建设的坚定意志和坚强决心。”[①] 党中央把生态文明建设纳入“五位一体”总体布局，不单单是增加生态文明建设。从宏观角度看，所谓总体布局，是从总揽和统摄全局的高度作出的总体筹划和总体安排，是就这一事业所作的最重大、最根本的战略部署。“五位一体”是整体性战略部署，既与中国特色社会主义社会是全面发展、全面进步的社会属性相关，也与社会主义与生态文明具有高度一致性相关。生态文明的提出和建设，内在地、逻辑地统一于社会主义的本质之中，任何一个方面的发展滞后都会影响总体布局的协调发展。从实践层面看，就是确立了生态文明建设于其他四项建设而言的战略优先地位以及生态文明建设在“五位一体”总体布局中的基础地位。我们推进其他四项建设，都必须把生态文明建设融入经济建设、政治建设、文化建设和社会建设。

**生态文明建设融入经济建设。**经济建设的首要目标在于绿色化，绿色化发展的必然结果是国民经济绿色产业的规模化、常规化和常态化，再也不能是诸如传统的先污染、后治理，先上车、后买票等“先后”理念问题。从整体看，生态文明建设融入经济建设要把握两点：一是传统产业改造升级和发展的绿色化，核心在于坚持节约优先、保护优先、自然恢复为主的方针。即在资源上把节约放在首位，在环境上把保护放在首位，在生态上以自然恢复为主，讲基础、讲底线，尤其讲供给侧结构性改革。二是现代绿色、循环、低碳、生态产业新体系的规模化。即着力发展高

---

①《习近平在中共中央政治局第六次集体学习时强调：坚持节约资源和保护环 境基本因素 努力走向社会主义生态文明新时代》,《人民日报》2013 年 5 月 25 日。

效生态农业，夯实生态工业经济基础地位，大力发展现代服务业，全面构筑现代产业发展新体系。特别是，现代社会，科学技术高度发展，在信息产业、智能化应用、新材料、节能环保、清洁能源、生态修复、生态技术、循环利用等领域取得了重大的突破，并由此引发了新的产业革命。二者一起逐步成为推动生产力发展和促进生产方式转变的关键性要素和力量，绿色产业的发展方兴未艾。现在，绿色产业和绿色经济已经成为我国国民经济发展新常态的重要组成部分，成为推动我国由经济大国向绿色强国转变的重要契机。

**生态文明建设融入政治建设。**生态文明建设融入政治建设，关键是要改变唯 GDP（国内生产总值）论英雄的传统考核体系，再也不能以国内生产总值增长率论英雄。一是要从根本上完善经济社会发展考核评价体系，把体现生态文明建设状况的各项指标，如资源消耗、环境损害、生态效益等，纳入经济社会发展评价体系。在这方面，尤其要体现党的生态文明建设的意志和坚定决心。二是要从制度上建立健全资源生态环境管理制度。从制度上来说，我们要加快生态立法，加快建立国土空间开发保护制度，加快建立资源有偿使用制度，更加注重生态补偿制度；落实环境执法，更加注重环境损害赔偿制度的落实；强化环境司法，更加注重生态环境保护责任追究制度，从根本上解决环境诉讼中取证难、环境权益维护难等一系列现实问题。

**生态文明建设融入文化建设。**习近平总书记多次指出，中国优秀传统文化中蕴藏着解决当代人类面临的难题的重要启示，比如，天人合一、道法自然的思想。天人合一，用季羡林先生的解释，“天，就是大自然；人，就是人类；合，就是互相理解，结成友谊”[①]。天人合一是中国哲学和中华传统的主流精神，是两千年来中国人特有的宇宙观、特有的价值追求以及处理天地之间、天地人之间、人与自然之间关系的独特方法；“道法自然”的哲理思想，更是“人与自然和谐发展”的生态文明核心要义之肇始。老子道的思想，道生一，一生二，二生三，三生万物；人法地，地法天，天法道，道法自然，无不显示了老祖宗关注宇宙、关注自然的中华文明的文化基因，深刻解答了“我们从哪里来，要到哪里去”的历史思考、人文思考和生态思考。党的第三个历史决议提出“两个结合”，其中之一就是我们党坚持马克思主义基本原理与中华优秀传统文化相结合。我们强调中华文明特别是中华传统生态智慧的发扬光大，从而使中国的生态文明建设深深根植于中华民族深厚的生态文化基因和生态土壤之中，并基于此实现了马克思主义人与自然观与中华传统文化的融会贯通。此外，生态文明融入文化建设，还要同弘扬社会主义核心价值观结合起来。社会主义核心价值观是社会主义核心价值体系的内核，反映了社会主义核心价值体系的实践要求。文明、和谐、平等、友善等观念内在地蕴含了生态文明之文明，人与自然之和谐，当代人与当代人、当代人与后代人之间之平等，善待自然、善待生命等生态文明建设的基本诉求。我们不仅要对传统的人定胜天的自然观、生态伦理观进行自我反省和调整，更要主动实践，在全社会形成文明、持续、健康、绿色、生态的消费模式。

**生态文明建设融入社会建设。**习近平总书记指出：“要把

---

① [日]池田大作、季羡林、蒋忠新：《畅谈东方智慧》，四川人民出版社2004年版。

生态文明建设放到更加突出的位置，这也是民意所在。”[①] 很长一个时期以来，一些地区的污染问题集中暴露，雾霾天气、饮水安全、土壤重金属含量过高等，引起社会极大关注，群众反映极其强烈。人民群众对环境问题高度关注，则凸显了生态文明建设在人民群众生活幸福指数中的地位上升。党的十九大报告指出，我国稳定解决了十几亿人的温饱问题，总体上实现小康，不久将全面建成小康社会，人民美好生活需要日益广泛，不仅对物质文化生活提出了更高要求，而且在民主、法治、公平、正义、安全、环境等方面的要求日益增长。这其中关于“人民美好生活需要日益广泛”，就包括对美好生活环境方面要求的日益增长。把生态文明建设融入社会建设，尤其要构建全民参与的社会机制。习近平总书记指出：“生态文明是人民群众共同参与共同建设共同享有的事业，要把建设美丽中国转化为全体人民自觉行动。每个人都是生态环境的保护者、建设者、受益者，没有哪个人是旁观者、局外人、批评家，谁也不能只说不做、置身事外。”要增强全民节约意识、环保意识、生态意识，培育生态道德和行为准则，开展全民绿色行动，动员全社会都以实际行动减少能源资源消耗和污染排放，为生态环境保护作出贡献。

### （三）建设人与自然和谐共生现代化是中国式现代化的重要特征

实现现代化，是中国共产党人百年波澜壮阔历程持续不懈的

---

① 习近平：《绿水青山就是金山银山》，《人民日报》2006 年 4 月 24 日。

探索和理想信念追求。早在1945年，毛泽东同志在党的七大所作的《论联合政府》报告中便明确指出抗日战争结束以后工人阶级的任务，“不但是为着建立新民主主义的国家而斗争，而且是为着中国的工业化和农业近代化而斗争”[①]。1956年，党的八大在明确作出我国社会主要矛盾已经演变为先进的社会主义制度同落后的社会生产力之间的矛盾的战略判断的情况下，通过的《中国共产党章程》（1956年）提出了全面开展社会主义建设的任务并在总纲中规定中国共产党的任务，这即是“使中国具有强大的现代化的工业、现代化的农业、现代化的交通运输业和现代化的国防”[②]。1978年，党的十一届三中全会提出把党和国家工作重点转移到社会主义现代化建设上来，开启了我国改革开放和社会主义现代化建设的新时期。自此以后，建设社会主义现代化强国始终是一代代共产党人接续奋斗的战略目标。

**在中国式现代化历史演进中，中国特色社会主义进入新时代。**党的十八大以来，以习近平同志为核心的党中央统筹把握中华民族伟大复兴战略全局和世界百年未有之大变局，明确坚持和发展中国特色社会主义的总任务是实现社会主义现代化和中华民族伟大复兴。这也就是说，实现社会主义现代化和中华民族伟大复兴，是新时代坚持和发展中国特色社会主义的战略性、根本性任务。怎样实现社会主义现代化？实现什么样的社会主义现代化？习近平总书记在党的二十大报告中指出：“中国式现代化是

①《毛泽东选集》第三卷，人民出版社1991年版，第1081页。

②《中共中央文件选集（1949年10月—1966年5月）》第24册，人民出版社第2013年版，第224页。

人口规模巨大的现代化，是全体人民共同富裕的现代化，是物质文明和精神文明相协调的现代化，是人与自然和谐共生的现代化，是走和平发展道路的现代化。”①

习近平总书记这一关于中国式现代化总体特征的重要论述，既确定了我国现代化建设的基本方向和总体特征，同时也昭示，人与自然和谐共生的现代化是中国式现代化的鲜明特征之一。在中国共产党伟大的、波澜壮阔的百年历史征程中，在中国式现代化历史演进中，继工业现代化、农业现代化、国防现代化、科学技术现代化之后，习近平总书记首次提出了“人与自然和谐共生的现代化”。社会主义中国正是基于以人民为中心的发展思想，以满足人民美好生活需要、推动人的全面发展为根本价值立场，使社会主义文明从改革开放初期的物质文明和精神文明“两个文明”逐步拓展到涵盖政治文明等在内的“三个文明”，又拓展到现在涵盖生态文明等在内的“五个文明”。可以说，中国式现代化内涵不断拓展、社会主义文明形态不断丰富，物质文明、政治文明、精神文明、社会文明、生态文明全面提升，成为全面建成社会主义现代化强国的整体特征。生态文明，既为这一整体特征添光增色，也是建成富强民主文明和谐美丽的社会主义现代化强国的根本要求，使中国美丽。②进而言之，从基本实现现代化到全面实现现代化，从“四个现代化”到建设人与自然和谐的现代

① 习近平：《高举中国特色社会主义伟大旗帜 为全面建设社会主义现代化国家而团结奋斗——在中国共产党第二十次全国代表大会上的报告》，《人民日报》2022年10月26日。

② 黄承梁：《从生态文明视角看中国式现代化道路和人类文明新形态》，《党的文献》2022年第1期。

化，至此中国式现代化之路迈出了行稳致远、波澜壮阔的步伐。这一发展道路，既遵循现代化的普遍规律，又立足进行独立自主的探索，具有中国特色，充分彰显社会主义本质属性，是对西方现代化模式的超越与创新。

## 二、系统把握生态文明建设的基本原则

马克思指出，任何真正的哲学都是自己时代精神的精华。党的十八大以来，习近平总书记以对中华民族、对子孙后代乃至对全世界高度负责的人类情怀和使命担当，就事关生态文明建设的重大理论和实践、就全方位构建人与自然和谐共生的现代化新格局，提出了一系列事关价值理念、发展方式、生产方式、生活方式、法律制度、全球治理等生态文明建设基本问题的新思想新理念新战略，形成了系统、完整、科学的习近平生态文明思想。这一思想是人类文明发展史上的一次伟大革命，是马克思主义人与自然关系学说的时代新发展，是我们党的重大理论和实践创新成果，是当代中国马克思主义、二十一世纪马克思主义——习近平新时代中国特色社会主义思想的重要组成部分，是建设美丽中国的根本遵循。

总体来看，习近平生态文明思想涵盖经济、政治、文化、社会各个领域，是建设人与自然和谐共生现代化的根本思想遵循和促进人类社会由工业文明向生态文明范式转型的宝贵财富。它坚持以“人与自然和谐共生”的马克思主义人与自然观、马克思主义自然辩证法为理念先导，坚持以“绿水青山就是金山银山”的

绿色发展观统筹生态文明建设和经济社会发展；坚持以“良好生态环境是最公平的公共产品，是最普惠的民生福祉”的生态民生观落实好以人民为中心的发展思想；坚持以“保护生态环境就是保护生产力、改善生态环境就是发展生产力”的生产力观解放和发展绿色生产力、全面推动经济社会绿色转型；坚持以“山水林田湖草沙是生命共同体”的生态治理观推动生态文明领域国家治理能力和治理水平的现代化；坚持以“只有实行最严格的制度、最严密的法治，才能为生态文明建设提供可靠保障”的生态文明法治制度观全面深化生态文明体制机制改革、夯实生态文明建设法治制度基石；坚持以“共同构建人与自然生命共同体”的全球观促进人类命运共同体建设。这就是习近平生态文明思想拟定的新时代生态文明建设的基本原则。

### （一）坚持绿水青山就是金山银山

“绿水青山就是金山银山”理念，是习近平生态文明思想的重要组成部分。这一理念既写入了党的十九大报告，也写入了《中国共产党章程（修正案）》，是走向社会主义生态文明新时代，建设人与自然和谐共生现代化的基本方略和指导思想。从理念渊源看，早在 2005 年 8 月，时任浙江省委书记的习近平在浙江省余村考察时就提出了这一重大理念。从学理发展和哲学思辨看，早在 2006 年 3 月，习近平在中国人民大学发表演讲时，就提出了人类在实践中对绿水青山和金山银山这“两山”之间关系认识划分的“三阶段”论；从国际视野和命运共同体视野看，早在 2013 年 9

月，习近平主席在哈萨克斯坦纳扎尔巴耶夫大学发表演讲时就指出，中国明确把生态环境保护摆在更加突出的位置；我们既要绿水青山，也要金山银山；宁要绿水青山，不要金山银山，而且绿水青山就是金山银山；我们绝不能以牺牲生态环境为代价换取经济的一时发展。“绿水青山就是金山银山”理念反映了习近平生态文明思想历史的、自然的孕育、形成、发展和完善进程。

这一重大理念是新阶段生态文明建设的认识论、辩证法。习近平总书记指出：绿水青山和金山银山的关系，是实现可持续发展的内在要求，也是我们推进现代化建设的重大原则。在这里，“绿水青山”和“金山银山”是抽象的、辩证的、升华了的哲学范畴。其实质就是正确处理发展和保护的关系，统筹生态文明建设和经济社会发展。也正是在这个意义上，习近平总书记又指出，“冰天雪地也是金山银山”[①]。

这一重大理念又是新阶段生态文明建设的实践论。习近平总书记多次强调指出，绿水青山既是自然财富、生态财富，又是社会财富、经济财富。这就是说，作为拥有 14 亿多人口的世界上最大的发展中国家，中国要坚定不移地走好“生产发展、生活幸福、生态良好”的绿色发展之路，走好坚持“绿水青山就是金山银山”、经济社会发展和环境保护共生共赢之路，走好“越保护、越发展”的绿色发展闭合圈之路。在习近平总书记这一重大理念指引下，我们把“绿水青山”作为生态要素，引入“金山银山”的生产力范畴，强调环境就是生产力，保护生态环境就是保护生产力，改善生态环境就是发展生产力，以“绿色生产力”的崭新

① 习近平：《论坚持人与自然和谐共生》，中央文献出版社 2022 年版，第 142 页。

范畴，奠定了推动人类社会实现绿色发展的力量之石，形成了面向未来、面向世界的绿色生产力观。

## （二）坚持以人民为中心的发展思想

习近平总书记指出，良好生态环境是最公平的公共产品，是最普惠的民生福祉；要深入打好污染防治攻坚战，集中攻克老百姓身边的突出生态环境问题，让老百姓实实在在感受到生态环境的质量改善。党的十八大以来，以习近平同志为核心的党中央，对生态文明建设始终饱含深厚的民生情怀和强烈的责任担当，体现为习近平总书记念兹在兹的重大关切。我们坚决落实以人民为中心的发展思想，着眼提供更多优质生态产品以满足人民日益增长的优美生态环境需要，加大力度推进生态文明建设，加大力度补齐民生领域生态产品供给短板，着力推进重点行业和重点区域大气污染治理，着力推进颗粒物污染防治，着力推进流域和区域水污染治理，着力推进重金属污染和土壤污染综合治理，大气、水、土壤污染防治三大行动计划深入实施，生态环境治理明显加强，环境状况得到改善，使中华大地天更蓝、山更绿、水更清、环境更优美，人民群众福祉持续提升、获得感不断增强。

同时必须看到，推进生态文明建设还有不少难关要过，还有不少“硬骨头”要啃，还有不少顽瘴痼疾要治。“十四五”时期，我国发展仍然处于新型工业化、信息化、城镇化、农业现代化进程中。在一个 14 亿多人口的国家全部实现现代化，污染物新增量将十分突出。习近平总书记指出，更明确地说，高质量发展，就是从“有没有”转向“好不好”。我们要把体现以人为本、全面落实以人民为中心的发展思想自觉转向绿色发展、高质量发展模式，使人民群众意识到，推动实现更高质量的发展，实质可以实现更加公平、更可持续、更为安全的发展，能够更好满足人民日益增长的优美生态环境需要；就资源生态环境问题本身而言，只有通过高质量发展，也才能有条件、有能力既补好欠账，又不增加新账。

## （三）坚持山水林田湖草沙一体化保护和系统治理

牢固树立“山水林田湖草沙是一个生命共同体”理念，从推动生态文明建设国家治理体系和治理能力现代化视角看，就是必须遵循系统论方法，构建全新的生态治理体系。早在 2014 年 3 月，习近平总书记在中央财经委员会第五次会议上的讲话中就指出，要用系统论的思想方法看问题，生态系统是一个有机生命躯体，应该统筹治水和治山、治水和治林、治水和治田、治山和治林等。长期以来，我们在推动生态环境保护和污染治理方面缺乏系统观、整体观和长远观。没有认识到“人与自然是生命共同体”，地上和地下、岸上和水里、陆地和海洋、城市和农村、一氧化碳和二氧化碳，条块分割，“头痛医头，脚痛医脚”“九龙治水”“各炒各的菜、各吃各的饭”，生态治理碎片化问题十分突出。人力、物力和财力投资投入都很大，成效并不显著，甚至形成新的破坏问题。

党的十八大以来，我们以习近平生态文明思想为根本遵循，从系统工程和全局角度寻求新的治理之道，统筹兼顾、整体施策、多措并举，全方位、全地域、全过程开展生态文明建设，一体治理山水林田湖草沙，开展了一系列根本性、开创性、长远性工作，决心之大、力度之大、成效之大前所未有。特别是以习近平同志为核心的党中央高度重视流域生态保护修复。习近平总书记亲自谋划、亲自部署、亲自推动和实施了长江经济带发展、黄河流域生态保护与高质量发展等重大战略，大力推进流域生态系统综合治理，是坚持系统治理的典范之作。在生态文明系统观下，我们的生态文明建设，首要的就是着眼整个自然系统，探求以自然之力恢复自然。在实践中，要始终坚持把生态环境作为经济社会发展的内在要素，以"自然—社会—经济"复杂巨系统的动态平衡为目标，以生态系统中物质循环、能量转化与生物生长的规律为依据，构筑现代产业发展体系。

### （四）构建严格严密的生态文明法治和制度体系

生态文明建设是一场革命性转型和根本性变革，必须依靠系统完整的制度体系来提供保障。体制不完善、机制不健全以及法治不完备等原因导致的我国生态环境保护存在的一些突出问题，长期以来一直未能得到根本和有效解决。习近平总书记指出："只有实行最严格的制度、最严密的法治，才能为生态文明建设提供可靠保障。"[①] 党的十八大以来，以习近平同志为核心的党中央先后提出一系列涵盖体现生态文明要求的目标体系、考核办法、奖惩机制，自然资源产权、用途管制、生态红线、有偿使

① 习近平：《在十八届中央政治局第六次集体学习时的讲话》，新华社，2013 年 5 月 24 日。

用、生态补偿、管理体制等制度和机制建设不断完善、强化和突显，生态文明体制改革“四梁八柱”整体建立，成效逐步显现。

总体来说，新时代生态文明建设的制度建设需要着力在以下方面加速发展、取得实效：一是加快健全自然资源资产产权制度和用途管制制度，划定生态保护红线，推进建立“自然资产负债表”，为树立“自然价值和自然资本的理念”提供根本的法律依据和制度保障；二是明确“多规合一”的空间规划制度，对土地利用、城市建设、产业布局、污染控制、生态保护等多项内容进行一体化规划；三是加快建立生态补偿机制及生态补偿财政政策体系，强化全面节约制度，完善资源财富补偿功能和向社会成本的转化，为构建绿色生产和消费的法律制度构建奠定基础；四是加快构建和完善生态文明建设目标评价考核和责任追究制度，引导和督促各级党政领导干部自觉推进生态文明建设，扭转“唯 GDP 主义”，形成生态文明治理体系下的新政绩观；五是加快建立生态环境损害评估体系，深入推进全国生态环境损害赔偿制度改革，树立“环境有价、损害担责”的理念，为生态修复等工作提供重要支撑。

## 三、生态环境保护和生态文明建设取得历史性成就

### （一）生态文明建设领域全面深化改革取得重大突破，系统完整的生态文明制度体系加速形成

党中央加强党对生态文明工作的全面领导，从思想、法律、体制、组织、作风上全面发力，更好加强顶层设计，完善党领导

生态文明建设的体制机制，确保党始终总揽全局、协调各方。特别是开展中央生态环境保护督察，“党政同责”“一岗双责”，运用生态文明绩效评价考核和责任追究制度，坚决查处一批破坏生态环境的重大典型案件、解决一批人民群众反映强烈的突出环境问题，对一些不作为、胡作为、乱作为，漠视生态文明建设的党政领导干部起到了震慑和警醒教育作用，使忽视生态环境保护的状况明显改变。

改革全面发力、多点突破、纵深推进，诸如自然资源资产产权制度、国土空间开发保护制度、空间规划体系、资源总量管理和全面节约制度、资源有偿使用和生态补偿制度、河湖长制、林长制等具有生态文明制度“四梁八柱”性质的体制机制全面建立，生态文明建设纳入制度化、法治化轨道，全面推动了生态文明领域国家治理体系和治理能力现代化。

## （二）绿色发展方式、生产生活方式逐步培育并渐成常态

立足新发展阶段，以新发展理念为引领，坚持高质量发展，绿色发展既是新发展理念的重要一环，也与高质量发展并驾齐驱，互为支撑。党中央要求把生态文明建设融入经济社会发展大局，坚持生态优先，绿色、低碳、循环发展。特别是把碳达峰、碳中和纳入生态文明整体布局，倒逼生产方式和发展方式转型，全社会统筹生态文明建设和经济社会发展，更加主动创新，推动经济发展质量变革、效率变革、动力变革，加快构建现代绿色产

业体系、生产体系，建设人与自然和谐共生现代化经济体系。我国走出了一条不以牺牲环境为代价的绿色现代化新道路，实现了越保护越发展，越发展越保护的绿水青山就是金山银山的双向竞合机制。

我们更加注重一个14亿多人口大国的生活方式绿色转向问题，倡导简约适度、绿色低碳的生活方式，开展垃圾分类，反对奢侈浪费和不合理消费。节约型机关、绿色家庭、绿色学校、绿色社区和绿色出行等，已成为人民群众重要的价值理念和行为范式。

### （三）主体功能区制度逐步健全，生态环境治理明显加强，环境状况显著改善

党中央组织实施主体功能区战略，将生态功能极重要区域、自然保护地、生态极敏感脆弱区域以及具有潜在重要生态价值的区域划入生态红线；建设国家生态文明试验区，建立以国家公园为主体的自然保护地体系，生物多样性保护成效显现；开展基于流域的生态文明建设，稳步推进长江经济带发展、黄河流域生态保护和高质量发展等重大国家战略实施，加强大江大河和重要湖泊湿地及海岸带生态保护和系统治理，加大了海洋生态文明建设力度；等等。这些战略性举措使国土空间格局极大优化，生态系统循环能力极大增强，有效地维护了生态平衡。

以改善生态环境质量为核心，党中央坚决打赢环境污染防治攻坚战，深入实施大气、水、土壤污染防治三大行动计划，打好

蓝天、碧水、净土保卫战，集中攻克老百姓身边的突出生态环境问题，使环境质量明显改善，人民群众感同身受。

## （四）在应对气候变化的国际合作中体现中国方案和中国智慧

党中央始终以大国思维、全球视野、国际眼光推动人与自然生命共同体建设，并基于此构建和促进人类命运共同体。从联合国巴黎气候大会提出的《巴黎协定》四点建议到G20杭州峰会达成《二十国集团落实2030年可持续发展议程行动计划》；从“一带一路”到“绿色一带一路”；从联合国生物多样性峰会上提出“人与自然是命运共同体”到第七十五届联合国大会宣布“双碳”目标，再到气候领导人峰会上再度倡导“共同构建人与自然生命共同体”；从第七十六届联合国大会强调坚持人与自然和谐共生、完善全球环境治理到《生物多样性公约》第十五次缔约方大会阐述地球生命共同体理念，再到绿色北京冬奥会，中国的生态文明建设已经完全进入了全球和世界的大视野、大舞台，中国作为全球生态文明建设重要参与者、贡献者、引领者的实际行动和成效有目共睹。目前，中国已批准实施30多项与生态环境有关的多边公约或议定书，在应对气候变化、生物多样性丧失等全球生态环境挑战中发挥了巨大的引领作用，维护了发展中国家整体利益，使环境外交成为中国特色大国外交的鲜明特色。

可以说，新时代中国生态文明建设，在习近平生态文明思想的国际话语和全球语境中，既为全球可持续发展提供了中国智慧、中国方案作出了中国贡献，也开辟了人与自然和谐共生的现代化新道路，推动和促进人类文明新形态的发展和完善。

## 四、新征程的生态文明建设战略重点和历史任务

### （一）把碳达峰、碳中和纳入生态文明建设总体布局

坚持绿色发展、低碳发展已经成为关系我国和世界百年发展之大变局的战略选择。从世界眼光和发展大势看，走绿色低碳之路也是世界发展的大势。2020 年 9 月，习近平主席在第七十五届联合国大会一般性辩论上的讲话提出，中国将提高国家自主贡献力度，“二氧化碳排放力争于 2030 年前达到峰值，努力争取 2060 年前实现碳中和”；2021 年 3 月 15 日，习近平总书记在主持召开中央财经委员会第九次会议时发表重要讲话指出，实现碳达峰、碳中和是一场广泛而深刻的经济社会系统性变革，要把碳达峰、碳中和纳入生态文明建设整体布局。

另外，我们必须看到，碳空间是世界性的公共物品，具有极强的外部性。一国减排，全球受益。一国透支，世界遭殃。同样的碳中和目标，发达国家与发展中国家的责任与义务有着巨大差别。在碳中和行动中，如何克服“吃大锅饭”和“平均主义”？如何调动发达国家加大资金与技术投入？发达国家怎样切实加大向发展中国家提供资金、技术、能力建设的支持力度？如何降低全球碳减排成本、提高碳中和效益与福利？这些问题亟待一套基

于多边主义的制度、秩序与机制，通过多方对话、平等协商来解决。我国作为世界上最大的发展中国家，面向 2030 年、2060 年两个历史时空维度，将完成全球最高碳排放强度降幅，用全球历史上最短的时间实现从碳达峰到碳中和，历史任务还很繁重。可以说，不论是我国的生态文明建设，还是经济社会发展，都进入了全球视野下的以降碳为重点战略方向的新时代。面向第二个百年奋斗目标新征程的中国生态文明建设，要理解三个布局：一是生态文明建设在“五位一体”中国特色社会主义总体布局中的布局；二是碳达峰、碳中和纳入生态文明战略布局中的布局；三是中国生态文明建设，中国的碳达峰、碳中和在应对全球气候变化、建设清洁美丽世界布局中的布局。必须统筹国内国际，把协同推进降碳、减污、扩绿、增长作为促进经济社会发展全面绿色转型的总抓手，全面推动绿色发展，建设和实现人与自然和谐共生的现代化。

### （二）建设和实现人与自然和谐共生的现代化是走向第二个百年奋斗目标历史征程的根本要求

生态文明建设在实现中华民族伟大复兴的历史性战略下，不是选择项，而是必须完成的时代答卷。从现在起到 2035 年，从 2035 年到 21 世纪中叶，是党确定的实现第二个百年奋斗目标分两个阶段推进的战略安排。第一个阶段目标是基本实现社会主义现代化，“生态环境根本好转，美丽中国目标基本实现”[①]；第二个

① 习近平：《决胜全面建成小康社会　夺取新时代中国特色社会主义伟大胜利——在中国共产党第十九次全国代表大会上的报告》，人民出版社 2017 年版。

阶段就是在基本实现现代化的基础上，把我国建设成为富强民主文明和谐美丽的社会主义现代化强国。到那时，“我国物质文明、政治文明、精神文明、社会文明、生态文明将全面提升”①。基于此，生态文明建设是建设美丽中国、实现富强民主文明和谐美丽社会主义现代化强国的内在特征。

与此同时，必须十分清醒地认识到，面向2030年、2060年碳达峰、碳中和发展愿景，生态文明建设，根本路径在于生态化、绿色化的经济发展方式、生产方式和产业结构，贯穿始终的主线就是坚持高质量发展，核心理念在于创新、协调、绿色、开放、共享的新发展理念。习近平总书记指出，“加强生态文明建设，是推动经济社会高质量发展的必然要求”②，“必须强调的是，新时代新阶段的发展必须贯彻新发展理念，必须是高质量发展”③。也就是说，我国经济社会发展进入新发展阶段、贯彻新发展理念、构建新发展格局的理论逻辑、历史逻辑、现实逻辑，已经成为建设人与自然和谐共生的现代化的新认识。总之，人与自然和谐共生的现代化是在新时代和新发展阶段，面向第二个百年奋斗目标征程中我国经济社会发展全面绿色转型的理论与实践的升华，是中国式现代化新的内涵，是中国式现代化道路的新道路，是社会主义现代化强国的底色、前提和襁褓。

---

① 习近平：《决胜全面建成小康社会 夺取新时代中国特色社会主义伟大胜利——在中国共产党第十九次全国代表大会上的报告》，人民出版社2017年版。

②《习近平在江苏考察时强调：贯彻新发展理念构建新发展格局，推动经济社会高质量发展可持续发展》，《人民日报》2020年11月15日。

③《习近平在省部级主要领导干部学习贯彻党的十九届五中全会精神研讨班开班式上发表的重要讲话：深入学习贯彻党的十九届五中全会精神，确保全面建设社会主义现代化国家开好局》，《人民日报》2021年1月12日。

## （三）建设清洁美丽世界，构建人类命运共同体

坚持共商共建共享的全球治理观。习近平总书记指出，这个世界，各国相互联系、相互依存的程度空前加深，人类生活在同一个地球村里，生活在历史和现实交汇的同一个时空里，越来越成为你中有我、我中有你的命运共同体。国家不分大小、贫富、强弱，都是国际社会的平等成员，都要通过充分协商形成全球治理体系变革方案的共识。我国秉持共商共建共享的全球治理观，积极参与全球治理体系改革和建设。强调坚持共同原则，一是要坚定维护以联合国为核心的国际体系，坚定维护以国际法为基础的国际秩序，坚定维护联合国在国际事务中的核心作用。迄今已有 193 个国家加入联合国这一最具普遍性、代表性、权威性的国际组织，它也是世界各国共同制定国际规则、共同治理全球事务、共同分享发展成果的世界平台。二是坚持一荣俱荣、一损俱损的命运共同体意识。2019—2020 年，持续数月的澳大利亚山火，释放出约 2.5 亿吨二氧化碳，相当于 2018 年澳大利亚温室气体排放量的一半；近年来，日本政府将福岛第一核电站的废水排入海里，遭到了世界各方强烈反对。这种为了一己私利，将全人类健康利益置之不理的掩耳盗铃、一排了之的做法，再次凸显出携手构建命运与共美好未来何等艰巨，今天的世界并不太平。习近平总书记指出，任何国家都不能从别国的困难中谋取利益，从他国的动荡中收获稳定。如果以邻为壑、隔岸观火，别国的威胁迟早会变成自己的挑战。唯有携手合作，我们才能有效应对气候变化、海洋污染、生物保护等全球性环境问题，实现联合国

2030年可持续发展目标。

**恪守共同但有区别的责任原则，为发展中国家特别是小岛屿国家提供更多帮助。**习近平总书记多次指出，应对气候变化是中国可持续发展的内在要求，也是负责任大国应尽的国际义务，这不是别人要我们做，而是我们自己要做。对于绝大多数发展中国家来说，解决生存和发展问题依然是历史性的任务。早在1972年6月，《联合国人类环境会议宣言》就指出：在发展中国家，多数的环境问题，是发展不足造成的。因此，发展中国家必须致力于发展。我们今天提出生态文明建设，做全球生态文明建设的参与者、贡献者和引领者，实质上涉及文化、价值观念、经济、政治制度、社会环境、产业体系等方方面面的社会绿色转型。这一系列革命性变革，既是发展中的问题，也需要在发展过程中逐步解决。因此，中国彰显大国地位和大国担当，在实现第二个百年奋斗目标新征程中，要形成新的话语引领，尤其要坚持公平公正惠益分享，照顾发展中国家资金、技术、能力建设方面的关切；恪守共同但有区别的责任原则，为发展中国家特别是小岛屿国家提供更多帮助。要动员发达国家切实帮助发展中国家提高应对气候变化的能力和韧性，不能设置绿色贸易壁垒，要实实在在为发展中国家提供资金、技术、能力建设等方面支持；要反对个别发达国家不负责任地动辄"退群"，对别国横加干涉，以强权政治思维使自己向世界的承诺最后沦为一句空话。

第十讲

# 新时代国防和军队建设

熊杏林　周俊杰

党的十八大以来，习近平总书记在引领推进新时代中国特色社会主义的历史进程中，着眼于实现中华民族伟大复兴的中国梦，高度重视全面加强国防和军队建设，带领全军自我革新、经略进取，人民军队实现整体性革命性重塑、重整行装再出发，国防实力和经济实力同步提升，一体化国家战略体系和能力加快构建，军政军民团结更加巩固，广大官兵坚决履行新时代使命任务，以顽强斗争精神和实际行动捍卫了国家主权、安全、发展利益。全面推进新时代强军事业，我们党在实践上大踏步向前，中国特色强军之路越走越宽广；在理论上与时俱进，创立形成习近平强军思想，开拓了当代中国马克思主义军事理论和军事实践发展的新境界。

## 一、国防和军队建设进入了新时代

对时代的科学定位，是我们党制定基本方略、基本路线的前提。每当重要历史关头，准确判断“我们在哪里、要往哪里去”，对于把党的事业胜利推向前进至为关键。习近平总书记强调指出：“中国特色社会主义进入了新时代，国防和军队建设也进入了新时代。”这一重大政治性判断，深刻把握世界百年未有之大变局、我国由大向强发展的时与势，深刻反映我国安全环境的深刻变化、强国强军的时代要求，是对新时代强军历史方位的准确揭示，为推进新时代强军事业提供了基本依据。

## （一）当今世界正经历百年未有之大变局

进入新时代，世界形势面临新的转折，国际格局加速演变，国际治理体系深刻变革，国际力量对比发生近代以来最具革命性的变化。具体来说，和平与发展的时代主题没有变，世界多极化、经济全球化发展的大趋势没有变，国际力量对比总体上有利于保持世界和平的大环境没有变，但国际经济、科技、文化、安全、政治等格局都在发生深刻调整。特别是近年来，新冠疫情助推大变局加速演进，俄乌冲突引发各主要力量战略角力，西方大国之间、西方大国同新兴发展中大国之间、新兴发展中大国之间的关系发生新变化，地缘战略冲突不断、危局乱局加深，全球战略稳定遭受冲击，世界进入动荡变革期，处于新旧格局转换、新旧秩序更迭、新旧体系更替的关键时刻。"世界正经历百年未有之大变局"，是党中央对国际形势作出的重要论断。

世界大变局表面看是力量之变、格局之变、体制之变，背后是利益之争、道路之争、制度之争。一是东升西降的国际格局正在显现。当前，美西方掌控全球重大事务能力持续减弱，新兴大国对世界和地区事务话语权逐步增大，几个西方国家凑在一起就能决定世界大事的时代一去不复返了。我国发展壮大是推动国际格局调整和全球治理体系变革最重要的一个因素，经济总量站上 120 万亿元的历史新台阶，经济增速在世界前五大经济体中居首位。据国际货币基金组织《世界经济展望》预测，在 2030 年左右，中国经济总量将超过美国，成为世界第一。二是大国竞争的博弈时代正在回归。冷战结束后，美苏争霸的两极格局轰然倒塌，世界保持一超独霸的局面。现在，各主要力量之间斗争加剧，世界重回大国竞争时代。美国兰德公司报告认为，“世界已经进入国际竞争时代，且会全方位长期延续，中美战略竞争将主导其走势”。在新的战略平衡未建立之前，世界将经历动荡调整的过程，战略失衡失序的风险将会加剧。三是亚太地区的地缘角力正在升温。放眼世界，亚太、东欧、中东是大国地缘竞逐的热点地区。东欧和中东问题是冷战遗产，一个时期以来格鲁吉亚、乌克兰、叙利亚的动荡冲突，其根源就是大国搞地缘角力。随着中国等新兴市场国家快速崛起，全球地缘战略中心正由欧洲大西洋地区向亚洲太平洋地区转移，这是自地理大发现以来世界地缘格局的一次重大变化。从奥巴马“亚太再平衡”到特朗普和拜登“印太战略”，表明美国正在将其战略重心向亚太聚焦。四是发展模式的较量态势正在转变。资本主义社会深层次矛盾问题难以根本克服，一些西方国家社会对立、贫富分化、政治极化加剧，美国的“国会山沦陷事件”“占领华尔街运动”，法国的“黄背心运动”，都表明民众对统治集团失望至极。与此形成鲜明对比的是，中国特色社会主义优越性日益彰显，给世界上那些既希望加快发展又希望保持自身独立性的国家提供了全新选择。中国模式引起美西方恐慌，他们从骨子里不愿意看到社会主义中国“风景这边独好”。近年来，美国多家智库推出报告，声称中国对美西方价值观“构成最大威胁”，鼓动美制定实施“全政府对华战略”。发展模式之争，折射出两种制度、两种意识形态的斗争，且将随着我国强起来更趋激烈。

## （二）我国安全形势正在发生新的深刻变化

大变局带来大机遇，也带来大挑战。机遇和挑战并存，机遇越大、挑战就越大。近年来百年变局和世纪疫情交织叠加，全球动荡源和风险点增多，天下很不太平，国际竞争的“丛林法则”仍然没有改变，霸权主义、强权政治和新干涉主义有所上升，世界范围内领土主权争端、大国地缘竞争、军事安全较量、民族宗教矛盾等问题更加凸显，保护主义、民粹主义、狭隘民族主义升温，地区热点问题此起彼伏，军备竞争、恐怖主义、网络安全等传统安全威胁和非传统安全威胁相互传导影响，导致局部动荡频繁发生，和平发展道路坎坷不平。综合分析，世界依然面临着现实的和潜在的战争威胁，世界形势急剧变化增大了我国安全的不稳定性和不确定性，我国安全和发展的国际因素更加复杂，我们将面对更多逆风逆水的外部环境。

随着我国实现第一个百年奋斗目标，我国由大向强发展进入关键阶段。习近平总书记深刻把握世界大势和我国发展的阶段性特点，着眼强国谋划强军、着眼复兴谋划打赢，前瞻运筹富国与强军，反复强调要充分认识我国面临的一系列重大风险和挑战。以国家安全为例，在四个方面尤需警惕：一是“颜色革命”的深切忧患。美西方从来没有停止对我国进行渗透破坏颠覆活动，实施西化、分化战略和“政治转基因工程”，利用互联网大肆炒作社会问题，炮制妖魔化、污名化中国的政治谣言，极为离谱地鼓吹中美“文明冲突论”。西方敌对势力加紧对我国进行意识形态攻势，公然宣称要搞垮中国还要加上“四化”，就是让中国高层领导形象丑化、马列主义信仰虚化、干部队伍腐化、民众政治意识淡化。我们同西方敌对势力之间渗透和反渗透、破坏和反破坏、颠覆和反颠覆的斗争是长期的、复杂的，有时甚至是尖锐的。军队在政治安全这个根本问题上具有特殊重要作用，关键时刻必须靠得住、顶得上，坚决维护国家政权安全、制度安全，巩固党的长期执政地位，保证社会主义红色江山永不变色。二是国家被分裂的深切忧患。两岸关系发展面临方向抉择，影响台海局势稳定的根源始终存在，“台独”势力分裂祖国的危险始终存在。台湾当局拒不承认“九二共识”，顽固坚持“台独”立场，挟洋自重、倚美拒统动作不断。美国政府签署《亚洲再保证倡议法》，美众议院通过“台湾保证法”、“重新确认美国对台及对执行台湾关系法承诺”决议案，涉及对台军售、鼓励美高官访台等，实质性提升美台关系，加快实施“以台制华”战略，大打“台湾牌”。“港独”等分裂势力蠢蠢欲动，既相互合流借力，又与国际敌对势力遥相呼应。三是周边生乱生战的深切忧患。我国周边多是大国竞争、文明交汇、利益冲突的焦点地带，是中美战略博弈的前沿地带。美国为强化对亚太地区的战略控制，先后推行和实施“亚太再平衡”战略、“印太战略”和对华“脱钩”，不断插手介入地区热点问题，对华遏制和强硬的一面更加突出。特别是美国处心积虑地在我周边投棋布子、寻衅滋事，周边一些国家倚美傍美、妄图渔利，地区热点升温、燃点降低，战略稳定格局受到现实和潜在冲击。军队必须加强周边管控，切实把家门口稳住。四是海外利益安全的深切忧患。随着国家推进全方位对外开放，“一带一路”建设深入实施，“走出去”的深度、广度、节奏前所未有，国际市场、海外能源资源、战略通道和资产安全以及海外机构、人员面临的恐怖袭击风险明显上升，维护国家安全和发展利益的压力增大。近年来，我驻吉尔吉斯斯坦大使馆遭受恐怖袭击，华为高管被非法拘押，等等。一系列事件警示我们，国家利益拓展到哪里，安全保障就必须跟进到哪里。我国组织军舰和飞机投入利比亚、乌克兰和苏丹撤侨行动，引起国内外舆论强烈反响，也体现了亿万民众对人民军队保护海外利益的热切期盼。

当前，世纪大疫情的影响仍在显现，我国的国家安全和社会安定面临的危险和挑战进一步增多，维护国家统一和社会稳定的任务更加艰巨繁重。尤其要看到，我国正处在改革攻坚期和矛盾凸显期，作用力和反作用力、正能量和负能量是一个问题的两个方面。西方国家完成工业化用了两三百年的时间，我们几十年就基本走完了。西方国家用两三百年释放能量化解矛盾，是一个缓释的过程，但我国的社会矛盾是急剧释放的，这里边产生的冲击力可想而知。现在，经济社会变革、利益关系变化、社会格局调整的速度、广度、深度前所未有，转方式、调结构力度也前所未有，一些社会矛盾特别是热点敏感问题诱因多样化，燃点低、爆点多，维护社会大局稳定压力增大。现实世界安全和虚拟世界安全相互影响，互联网成为舆论斗争、认知对抗的主战场，敌对势力把互联网、手机等新兴媒体作为寻衅滋事和扩散升级社会矛盾的重要渠道。这些都给我们维护国家政治安全和社会稳定增加了新的难度。

## （三）军事技术和战争形态出现革命性变化

在当今世界百年未有之大变局中，军事领域发展变化广泛而深刻，是世界大发展、大变革、大调整的重要内容之一。这场军事领域发展变化，以信息化、智能化为核心，以军事战略、军事技术、作战思想、作战力量、组织体制和军事管理创新为基本内容，以重塑军事体系为主要目标，正在推动新军事革命深入发展，其速度之快、范围之广、程度之深、影响之大，为第二次世界大战结束以来所罕见。军事技术和战争形态的革命性变化，对我军提出了严峻挑战，也提供了难得机遇。千帆竞渡，时不我待。我们必须以强烈的科技敏感性认知力，紧跟世界军事发展潮流，始终站在时代前沿、军事前沿、技术前沿加紧推进改革。

当前，新一轮科技革命和产业变革正在孕育兴起，信息技术、生物技术、新能源技术、新材料技术等战略高新技术日新月异，军事电子信息技术快速发展，纳米技术、临近空间技术、高超声速技术不断突破，新概念武器向实战化方向发展，武器装备远程精确化、智能化、隐身化、无人化趋势明显，战场不断从传统空间向新兴领域拓展，高超声速武器将从根本上改变传统的战争时空观念，战争形态加速由机械化向信息化演变。太空和网络攻防技术成为军事竞争新的制高点，网络空间安全很容易成为国家安全的“阿喀琉斯之踵”。特别是从纳卡冲突、俄乌冲突等世界上近几场局部战争和军事行动看，现代战争信息化程度不断提高，智能化特征日益显现，各类无人作战系统大量投入实战，战争制胜观念、制胜要素、制胜方式都在发生重大变化。

世界新军事革命直接影响着国家的军事实力和综合国力，本质是争夺战略主动权。面对风起云涌的军事革命浪潮，世界各主要国家纷纷加大投入和布局，及时调整安全战略、军事战略，加快智能化军事体系建设，调整军队组织形态，积极抢占军事竞争战略制高点。美军在总结反思近几场局部战争经验教训基础上推动“二次转型”，加紧实施“第三次抵消战略”，着眼打高端战争、混合战争，不遗余力地进行军事技术和体制创新。俄罗斯围绕建设“职业化、常备化、精干化”军队，深入推进“新面貌”军事改革，提出“创新型军队”建设理论，着力打造信息化新型军事力量。英国、法国、德国、日本、印度等大国也不断采取新的重大军事举措。围绕谋取军事优势地位、争夺军事战略主动权的国际竞争进一步加剧。世界新军事革命加速发展的趋势给我国加强国防和军队建设提供了难得的历史机遇，同时也提出了严峻挑战。机遇稍纵即逝，抓住了就能乘势而上，实现弯道超车或换道超车，抓不住就可能错过整整一个时代以致形成新的代差，而军事上的落后一旦形成，对国家安全的影响将是致命的。

## 二、新时代国防和军队建设的科学指南

人民军队之所以不断发展壮大，关键在于始终坚持先进军事

理论的指导。党的十八大以来，以习近平同志为核心的党中央紧紧围绕新时代建设一支什么样的强大人民军队、怎样建设强大人民军队，提出一系列新的重大判断、新的理论概括、新的战略安排，形成了习近平强军思想这一引领性标志性的军事理论成就。党的十九大确立习近平强军思想在国防和军队建设中的指导地位，并郑重写入党章。党的二十大站在新的起点上，科学擘画中国式现代化之强军路径，历史性地深化拓展了习近平强军思想。习近平强军思想是习近平新时代中国特色社会主义思想的重要组成部分，是党的军事指导理论与时俱进的最新成果，是坚持走中国特色强军之路、全面推进新时代国防和军队建设的科学指南。

### （一）习近平强军思想的主要内容

思想因其丰富而成体系，理论因其科学而具魅力。在引领强国强军的伟大实践中，我们党的军事指导理论创新步伐一刻也没停止。习近平强军思想从创立形成到逐步发展完善，构建起了一个内涵丰富、系统完整、逻辑严密的科学军事理论体系。

习近平总书记在军队一次重要会议上亲自把强军思想主要内容概括为“十一个明确”。即习近平强军思想，明确党对军队绝对领导是人民军队建军之本、强军之魂，必须全面加强军队党的领导和党的建设，贯彻党领导军队的一系列根本原则和制度，确保部队绝对忠诚、绝对纯洁、绝对可靠；明确强国必须强军，巩固国防和强大人民军队是新时代坚持和发展中国特色社会主义、实现中华民族伟大复兴的战略支撑，人民军队必须有效履行新时代使命任务；明确党在新时代的强军目标是建设一支听党指挥、能打胜仗、作风优良的人民军队，到 2027 年实现建军一百年奋斗目标，到 2035 年基本实现国防和军队现代化，到本世纪中叶把人民军队建成世界一流军队；明确军队是要准备打仗的，必须聚焦能打仗、打胜仗，扭住强敌对手，创新军事战略指导，发展人民战争战略战术，全面加强练兵备战，坚定灵活开展军事斗争，有效塑造态势、管控危机、遏制战略、打赢战争；明确推进强军事业必须坚持政治建军、改革强军、科技强军、人才强军、依法治军，坚持边斗争、边备战、边建设，更加注重聚焦实战、创新驱动、体系建设、集约高效、军民融合，加强军事治理，推动高质量发展，全面提高革命化现代化正规化水平；明确改革是强军的必由之路，必须推进军队组织形态现代化，构建中国特色现代军事力量体系，完善中国特色社会主义军事制度；明确科技是核心战斗力，必须坚持自主创新战略基点，推进高水平科技自立自强，统筹推进军事理论、技术、组织、管理、文化等各方面创新，建设创新型人民军队；明确强军之道要在得人，必须贯彻新时代军事教育方针，推动军事人员能力素质、结构布局、开发管理全面转型升级，锻造德才兼备的高素质、专业化新型军事人才；明确依法治军是我们党建军治军的基本方式，必须构建中国特色军事法治体系，推动治军方式根本性转变，提高国防和军队建设法治化水平；明确军民融合发展是兴国之举、强军之策，必须巩固提高一体化国家战略体系和能力；明确作风优良是我军鲜明特色和政治优势，必须全面从严治党、全面从严治军，全面锻造过硬基层，坚定不移正风肃纪反腐，大力弘扬我党我军光荣传统和优良作风，永葆人民军队性质、宗旨、本色。

习近平强军思想的主要内容凝结着我们党领导和建设人民军队的智慧经验，凝结着党的十八大以来国防和军队建设认识和实践成果的升华，体现了理论逻辑、历史逻辑、实践逻辑的有机统一。“十一个明确”的立意鲜明，每个明确的内涵集中。“十一个明确”紧扣强军兴军的主题依次展开、相辅相成。一是涵盖军队建设、改革和军事斗争准备各个方面。对革命化、现代化、正规化建设等内容，指挥、建设、管理、监督等链条，联合作战、政治工作、后勤保障、军事训练、纪检监察等领域，作出全面部署。二是贯穿军事力量建设和运用全过程。从军事力量建设的目标、任务、理念到具体建设步骤、举措、途径，从军事力量运用的战略方针、战略设计、战略布局到运用方式、作战样式、基本战法等，形成了完整的思想链条。三是统一于强国强军伟大实践。以宏大的格局视野，统筹国内和国际两个大局、发展和安全两件大事、经济和国防两大领域，强国、强军、一流、胜战全盘筹划、系统推进。

从率先提出的强军梦，再到深刻阐发各方面各领域的重大思想观点，习近平强军思想包含着一系列具有原创性的新理念新思想新战略。比如中国特色社会主义进入新时代，国防和军队建设也进入新时代；党在新时代的强军目标是建设一支听党指挥、能打胜仗、作风优良的人民军队，把人民军队建设成为世界一流军队；全面推进军事理论现代化、军队组织形态现代化、军事人员现代化、武器装备现代化，加快机械化、信息化、智能化融合发展，推动军队高质量发展；坚持和完善党对人民军队的绝对领导制度，全面加强党的领导和党的建设；加强体系化练兵备战，坚定灵活开展军事斗争，全面提高新时代备战打仗能力，有效塑造态势、管控危机、遏制战争、打赢战争；坚持政治建军、改革强军、科技强军、人才强军、依法治军，全面提高革命化、现代化、正规化水平；充分发挥政治工作对强军兴军的生命线作用，把理想信念、党性原则、战斗力标准、政治工作威信四个带根本性的东西立起来；全面实施改革强军战略，构建中国特色现代军事力量体系；科技是核心战斗力，建设创新型人民军队；贯彻新时代军事教育方针，培养德才兼备的高素质、专业化新型军事人才；全面加强军事治理，构建中国特色军事法治体系，推动治军方式根本性转变；按照打仗要求建后勤、用后勤，建设联合、精干、高效的后勤；设计武器装备就是设计未来战争，加快构建适应信息化战争和履行使命要求的武器装备体系；依靠基层、建强基层这一条永远不能丢，全面锻造过硬基层；军队是拿枪杆子的，军中绝不能有腐败分子藏身之地；等等。这些重大思想观点紧密相连、相互贯通，以全新的视野深化我们党对国防和军队建设规律、军事斗争准备规律、现代战争指导规律的认识，引领我们打开新的认识空间、实践空间。

### （二）习近平强军思想的立场观点方法

科学理论无不闪耀着哲学智慧，给人以方法论启迪。习近平强军思想深刻揭示新时代人民军队的强军胜战之道，是军事领域坚持和运用辩证唯物主义和历史唯物主义的光辉典范。习近平总书记深刻指出："毛泽东思想活的灵魂是贯穿其中的立场、观点、方法。"习近平强军思想活的灵魂，同样是贯穿其中的立场观点方法。

习近平强军思想深化我们党对军事领域一些基本问题的规律性认识，蕴含着当代中国马克思主义军事观和方法论，主要体现为"五个坚持"：一是坚持政治引领。强调军事服从政治，政治性是军队的本质属性。我军是执行党的政治任务的武装集团，必须毫不动摇坚持党对军队的绝对领导，全心全意为人民服务，始终从政治高度思考和处理军事问题，忠实履行党和人民赋予的使命任务，永远听党话、跟党走，永远做人民子弟兵。二是坚持以武止戈。强调能战方能言和，准备打才可能不必打，越不能打越可能挨打。对可能发生的战争风险要宁可信其有、不可信其无，把军事斗争准备建立在最复杂、最困难情况的基础上，随时准备打仗，立足现有条件打仗，不打无准备无把握之仗，有力慑止战争，坚决打赢战争。三是坚持积极进取。强调军事领域是竞争最为激烈的领域，积极进取才能掌握先机和主动。要坚持以我为主，从实际出发，充分发挥自觉能动性，因势而谋，应势而动，顺势而为，善于下先手棋、打主动仗，善于危中寻机、化危为机，力争主动、力避被动，在稳当可靠基础上争取一切可能的胜利。四是坚持统筹兼顾。强调军事实践充满各种复杂矛盾运动，把握关联性、驾驭复杂性是推动军事发展的基本要求。要贯彻总体国家安全观，统筹经济建设和国防建设，统筹军事斗争和其他方面斗争，统筹战建备重大任务，以重点突破带动整体推进，以协调联动提高综合效能。五是坚持敢打必胜。强调战争是物质的较量，也是精神的比拼。胜利的信念是在斗争中取得的，强军事业是在斗争中前进的。要发扬一不怕苦、二不怕死的战斗精神，敢于战胜一切困难，敢于压到一切敌人，善于根据斗争目的选择合理斗争方式，把握好斗争时、度、效，依靠顽强斗争打开新天地。

## （三）习近平强军思想的重大意义

习近平强军思想，坚持继承传统与开拓创新的统一、重点突破与整体变革的统一、理论创新与实践创造的统一，在马克思主义军事理论中国化进程中，在党的军事指导理论创新发展中，在我们党治国理政实践中，承载丰富厚重，意义重大深远。

高举马克思主义精神旗帜，开辟了加强政治引领的新境界。习近平总书记坚持以马克思主义为指导，观察思考当代中国军事实践，在理论上拓展新视野、作出新概括，推动实现了马克思主义军事理论中国化时代化的新飞跃。习近平强军思想以一系列富有时代性、创造性、战略性的论断，正本清源、固本培元、立旗定向，具有强大的真理魅力和实践威力，集中体现了党的意志和主张，反映了党和人民对我军的时代要求，指明了军队建设的正确政治方向。党的十九大坚持党的性质和军队性质、党的主张和军队意志高度统一，确立习近平强军思想在国防和军队建设中的指导地位，并郑重写入党章，得到全军高度认同、真诚信仰、坚定追随。在当代中国，坚持习近平强军思想就是坚持马克思主义军事理论。有了习近平强军思想这面旗帜的政治引领，全军官兵就有了最为宝贵的政治滋养和坚不可摧的精神支柱，就有了维护核心、看齐追随的标识基准，人民军队向前进就有方向、有信心、有力量，精神上完全占据了主动。

丰厚理论创新的源与流，开辟了马克思主义军事理论中国化的新境界。习近平强军思想坚守马克思主义建军原理的“根”和“魂”，与毛泽东军事思想、邓小平新时期军队建设思想、江泽民国防和军队建设思想、胡锦涛国防和军队建设思想同源同脉、渊源深厚，是马克思主义军事理论宝库中新的瑰宝，是21世纪最鲜活的马克思主义军事理论。习近平强军思想不忘本来、吸收外来、面向未来，充分汲取中国传统军事思想文化精华，科学扬弃现代军事理论优秀成果，在各领域、各方面、各层次提出许多新的创见。比如，强调把四个带根本性的东西立起来，培养“四有”新时代革命军人，锻造“四铁”过硬部队，科学技术是核心战斗力，建设创新型人民军队，设计武器装备就是设计未来战争，全面推进军事理论现代化、军队组织形态现代化、军事人员现代化、武器装备现代化，打造具有中国特色和国际视野的军事学术话语体系，等等。这些新思想、新观点、新论断、新要求把我们党对国防和军队建设规律、军事斗争准备规律、现代战争指导规律的认识提升到新高度。

打通知与行的界限，开辟了当代中国军事实践发展的新境界。习近平强军思想贯穿马克思主义的实践标准、党的实事求是思想路线、理论联系实际的科学精神和学风，为强军事业开拓前行提供了思维方法和解题之钥。习近平总书记建军治军，以问题破障开路，理乱驭繁、大破大立，从纠治“四风”、开展“四个整顿”到全面彻底肃清郭、徐流毒影响，从提出“胜战之问”到向“和平积弊”开刀，从突破观念障碍、利益藩篱到破除体制机制弊端，从红脸出汗、清疮祛疤到革弊鼎新等。这些都把知与行、说和做、发现问题与解决问题有机统一起来，干成了许多过去想干但一直没有干成的事情。习近平强军思想瞄着问题去，追着问题走，善于从复杂问题中把握规律性、发现倾向性、揭示必然性，蕴含着唯物辩证法的思想精髓，是对矛盾论的创造性运用、实践论的创新性发展。新时代，中国特色强军之路上迈出坚定步伐，军事斗争取得历史性成效，军事改革实现了历史性突破，军队建设实现了历史性跨越，根本在于习近平主席的坚强领导，在于习近平强军思想的科学指引。

既指导了我军又启迪了世界，开辟了发展中国家建军治军强军的新境界。面对不确定的世界形势、复杂的矛盾问题、巨大的风险挑战，习近平总书记深刻总结应对世界军事革命、实现国防和军队现代化的基本规律，引领我军全力扭转近代以来落后挨打的局面，坚定不移地走中国特色强军之路，全速奔跑在现代化赛道上，实现了从跟跑到并跑、领跑的转变。特别是新时代，中国建设巩固国防和强大军队，用实际行动和担当守护世界和平稳定，成为推动世界发展的正能量、国际公共安全产品的提供者、人类社会进步的推动者，打破了“国强必霸”的野蛮逻辑，展现出中国文化特有的军事哲学，刷新了人们对国际秩序的理解和认知，为发展中国家如何在发展中管控各方面风险与处理各方面矛盾提供了中国智慧，为世界其他国家如何在国际国内形势深度调整中发挥军队“压舱石”作用提供了中国经验，为世界各国正确运用军事力量、推动世界和平与地区稳定提供了中国方案。习近平强军思想坚持中华军事文明的主体性，着力把中国军队现代化的积极探索和宝贵经验加以理论化、系统化，构建了坚持马克思主义原则、体现独特文明特征，独立于西方话语的军事思想体系、价值体系、制度体系、战略体系，凸显了中国特有的大国风范、大国担当。

## 三、新时代国防和军队建设的历史性成就与变革

建设强大人民军队是我们党的不懈追求。《中共中央关于党的百年奋斗重大成就和历史经验的决议》在总结我们党百年奋斗历程中，回顾了人民军队在党的旗帜下前进的光辉历程，突出总结了新时代强军事业取得的不平凡成就。这是对党领导人民军队建立不朽功勋的高度褒奖，是对强国必须强军规律的深刻把握。

### （一）重整行装再出发，推动人民军队政治生态实现根本好转

习近平总书记主持中央和军委工作后，始终坚持从政治上建设和掌握军队，布全面之局、谋长远之势，引领人民军队一步步朝着世界一流坚定迈进。从政治上看，党的十八大以来习近平总书记针对一个时期我军政治生态一度恶化、面临许多沉疴积弊的问题，深刻指出，“这种状态任其发展下去，就会面临我军变

质、江山变色的严重危险”，强调“解决部队中存在的严重问题，必须从坚持党对军队的绝对领导抓起”。一是坚定不移地推进政治整训，有效地解决弱化党对军队绝对领导的突出问题。习近平总书记亲自决策在古田召开全军政治工作会议，对新时代政治建军作出全面部署，引领人民军队重树威信、重立威望，实现浴火重生。贯彻新时代党的建设总要求，召开军委党的建设会议，全面加强军队党的领导和党的建设工作，健全党领导军队的制度体系，全面深入贯彻军委主席负责制。扭住事关军队全部工作的基础，召开军委基层建设会议，锻造听党话跟党走、能打仗打胜仗、法纪严风气正的过硬基层，推动人民军队基层建设取得长足进步、长远发展的基础更加牢固。贯彻全面从严治党要求，严明政治纪律和政治规矩，严肃党内政治生活，加强领导干部教育管理监督，推动管党治党从宽松软走向严紧硬。二是坚持不懈地深化党的科学理论武装，引导官兵坚定理想信念、坚决听党指挥。在全军持续兴起理论学习热潮，坚持用习近平新时代中国特色社会主义思想武装头脑、指导实践、推动工作，坚持用习近平强军思想建军育人、固本培元。注重发挥政治工作的生命线作用，深入开展“传承红色基因、担当强军重任”等重大主题教育，构建新时代我军思想政治教育体系，拥护“两个确立”，强化“四个意识”，培养“四有”革命军人，锻造“四铁”过硬部队。三是坚持党管干部、党管人才原则，端正干部人才工作正确政治方向。提出军队好干部标准，明确新时代军事教育方针，聚焦备战打仗选干部用人才，不断匡正部队选人用人风气，纯洁巩固干部队伍特别是高级干部队伍。推进实施人才强军战略，加强军事人员现代化建设布局，深化军事人力资源政策制度改革，推动人才领域开放融合，构建新型军事人才培养体系，创新军事人力资源管理，延揽各方面优秀人才投身强军事业。四是坚定不移推进正风肃纪反腐，有效解决不正之风和腐败现象滋生蔓延的突出问题。坚持从军委自身抓起，从高级干部严起，踏石留印、抓铁有痕，下大气力整治“四风”、整肃纲纪。坚持有腐必反、有贪必肃，坚持无禁区、全覆盖、零容忍，拿出刮骨疗毒、壮士断腕的决心勇气，坚决推进军队反腐败斗争，严肃查处一批高级干部严重违纪违法案件，全面彻底肃清郭伯雄、徐才厚、房峰辉、张阳的流毒影响。积极构建权力运行制约和监督体系，强化纪检、巡视、审计监督，全面停止军队有偿服务，铲除腐败滋生土壤。通过着力整顿思想、整顿用人、整顿组织、整顿纪律，十年如一日地抓下来，使我军好传统、好作风逐步回归，党心、民心极大振奋，军心士气极大提振，集聚起强军、兴军的强大正能量。

### （二）深化国防和军队改革，人民军队实现整体性、革命性重塑

习近平总书记深刻指出：“深化国防和军队改革是实现中国梦、强军梦的时代要求，是强军兴军的必由之路，也是决定军队未来的关键一招。”进入新时代，习近平总书记坚持把深化国防和军队改革纳入全面深化改革总盘子，上升为党的意志和国家行为，亲自领导、设计和推动军队改革，并担任军队改革总设计

师、总指挥，开启我军历史上一场前所未有的整体性、革命性变革。特别是领导指挥打响“三大战役”，实现了人民军队体制一新、结构一新、格局一新、面貌一新。

第一大战役：率先实行军队领导指挥体制改革，形成军委管总、战区主战、军种主建新格局。领导管理体制和联合作战指挥体制在军队组织体制中处于主导地位，是军队管理和作战的“中枢神经”。领导管理体制决定军队组织功能，联合作战指挥体制决定军队作战效能。这两方面改革密切相关，是深化军队体制编制调整改革的着力点和突破口。经过几年来的全面重塑，改革首场战役取得了决定性标志性成就。在军委机关机构设置和职能配置上，先后调整组建军委机关职能部门，明确军委机关作为军委的参谋机关、执行机关、服务机关的职能定位，完善需求—规划—预算—执行—评估的战略管理链条，强化军委集中统一领导和战略谋划、战略管理功能；在规范权力运行制约和监督体系上，进一步增强了纪检监察、巡视巡查、审计监督、司法监督的独立性和权威性；在建立联合作战指挥体系上，先后组建军委联合作战指挥中心，重新划设五大战区，健全战区联合作战指挥机构，实现中央军委对全军部队集中统一指挥，实现诸军兵种力量联合运用；在重构军兵种领导管理体制上，先后成立陆军领导机构，将第二炮兵更名为火箭军，组建战略支援部队、联勤保障部队，形成完整的军兵种领导管理体制和新型作战力量领导体制，进一步调整武警部队领导指挥体制，改革预备役部队管理体制，确保党对全国武装力量的绝对领导。

第二大战役：扎实展开军队规模结构和力量编成改革，打造中国特色现代军事力量体系。军队规模结构和力量编成是由国家安全需求和军队使命任务决定的，是人与武器装备有机结合、生成和提高部队战斗力的关键要素。积极推进我军信息化主导的机械化信息化复合发展，进一步实现由数量规模型向质量效能型、人力密集型向科技密集型转变，提高基于信息系统的体系作战能力，必须对现有规模结构和力量编成进行调整优化。经过这场战役，我军的规模结构和力量编成进一步得到优化。在人员总体规模上，裁减了军队现役总员额30万，进一步精简机关和非战斗机构人员，大幅压减干部数量，减少领导职数，扩大文职人员规模，充实一线部队，作战部队人员总数不减反增，官兵比例明显优化，实现“瘦身”与“强体”的有机统一；在力量结构上，调整军兵种结构比例，优化军兵种、武警部队内部力量编成，大幅缩减老旧装备部队，增加战略力量和新型作战力量比重，优化不同战略方向力量配置；在编组编成上，降低合成重心，减少领导层级，打造具备多种能力和广泛作战适应性的部队，部队编成更加充实、合成、多能、灵活；在军事人才培养体系和军事科研体系上，重新调整组建军事科学院、国防大学、国防科技大学，进一步整合军队院校，重组科研机构，优化训练机构，构建了“三位一体”的新型军事人才培养体系。

第三大战役：全面实施政策制度改革，重塑中国特色社会主义军事政策制度体系。在深化国防和军队改革全局中，军事政策制度改革既是重要内容，又是重要保证，走好这一步很关键。经过不懈努力，这场战役主要在四个方面取得了实质性进展和成效：进一步健全了军队党的建设制度，完善军队党的政治建设、思想建设、组织建设、作风建设、纪律建设制度，全面规范军队党的工作和政治工作；进一步创新了军事力量运用政策制度，构建新时代军事战略体系，构建联合作战法规体系，调整完善战备制度；进一步重塑了军事力量建设政策制度，建立军官职业化制度，实行统一的文职人员制度，完善兵役制度，优化军人待遇保障制度，构建军人荣誉体系，修订制定军事训练、装备发展、后勤建设、军事科研、国防动员等方面法规；进一步完善了军事管理政策制度，创新战略管理、军费管理制度，修订出台军队基层建设、保密工作等系列法规，提高军队专业化、精细化、科学化管理水平。

### （三）全面履行使命任务，坚决捍卫国家主权、安全、发展利益

党的十八大以来，国际格局发生复杂而深刻的变化，在百年大变局与世纪大疫情交织叠加的情况下，习近平总书记深刻把握国家安危大势，纵横捭阖大国关系，敢于斗争、善于斗争，战略上藐视敌人、战术上重视敌人，通过指挥一系列重大军事行动，坚定维护国家核心利益，形成了高超的、具有新时代特点的军事斗争方略和艺术。特别是这些年无论形势多么复杂严峻，习近平总书记带领人民军队沉着应对，牢牢掌握军事竞争先机，始终掌控军事斗争主动权，军事斗争准备的龙头地位高高抬起，呈现出全新气象。一是与时俱进创新军事战略指导。主持召开中央军委军事工作会议，领导制定新时代军事战略方针，加强军事斗争全

局指导，深入做好各方向各领域打仗准备，在拓展积极防御战略纵深、加快军事力量“走出去”、经略新型安全领域等方面刚健有为。二是大抓实战化军事训练。引领全军官兵强化战斗队思想，聚焦练兵备战主责主业，树牢战斗力这个唯一的根本的标准，不断增强推进军事训练的政治自觉、思想自觉、行动自觉。着眼推进实战实训、联战联训，以整风精神纠治训练领域和平积弊，坚决破除花架子、假把式等各种陋习。坚持仗怎么打兵就怎么练、打仗需要什么就苦练什么，不断加大训练强度、提高训练难度，推动训练作风明显好转。广泛开展群众性练兵比武活动，组织岗位练兵、创破纪录活动，全军上下生龙活虎，形成了一批实战化训练品牌。经过几年来的艰苦努力，我军的军事训练在紧贴实战、服务实战方面向前迈出了一大步，有效地支撑了备战打仗能力提升和各项重大任务完成。三是坚定灵活开展军事斗争。以高度的战略定力坚持向海图强，把海上方向军事斗争作为战略重心，防范来自海上的风险和威胁。针对美西方政要窜台和“台独”分裂分子头目窜美访问等行径，我军采取系列联合军事行动，组织环台岛战备警巡和“联合利剑”演习，取得了多项突破性战果。针对西方大国一再派遣军舰、军机在南海搞针对性极强的联合演练，破坏南海地区和平，损害我国南海权益，进一步加大经略南海力度，有理、有利、有节地开展维权斗争，稳妥应对军事挑衅行为和所谓“航行自由”行动，遏止海洋侵权行为。坚决开展钓鱼岛维权斗争，划设东海防空识别区，有效地打破了日本对钓鱼岛海域的单方面排他性管控。不断加强边境管控和反蚕食斗争，以铁的意志和行动有效地维护国家主权、安全和领土完整。坚持推动军事力量和平“走出去”，积极参加国际维和行动，建设吉布提保障基地，有效地促进了世界和地区和平稳定。这些年，习近平总书记善谋果断，重大节点亲自布阵、把控局势，有效地化解了可能面临的战争风险，提振了国威军威，亿万人民和全军将士更加坚信跟着习近平总书记就一定能打胜仗。

第十一讲

# 新时代维护国家安全

徐秀军

党的十八大以来，国家安全工作取得了历史性成就。在党的全面领导下，按照总体国家安全观的要求，我国构建了国家安全体系主体框架，形成了国家安全理论体系，完善了国家安全战略体系，建立了国家安全工作协调机制，牢牢掌握了维护国家安全的全局性主动。在实现中华民族伟大复兴的新征程上，只有忠实践行总体国家安全观，才能有效地维护国家安全。

## 一、总体国家安全观的提出及其重大意义

坚持总体国家安全观，是习近平新时代中国特色社会主义思想的重要组成部分。习近平总书记围绕总体国家安全观发表的一系列重要论述，立意高远，内涵丰富，思想深邃，充分反映了我们党认识国家安全的新高度和新境界，是指导新时代国家安全工作的根本遵循。

### （一）总体国家安全观的提出背景

随着经济全球化的深入发展，各国相互依存度不断提升。在一个高度相互依存的世界里，各国和各地区早已形成了“你中有我，我中有你”的命运共同体，世界各国人民的利益高度融合。

"在各国彼此依存、全球性挑战此起彼伏的今天，仅凭单个国家的力量难以独善其身，也无法解决世界面临的问题。只有对接各国彼此政策，在全球更大范围内整合经济要素和发展资源，才能形成合力，促进世界和平安宁和共同发展。"从安全角度来看，各国面临的形势和环境发生了前所未有的变化，必须树立新的国家安全理念才能应对新的问题与挑战。

一方面，当今时代的国内国际安全风险高度联动。在全球化时代，安全问题的多样性、跨国性和联动性日益突出，一国内部的不安全、不稳定因素也会迅速向他国和全球扩散蔓延，从而造成更大范围的不安全、不稳定局面。换言之，只要世界上还存在动荡不安，任何国家都不可能实现自身绝对安全。近年来，一国内部安全风险的溢出效应日益加大。所谓"溢出效应"，是指一国安全风险对其他国家和地区的影响。从影响的施加者来看，世界体系中主要国家和地区的安全风险对外部世界的影响更大；从受影响的对象来看，对外依存度较高或脆弱性较高的国家和地区更容易受到他国安全风险的影响。那些表面上只是一国内部的问题，不断积累和发酵所引发的危机，必将给世界各国的发展、安全和稳定带来冲击。例如，在经济安全方面，2008 年国际金融危机后，一些国家在危机后出台了大规模的经济刺激计划，利用其强大的政策溢出效应将自身的危机和问题转嫁给其他国家和地区，给其他许多国家尤其是新兴市场和发展中国家带来了前所未有的外部冲击。这说明，在全球性问题日益凸显的当今时代，维护国家安全利益要综合考虑国内国际形势并加强各国团结协作。

另一方面，当今时代的各个领域安全风险高度联动。从国际上看，冲突与战争、贸易保护与争端、气候变化、网络安全、科技竞争等各个领域的问题所带来的影响并不局限于某个特定领域，而往往会引发全球经济、政治、社会等各领域的挑战和变革。从国内来看，一国政治、经济、社会、文化、民族、宗教等领域的问题也往往相互交织，相互影响。例如，一国的经济危机往往会加剧各种社会矛盾，甚至引发政局动荡；而一国政局动荡不安，其他领域的发展也无从谈起。因此，在新形势下，讨论国家安全问题应具有宽广的视野，不能只关注政治、军事问题而忽视经济、文化、社会、网络、生态等领域的问题，同样也不能局限于传统安全领域而忽视太空、深海、极地、生物等新型安全领域。

### （二）总体国家安全观的提出与发展

2013 年 11 月，党的十八届三中全会对国家安全工作作出部署，提出设立国家安全委员会。国家安全委员会的主要职责是制定和实施国家安全战略，推进国家安全法治建设，制定国家安全工作方针政策，研究解决国家安全工作中的重大问题。[①]2014 年 1 月 24 日，中央政治局召开会议，研究决定设置中央国家安全委员会。会议决定，中央国家安全委员会由习近平任主席，下设常务委员和委员若干名。中央国家安全委员会作为中共中央关于国家安全工作的决策和议事协调机构，向中央政治局、中央政治

① 习近平：《关于〈中共中央关于全面深化改革若干重大问题的决定〉的说明》，《人民日报》2013 年 11 月 16 日第 1 版。

局常务委员会负责，统筹协调涉及国家安全的重大事项和重要工作。这为加强党对国家安全工作的绝对领导奠定了机制基础。

2014 年 4 月 15 日，习近平总书记主持召开中央国家安全委员会第一次会议并在讲话中首次提出总体国家安全观。他强调："当前我国国家安全内涵和外延比历史上任何时候都要丰富，时空领域比历史上任何时候都要宽广，内外因素比历史上任何时候都要复杂，必须坚持总体国家安全观，以人民安全为宗旨，以政治安全为根本，以经济安全为基础，以军事、文化、社会安全为保障，以促进国际安全为依托，走出一条中国特色国家安全道路。"他还指出："既重视传统安全，又重视非传统安全，构建集政治安全、国土安全、军事安全、经济安全、文化安全、社会安全、科技安全、信息安全、生态安全、资源安全、核安全等于一体的国家安全体系。"① 总体国家安全观的提出为加强党对国家安全工作的绝对领导提供了理论指导。

2017 年 10 月 18 日，习近平总书记在党的十九大报告中把国家安全放在突出重要位置，他 55 次提到"安全"，其中 18 次提到"国家安全"，再次强调坚持总体国家安全观，必须坚持国家利益至上，以人民安全为宗旨，以政治安全为根本，统筹外部安全和内部安全、国土安全和国民安全、传统安全和非传统安全、自身安全和共同安全，完善国家安全制度体系，加强国家安全能力建设，坚决维护国家主权、安全、发展利益。同时，党的十九大报告明确提出维护国家安全的四项任务：一是要完善国家安全

---

①《坚持总体国家安全观 走中国特色国家安全道路》,《人民日报》2014 年 4 月 16 日第 1 版。

战略和国家安全政策，坚决维护国家政治安全，统筹推进各项安全工作；二是健全国家安全体系，加强国家安全法治保障，提高防范和抵御安全风险能力；三是严密防范和坚决打击各种渗透颠覆破坏活动、暴力恐怖活动、民族分裂活动、宗教极端活动；四是加强国家安全教育，增强全党全国人民国家安全意识，推动全社会形成维护国家安全的强大合力。[①]党的十九大报告明确将“坚持总体国家安全观”纳入新时代坚持和发展中国特色社会主义的基本方略，作为习近平新时代中国特色社会主义思想的重要组成部分。

2018 年 4 月 17 日，习近平总书记主持召开十九届中央国家安全委员会第一次会议并发表重要讲话，进一步系统阐述了总体国家安全观的丰富内涵，并就全面贯彻落实总体国家安全观提出了新要求。他强调，要加强党对国家安全工作的集中统一领导，正确把握当前国家安全形势，全面贯彻落实总体国家安全观，努力开创新时代国家安全工作新局面，为实现“两个一百年”奋斗目标、实现中华民族伟大复兴的中国梦提供牢靠的安全保障；国家安全工作要适应新时代新要求，一手抓当前、一手谋长远，切实做好维护政治安全、健全国家安全制度体系、完善国家安全战略和政策、强化国家安全能力建设、防控重大风险、加强法治保障、增强国家安全意识等方面工作。[②]习近平总书记的这些重要

① 习近平:《决胜全面建成小康社会 夺取新时代中国特色社会主义伟大胜利——在中国共产党第十九次全国代表大会上的报告》,《光明日报》2017 年 10 月 28 日第 4 版。

②《全面贯彻落实总体国家安全观 开创新时代国家安全工作新局面》,《人民日报》2018 年 4 月 18 日第 1 版。

论述将我们党对国家安全的认识提升到了新的境界和高度。

2022 年 10 月 16 日，习近平总书记在党的二十大报告中，首次把国家安全作为报告的独立一部分进行系统阐述，提出“国家安全是民族复兴的根基，社会稳定是国家强盛的前提”等重大战略判断和“必须坚定不移贯彻总体国家安全观，把维护国家安全贯穿党和国家工作各方面全过程，确保国家安全和社会稳定”等重大战略部署，对推进国家安全体系和能力现代化、坚决维护国家安全和社会稳定提供了根本遵循。他指出，我们要坚持以人民安全为宗旨、以政治安全为根本、以经济安全为基础、以军事科技文化社会安全为保障、以促进国际安全为依托，统筹外部安全和内部安全、国土安全和国民安全、传统安全和非传统安全、自身安全和共同安全，统筹维护和塑造国家安全，夯实国家安全和社会稳定基层基础，完善参与全球安全治理机制，建设更高水平的平安中国，以新安全格局保障新发展格局。①

## （三）总体国家安全观的理论价值与实践意义

总体国家安全观是以习近平同志为核心的党中央对国家安全理论和实践的重大创新，是新形势下指导国家安全工作的强大思想武器，体现了我们党奋力开创国家安全工作新局面的战略智慧和使命担当。②在理论上，总体国家安全观揭示了国家安全的本

① 习近平：《高举中国特色社会主义伟大旗帜 为全面建设社会主义现代化国家而团结奋斗——在中国共产党第二十次全国代表大会上的报告》，《人民日报》2022 年 10 月 26 日第 4 版。

②《总体国家安全观干部读本》编委会：《总体国家安全观干部读本》，人民出版社 2016 年版，第 3 页。

质和内涵，科学回答了中国这样一个发展中的社会主义大国如何维护和塑造国家安全的基本问题；在实践上，总体国家安全观符合中华民族伟大复兴新阶段对国家安全的新需求。

首先，总体国家安全观丰富了国家安全的内涵。在国家安全内涵上，总体国家安全观实现了以下五个方面的辩证统一：一是外部安全与内部安全的辩证统一。总体国家安全观要求既注重外部安全，又注重内部安全，对内求发展、求变革、求稳定、建设平安中国，对外求和平、求合作、求共赢、建设和谐世界。二是国土安全与国民安全的辩证统一。总体国家安全观要求既重视国土安全，又重视国民安全，坚持以民为本、以人为本，坚持国家安全一切为了人民、一切依靠人民，真正夯实国家安全的群众基础。三是传统安全与非传统安全的辩证统一。总体国家安全观要求既注重传统安全，又注重非传统安全，构建集各领域安全为一体的国家安全体系。四是自身安全与共同安全的辩证统一。总体国家安全观既注重自身安全，又注重共同安全，打造命运共同体，推动各方朝着互利互惠、共同安全的目标相向而行。五是维护国家安全和塑造国家安全的辩证统一。总体国家安全要求统筹维护和塑造国家安全，既要加强国家安全风险挑战的防范和应对，增加国家安全的维护能力，又要积极主动营造良好的国家安全形势和环境，提升国家安全的塑造能力。

其次，总体国家安全观推动了国家安全理论的创新。总体国家安全观科学地运用马克思主义基本原理，深刻总结我们党维护国家安全的理论和实践，认真汲取中华传统文化精髓，积极借鉴国际安全理论与实践，在国家安全领域形成了具有中国特色和时代特征的立场观点方法，既有继承又有发展，实现了我们党在国家安全理论上的历史性飞跃，开辟了中国特色国家安全理论新境界。习近平总书记运用总体的战略思维和宽广的世界眼光把握国家安全，实现了对传统国家安全理念的重大突破。总体国家安全观勾画出维护国家安全的整体布局，提出以人民安全为宗旨，以政治安全为根本，以经济安全为基础，以军事、文化、社会安全为保障，以促进国际安全为依托，维护各领域国家安全，深化拓展了我们党国家安全事业的理论视野和实践领域。①

最后，总体国家安全观实现了国家安全思维的转变。习近平总书记在党的十九大报告中提出："增强政治领导本领，坚持战略思维、创新思维、辩证思维、法治思维、底线思维，科学制定和坚决执行党的路线方针政策，把党总揽全局、协调各方落到实处。"②总体国家安全观科学运用战略思维、创新思维、辩证思维、法治思维、底线思维观察、分析和解决安全问题，增强了国家安全工作的科学性、预见性、主动性和创造性。科学运用战略思维，就是高瞻远瞩，站在战略高度统揽国家安全全局，善于把握国家安全工作的总体趋势和方向。科学运用创新思维，就是坚持国家安全的理论创新和实践创新，善于运用新理念新思路新方法破解安全难题。科学运用辩证思维，就是全面把握国家安全的关联性和总体性，根据国家安全的主要矛盾和矛盾的主要方面明确

---

① 钟国安：《以习近平总书记总体国家安全观为指引 谱写国家安全新篇章》，《求是》2017 年第 8 期。

② 习近平：《决胜全面建成小康社会 夺取新时代中国特色社会主义伟大胜利——在中国共产党第十九次全国代表大会上的报告》，《光明日报》2017 年 10 月 28 日第 5 版。

国家安全工作的主攻方向，既要把握机遇又要应对挑战，善于透过表象总结国家安全的基本规律。科学运用法治思维，就是依法维护国家安全，全力推进中国特色国家安全法律制度体系建设，全面提升国家安全工作的法治化水平。科学运用底线思维，就是明确国家的核心安全利益，设定国家安全的最低目标和边界，立足国家安全的最低保障，争取更大范围、更高层次的国家安全。总之，总体国家安全观集中体现了战略思维、创新思维、辩证思维、法治思维、底线思维，推动了国家安全思维向系统化方向的转变。

## 二、总体国家安全观的丰富内涵

总体国家安全观符合国家安全的历史逻辑、理论逻辑和实践逻辑，是国家安全理论精髓的集中体现。总体国家安全观涵盖了政治安全、国土安全、军事安全、经济安全、文化安全、社会安全、科技安全、网络安全、生态安全、资源安全、核安全、海外利益安全、生物安全、太空安全、深海安全、极地安全等各领域安全，是内容丰富、特色鲜明的安全观念体系。

### （一）总体国家安全观的核心内容

总体国家安全观以人民安全为宗旨，以政治安全为根本，以经济安全为基础，以军事、文化、社会安全为保障，以促进国际安全为依托，构成了“五位一体”的安全观念架构。

一是以人民安全为宗旨。人民安全是国家安全的宗旨，人民的安全感、幸福感是检验国家安全的根本标准。总体国家安全观充分体现了“一切为了群众、一切依靠群众”的马克思主义群众观点和党的群众路线，体现了党对人民利益的关切和重视，为国家安全找到了最终归宿。2016 年 4 月 15 日，在首个全民国家安全教育日到来之际，习近平总书记作出重要指示：“要坚持国家安全一切为了人民、一切依靠人民，动员全党全社会共同努力，汇聚起维护国家安全的强大力量，夯实国家安全的社会基础，防范化解各类安全风险，不断提高人民群众的安全感、幸福感。”①这说明，维护国家安全最终是为了人民，维护国家安全最终也需要依靠人民。

二是以政治安全为根本。在长期的革命和建设实践中，我们党坚持从中国国情出发，建立了人民民主专政制度、人民代表大会制度、中国共产党领导的多党合作和政治协商制度、民族区域自治制度和基层群众自治制度，探索出一条中国特色社会主义政治发展道路。但是，一些西方大国固守冷战思维、零和博弈的陈旧观念，在国际上大搞意识形态对立和对抗，热衷于通过“颜色革命”颠覆他国政权，对我国政治安全构成了重大威胁。将政治安全作为根本，要求坚决捍卫中国共产党的执政地位、捍卫中国特色社会主义制度。

三是以经济安全为基础。在百年未有之大变局中，最关键的变量是世界主要国家间的力量对比，而经济实力是衡量国家力量

---

①《习近平在首个全民国家安全教育日之际作出重要指示》，《人民日报》2016 年 4 月 15 日第 1 版。

最综合最常用的指标。中华人民共和国成立后尤其是改革开放以来，我们党不断解放思想，破除了各种阻碍生产力发展的体制性障碍，实现了国民经济数十年的快速增长，人民生活水平大幅提高。经过几代中国共产党人接力奋斗，中国全面建成小康社会，在现行标准下所有农村贫困人口全部脱贫，创造了彪炳史册的人间奇迹。在实现中华民族伟大复兴的新征程上，我们更要重视维护经济安全，确保经济持续健康稳定发展，进一步筑牢国家繁荣富强、人民幸福安康、社会和谐稳定的物质基础。

四是以军事科技文化社会安全为保障。当今世界，霸权主义、强权政治和新干涉主义依然盛行，地缘冲突和局部战争持续不断，传统安全问题和矛盾不断涌现。在国家安全体系中，军事安全仍居于极其重要、不可替代的关键地位，军事手段始终是维护国家安全的根本保障。维护军事安全就是要加强武装力量革命化、现代化、正规化建设，建设与保卫国家安全和发展利益需要相适应的武装力量；实施积极防御的军事战略方针，防备和抵御侵略，制止武装颠覆和分裂；开展国际军事安全合作，实施联合国维和、国际救援、海上护航和维护国家海外利益的军事行动，维护国家主权、安全、领土完整、发展利益和世界和平。科技安全是国家安全的重要组成部分。习近平总书记指出，“科技自立自强是国家强盛之基、安全之要”。随着人类对科技的依赖性增强，科技对抗日益成为大国战略博弈的主战场。为了更好地保障国家核心利益和安全不受侵犯，必须加强科技自立自强，下好“先手棋”，打好主动仗。文化安全是确保一个民族、一个国家独立和尊严的重要精神支撑。维护文化安全就是要坚持社会主义先进文化前进方向，继承和弘扬中华民族优秀传统文化，培育和践行社会主义核心价值观，防范和抵御不良文化的影响，掌握意识形态领域主导权，增强文化整体实力和竞争力。社会安全事关人民群众的切身利益，是国家改革发展的重要保障。维护社会安全就是要健全有效预防和化解社会矛盾的体制机制，健全公共安全体系，积极预防、减少和化解社会矛盾，妥善处置公共卫生、社会安全等影响国家安全和社会稳定的突发事件，促进社会和谐，维护公共安全和社会安定。

五是以促进国际安全为依托。安全具有普遍性，不能一个国家安全而其他国家不安全，一部分国家安全而另一部分国家不安全，更不能以牺牲别国安全谋求自身所谓绝对安全。2015 年 9 月 28 日，习近平主席在纽约联合国总部出席第七十届联合国大会一般性辩论时讲话指出："在经济全球化时代，各国安全相互关联、彼此影响。没有一个国家能凭一己之力谋求自身绝对安全，也没有一个国家可以从别国的动荡中收获稳定。"他还倡导"营造公道正义、共建共享的安全格局"。① 为了实现全人类的普遍安全，各国必须树立共同、综合、合作、可持续安全观，共同构建国际和地区安全合作新架构。

### （二）总体国家安全观的时代特征与思想精髓

2014 年 5 月 21 日，习近平主席在亚洲相互协作与信任措施

---

① 习近平：《携手构建合作共赢新伙伴 同心打造人类命运共同体——在第七十届联合国大会一般性辩论时的讲话》，《人民日报》2015 年 9 月 29 日第 1 版。

会议（CICA）第四次峰会上全面阐述了亚洲安全观的深刻内涵，提出“积极倡导共同、综合、合作、可持续的亚洲安全观，创新安全理念，搭建地区安全和合作新架构，努力走出一条共建、共享、共赢的亚洲安全之路”[①]。2014年7月16日，习近平主席在巴西国会发表演讲时指出：“倡导共同、综合、合作、可持续安全的理念，尊重和保障每一个国家的安全，加强国际和地区合作，共同应对日益增多的非传统安全威胁。”[②]此后，习近平总书记在多个国际场合阐述了共同、综合、合作、可持续安全观，全面展现了总体国家安全观的鲜明时代特色。

首先，总体国家安全观坚持共同安全。“共同”指的是安全的主体，要求尊重和保障每一个国家安全。各国大小、贫富、强弱均不相同，历史文化传统和社会制度千差万别，安全利益和诉求也多种多样，但各国利益相互交融、安危与共，都是共同安全的创造者、维护者、贡献者。大家共同生活在地球家园里，利益交融、安危与共，日益成为一荣俱荣、一损俱损的命运共同体。因此，安全包含以下三个特点：一是安全的普遍性。不能一个国家安全而其他国家不安全，一部分国家安全而另一部分国家不安全。二是安全的平等性。各国都有平等参与地区安全事务的权利，也都有维护地区安全的责任。三是安全的包容性。应该恪守尊重主权、独立和领土完整、互不干涉内政等国际关系基本准则，尊重各国自主选择的社会制度和发展道路，尊重并照顾各方

① 习近平：《积极树立亚洲安全观 共创安全合作新局面——在亚洲相互协作与信任措施会议第四次峰会上的讲话》，《人民日报》2014年5月22日第2版。

② 习近平：《弘扬传统友好 共谱合作新篇——在巴西国会的演讲》，《人民日报》2014年7月18日第3版。

合理安全关切。

其次，总体国家安全观坚持综合安全。“综合”指的是安全的领域，要求统筹维护传统领域和非传统领域安全。当今世界的安全问题极为复杂，既有热点敏感问题又有民族宗教矛盾，恐怖主义、跨国犯罪、环境安全、网络安全、能源资源安全、重大自然灾害等带来的挑战明显上升，传统安全威胁和非传统安全威胁相互交织，安全问题的内涵和外延都在进一步拓展。为此，应该通盘考虑各个国家和地区安全问题的历史经纬和现实状况，多管齐下、综合施策，协调推进地区安全治理。既要着力解决当前突出的地区安全问题，又要统筹谋划如何应对各类潜在的安全威胁。

再次，总体国家安全观坚持合作安全。“合作”指的是实现安全的方式，要求通过对话合作促进各国和本地区安全。具体来说，就是要通过坦诚深入的对话沟通，增进战略互信，减少相互猜疑，求同化异、和睦相处；要着眼各国共同安全利益，从低敏感领域入手，积极培育合作应对安全挑战的意识，不断扩大合作领域、创新合作方式，以合作谋和平、以合作促安全；要坚持以和平方式解决争端，反对动辄使用武力或以武力相威胁，反对为一己之私挑起事端、激化矛盾，反对以邻为壑、损人利己；要坚定致力于同其他地区国家、其他地区和国际组织的合作，欢迎各方为所在地区安全和合作发挥积极和建设性作用，努力实现双赢、多赢和共赢。

最后，总体国家安全观坚持可持续安全。“可持续”指的是安全的目标，要求发展和安全并重以实现持久安全，既要通过发展不断夯实安全的根基，又要以可持续发展促进可持续安全。对大多数国家来说，发展就是最大的安全，也是解决地区安全问题的"总钥匙"。为此，实现持久安全要聚焦发展主题，积极改善民生，缩小贫富差距，不断夯实安全的根基；要推动共同发展和区域一体化进程，努力形成区域经济合作和安全合作良性互动、齐头并进的大好局面，以可持续发展促进可持续安全。

总之，共同、综合、合作、可持续的安全观彻底摒弃了霸权主义、强权政治和军事威胁等冷战思维，是一种符合时代潮流和具有全球意义的新安全理念，是总体国家安全观的思想精髓。它以共同安全为基本原则，以综合安全为主要内容，以合作安全为重要手段，以可持续安全为最终目标，是互信、互利、平等、协作的新安全观在新的历史时代的最新发展与反映，是建设一个普遍安全的世界的必然要求，也是构建人类命运共同体不可缺少的支柱。

## 三、总体国家安全观的实践原则与路径

2020年12月11日，十九届中央政治局就切实做好国家安全工作进行第二十六次集体学习。习近平总书记在主持学习时强调，国家安全工作是党治国理政一项十分重要的工作，也是保障国泰民安一项十分重要的工作。做好新时代国家安全工作，要坚持总体国家安全观，抓住和用好我国发展的重要战略机遇期，把国家安全贯穿到党和国家工作的各方面全过程，同经济社会发展

一起谋划、一起部署，坚持系统思维，构建大安全格局，促进国际安全和世界和平，为建设社会主义现代化国家提供坚强保障。同时，习近平总书记还提出贯彻总体国家安全观十点实践要求，为新阶段切实做好国家安全工作指明了方向。①

## （一）坚持党对国家安全工作的绝对领导

坚持党对国家安全工作的绝对领导是贯彻总体国家安全观、做好国家安全工作的根本原则。党政军民学，东西南北中，党是领导一切的。国家安全工作具有极其鲜明、极其强烈的政治属性，更要突出强调党的领导。坚持党对国家安全工作的绝对领导，是社会主义制度的必然政治要求，是维护国家安全和社会安定的根本保证，必须长期坚持并不断加强。坚持党对国家安全工作的绝对领导，关系到党和国家的长治久安。历史和现实反复证明，党和国家前途命运能够经受住各种严峻考验，坚持党对国家安全工作的绝对领导是根本政治保证。②

坚持党对国家安全工作的绝对领导，就是要坚持党中央对国家安全工作的集中统一领导，加强统筹协调，把党的领导贯穿到国家安全工作各方面全过程，推动各级党委（党组）把国家安全责任制落到实处。具体来说，中央国家安全委员会要发挥好统筹国家安全事务的作用，抓好国家安全方针政策贯彻落实，完善国

---

①《坚持系统思维构建大安全格局 为建设社会主义现代化国家提供坚强保障》，《人民日报》2020 年 12 月 13 日第 1 版。

② 全国干部培训教材编审指导委员会：《全面践行总体国家安全观》，党建读物出版社、人民出版社 2019 年版，第 135 页。

家安全工作机制，着力在提高把握全局、谋划发展的战略能力上下功夫，不断增强驾驭风险、迎接挑战的本领。要加强国家安全系统党的建设，坚持以政治建设为统领，教育引导国家安全部门和各级干部增强“四个意识”、坚定“四个自信”，坚决维护党中央权威和集中统一领导，建设一支忠诚可靠的国家安全队伍。①

## （二）坚持中国特色国家安全道路

当今世界，百年变局和世纪疫情交织叠加，世界进入动荡变革期，国家安全形势更加复杂严峻。不论国际形势如何变幻，我们要保持战略定力、战略自信、战略耐心，始终要把维护国家安全的战略主动权牢牢掌握在自己手中，走中国特色国家安全道路。坚持中国特色国家安全道路，就是要贯彻总体国家安全观，坚持政治安全、人民安全、国家利益至上有机统一，以人民安全为宗旨，以政治安全为根本，以经济安全为基础，捍卫国家主权和领土完整，防范化解重大安全风险，为实现中华民族伟大复兴提供坚强安全保障。

实践证明，中国特色国家安全道路充分体现了中国特色社会主义制度的非凡组织动员能力、统筹协调能力、贯彻执行能力，能够充分发挥集中力量办大事、办难事、办急事的独特优势。例如，在世纪疫情危及人类生命健康安全时，我们全面贯彻总体国家安全观，坚持以人民安全为宗旨，打赢了一个又一个疫情防控

---

①《全面贯彻落实总体国家安全观　开创新时代国家安全工作新局面》，《人民日报》2018 年 4 月 18 日第 1 版。

“阻击战”，统筹疫情防控和经济社会发展，赢得了国际社会的普遍赞誉。

## （三）坚持以人民安全为宗旨

国家安全工作归根结底是保障人民利益，要坚持国家安全一切为了人民、一切依靠人民，为群众安居乐业提供坚强保障。一方面，维护人民安全体现了以人民为中心的发展思想。习近平总书记指出，“要坚持以人民为中心的发展思想，这是马克思主义政治经济学的根本立场”[①]；“坚持人民性，就是要把实现好、维护好、发展好最广大人民根本利益作为出发点和落脚点，坚持以民为本、以人为本”[②]。坚持以人民安全为宗旨是以人民为中心的发展思想在国家安全领域的具体体现。另一方面，维护人民安全是国家安全工作的出发点和落脚点。习近平总书记多次强调："国家安全工作归根结底是保障人民利益，要坚持国家安全一切为了人民、一切依靠人民，为群众安居乐业提供坚强保障。”[③]人民群众是维护国家安全的主体，人民安全是国家安全的牢固根基。

国家安全一切为了人民、一切依靠人民。坚持以人民安全为宗旨，就是要坚持以民为本、以人为本，秉持以人民为中心的发

①《立足我国国情和我国发展实践 发展当代中国马克思主义政治经济学》，《人民日报》2015 年 11 月 25 日第 1 版。

②《胸怀大局把握大势着眼大事 努力把宣传思想工作做得更好》，《人民日报》2013 年 8 月 21 日第 1 版。

③《牢固树立认真贯彻总体国家安全观 开创新形势下国家安全工作新局面》，《人民日报》2017 年 2 月 18 日第 1 版。

展思想，牢固树立人民利益高于一切的利益观，充分发挥广大人民群众的积极性、主动性、创造性，切实维护广大人民群众安全权益，始终把人民作为国家安全的基础性力量，汇聚起维护国家安全的强大力量。

### （四）坚持统筹发展和安全

习近平总书记多次强调“保证国家安全是头等大事”，并要求统筹国内和国际两个大局、发展和安全两件大事。发展与安全是具有内在逻辑关系的有机统一体，二者相互支撑，相互促进，高度融合。一方面，发展是安全的基础，也是安全的目的。中华人民共和国成立以后，中国迎来了从站起来、富起来到强起来的历史性飞跃，牢牢掌握了维护国家安全的战略主动权，根本原因就在于我国经济得到长足发展，人民福祉大幅度提高，为维护国家安全奠定了坚实的物质基础。同时，维护国家安全，根本上是为了发展经济，更好地满足人民对美好生活的需要。另一方面，安全是发展的条件，也是发展的保障。中华人民共和国成立以来，我国取得的重大发展成就，都有赖于和平的国际环境和稳定的国内环境。

站在新的历史方位，党和国家的中心工作要适应新时代、新要求，必须统筹发展和安全这两件大事，坚持两手抓、两手都要硬，努力形成以发展促安全、以安全保发展的新格局。坚持统筹发展和安全，就是要坚持发展和安全并重，实现高质量发展和高水平安全的良性互动，既通过发展提升国家安全实力，又深入推进国家安全思路、体制、手段创新，营造有利于经济社会发展的安全环境，在发展中更多考虑安全因素，努力实现发展和安全的动态平衡，全面提高国家安全工作能力和水平。

## （五）坚持把政治安全放在首要位置

政治安全是国家安全的根本，核心是政权安全和制度安全。自成立之日起，中国共产党就以实现人民当家做主为己任，并团结带领全国各族人民为之进行不懈奋斗。中国共产党团结带领全国各族人民创造的政治文明尤其是政党文明建设成果，实现了民主与集中、自由与秩序、公平与效率、发展与安全的最佳平衡，实现了选举民主、协商民主、自治民主的有机统一，实现了人类政治发展史上从未实现的人民当家做主。中国特色社会主义制度和国家治理体系是以马克思主义为指导、植根中国大地、具有深厚中华文化根基、深得人民拥护的制度和治理体系，是具有强大生命力和巨大优越性的制度和治理体系，是能够持续推动拥有 14 亿多人口大国进步和发展、确保拥有 5000 多年文明史的中华民族实现“两个一百年”奋斗目标进而实现伟大复兴的制度和治理体系。①

历史事实一再表明，国家政权不稳，国家稳定发展、人民幸福安康就无从谈起。在任何时候，都要将捍卫国家政权和中国特色社会主义制度放在首要位置。当前，维护政治安全，就是要坚

① 《中共中央关于坚持和完善中国特色社会主义制度、推进国家治理体系和治理能力现代化若干重大问题的决定》，《光明日报》2019 年 11 月 6 日第 1 版。

决维护习近平总书记党中央的核心、全党的核心地位，坚决维护党中央权威和集中统一领导。只有将政治安全放在谋划和推进国家安全工作的首要位置，才能从根本上保障国家利益，实现人民安居乐业和国家长治久安。

## （六）坚持统筹推进各领域安全

当今世界，传统安全威胁和非传统安全威胁错综复杂、相互交织，人类安全面临着前所未有的挑战。国际安全形势仍未从根本改善，部分地区和国家安全还呈恶化趋势。很多国家正处于发展转型、调整变革的矛盾多发期，各种社会思潮相互激荡，社会矛盾和冲突日益加剧，党派政治走向极化，致使政坛乱象丛生，社会骚乱此起彼伏。同时，粮食安全、能源资源安全、网络安全、气候变化、重大疫情和自然灾害等全球性问题更加突出，越来越成为国际社会关注的焦点，并引起各国的重视，国际社会日益成为一个“你中有我、我中有你”的命运共同体。

在新的时代背景下，我国国家安全内涵和外延比历史上任何时候都要丰富，时空领域比历史上任何时候都要宽广，内外因素比历史上任何时候都要复杂，必须坚持总体国家安全观。一方面，总体国家安全观揭示了国家安全内涵的全面性。新时代的国家安全既涉及政治、国土、军事等领域，又重视经济、文化、社会、科技、网络、生态、资源、核、海外利益等领域的问题，也关注太空、深海、极地、生物等新型安全领域。另一方面，总体国家安全观突出了国家安全布局的系统性。不同领域的安全相互联系、相互影响，而且在一定条件下相互转化，并产生传导效应和联动效应。维护国家安全，不仅要维护各个领域的安全，也要维护整体和系统的安全。

## （七）坚持把防范化解国家安全风险摆在突出位置

2017 年 2 月 17 日，习近平总书记在国家安全工作座谈会上发表重要讲话指出："我们正在推进具有许多新的历史特点的伟大斗争、党的建设新的伟大工程、中国特色社会主义伟大事业，时刻面对各种风险考验和重大挑战。"①2020 年 8 月 24 日，习近平总书记在经济社会领域专家座谈会上发表重要讲话并强调，"今后一个时期，我们将面对更多逆风逆水的外部环境，必须做好应对一系列新的风险挑战的准备"；"进入新发展阶段，国内外环境的深刻变化既带来一系列新机遇，也带来一系列新挑战，是危机并存、危中有机、危可转机"。② 为此，要深刻认识错综复杂的国际环境带来的新矛盾新挑战，增强机遇意识和风险意识，把防范化解国家安全风险摆在突出位置，勇于开顶风船，善于转危为机，努力实现更高质量、更有效率、更加公平、更可持续、更为安全的发展。

坚持把防范化解国家安全风险摆在突出位置，就是要提高风险预见、预判能力，力争把可能带来重大风险的隐患发现和处置

---

①《牢固树立认真贯彻总体国家安全观 开创新形势下国家安全工作新局面》，《人民日报》2017 年 2 月 18 日第 1 版。

② 习近平：《正确认识和把握中长期经济社会发展重大问题》，《求是》2021 年第 2 期。

于萌芽状态。党的十八大以来，习近平总书记统筹中华民族伟大复兴战略全局和世界百年未有之大变局，着力解决经济社会发展中的突出矛盾和问题，有效防范化解政治、意识形态、经济、科技、社会、外部环境、党的建设等领域的各种潜在重大风险，保持经济持续健康发展和社会大局稳定，为全面建成小康社会、夺取新时代中国特色社会主义伟大胜利、实现中华民族伟大复兴的中国梦提供了坚强保障。

## （八）坚持推进国际共同安全

实现世界和平、发展和安全目标，离不开有效的治理。在全球层面，国际社会建立了许多全球治理机制，并在维护国际和平和安全方面取得了巨大成就。作为迄今最具代表性和影响力的全球安全治理机制，联合国在成立以来的 75 年间，在全球 70 多个维和行动中派出 100 多万名维和人员维持和平，缓解了数十起冲突，通过人道主义行动拯救了数以十万计人的生命，并为数以百万计儿童提供了每个儿童应该获得的教育。[①] 在联合国的努力下，很多战争得以避免，不少局部冲突得到控制，联合国千年发展目标更是改变了亿万人的命运。但是，当今世界的局部地区战乱依然频发，国家经济社会发展面临的各种安全风险日益上升，人类安全面临前所未有的挑战。

应对当今世界日益突出的和平问题和安全挑战，必须坚持推

① 《纪念联合国成立七十五周年宣言》，2020 年 9 月 28 日，联合国网站（https://daccess-ods.un.org/tmp/1072335.83927155.html）。

进国际共同安全。坚持推进国际共同安全，就是要高举合作、创新、法治、共赢的旗帜，推动树立共同、综合、合作、可持续的全球安全观，加强国际安全合作，完善全球安全治理体系，共同构建普遍安全的人类命运共同体。

## （九）坚持推进国家安全体系和能力现代化

在国家层面，得益于政府的有效治理，经济社会稳定、民众生命和财产安全才成为可能。从国内视角看，很多国际风险和挑战最终会给一国带来多大程度的影响，主要取决于其治理体系和治理能力现代化的程度。很多国家的一些安全问题长期得不到有效解决，归根结底，与国家安全治理体系不健全、治理能力不足不无关联。坚持推进国家安全体系和能力现代化，才能从根本上解决国家安全能力不能适应时代发展要求的问题，才能适应应对各种不断凸显的新问题、新挑战的需要。

坚持推进国家安全体系和能力现代化，就是要坚持以改革创新为动力，加强法治思维，构建系统完备、科学规范、运行有效的国家安全制度体系，提高运用科学技术维护国家安全的能力，不断增强塑造国家安全态势的能力。同时，要全面提升国家安全能力，必须更加注重协同高效，更加注重法治思维，更加注重科技赋能，更加注重基层基础。

## （十）坚持加强国家安全干部队伍建设

全面提升国家安全能力必须坚持加强国家安全干部队伍建

设，加强国家安全战线党的建设，坚持以政治建设为统领，打造坚不可摧的国家安全干部队伍。一方面，要加强思想武装，充分发挥政治建设的统领作用。国家安全干部要树牢“四个意识”，坚定“四个自信”，坚决做到“两个维护”，自觉在思想上、政治上、行动上同以习近平同志为核心的党中央保持高度一致，强化政治责任，保持政治定力，把准政治方向，提高政治能力，增强斗争精神，牢固树立总体国家安全观，努力成为构建新安全格局的引领者、实践者、推动者；另一方面，要加强学习教育，全面提升实践操作能力。国家安全干部要加强理想信念教育、作风教育、安全理论教育，在实际工作中不断提高安全防范与应对能力、统筹与协作能力，形成维护国家安全的强大合力。同时，要关心和爱护国家安全干部队伍，为他们提供便利条件和政策保障。

第十二讲

# 新时代坚持“一国两制”和推进祖国统一

李　文

“一国两制”是“一个国家，两种制度”的简称，意为在一个中国的前提下，国家主体实行社会主义，我国的香港、澳门和台湾地区实行资本主义。“一国两制”是一个完整的概念，“一国”是实行“两制”的前提和基础，“两制”从属和派生于“一国”并统一于“一国”之内。

“一国两制”构想的形成和发展，新时代“一国两制”实践遇到的新情况、新问题，中央面对形势的变化采取的新举措，以及这些举措取得了怎样的成效，是本讲的主要内容。

## 一、“一国两制”构想的形成和发展

### （一）港澳与台湾问题的由来

祖国统一是中国历史发展的主流，是中华民族的根本利益所在。然而由于种种历史的原因，1949 年 10 月 1 日中华人民共和国成立后的一段时间里，我国的香港和澳门仍分别处于英国和葡萄牙的殖民统治之下，而我国的台湾地区则至今仍未与祖国统一。

1842 年 8 月第一次鸦片战争和 1860 年 10 月第二次鸦片战争中国失败后，先后与英国签订了《南京条约》和《北京条约》，把香港和九龙半岛割让给英国。1898 年，中英签订《展拓香港界址专条》，英国强行租借九龙半岛界限街以北、深圳河以南的地区，以及 200 多个大小岛屿，租期为 99 年。1887 年 12 月，葡萄牙强迫清政府签订《天津条约》，占领了澳门。

台湾自古就是中国领土的一部分。中国在 1895 年中日甲午战争中战败后，被迫将台湾、澎湖列岛割让给日本。1945 年 10 月第二次世界大战日本战败投降后，台湾及澎湖列岛重入中国版图。1949 年国民党政府内战失败逃至台湾后，美国对新成立的中华人民共和国采取孤立、遏制的政策，从政治、军事、经济上扶植台湾当局。1950 年 6 月 27 日，美国总统杜鲁门借口朝鲜战争，下令美国第七舰队开进台湾海峡，直接使用武力阻挠中国领土统一。1953 年 7 月《朝鲜停战协定》签字后，美蒋于 1954 年 12 月签订了所谓“共同防御条约”，将我国的台湾置于美国的“保护”之下。1979 年 1 月 1 日，美国在建交三原则（美国与台湾当局“断交”、废除《共同防御条约》以及从台湾撤军）的基础上，与中国正式建立外交关系，但其阻挠我解决台湾问题的基本立场并未改变。在中美建交后不久，美国国会竟通过了所谓《与台湾关系法》，并经美国总统签署生效。

### （二）“一国两制”构想的形成与发展

20 世纪 50 年代，在国际形势趋于缓和，祖国建设需要一个和平安定的环境背景下，以毛泽东为代表的党和国家领导人曾提出争取以和平方式解决台湾问题的指导方针。党的十一届三中全会以后，随着国际形势的变化和解放思想、实事求是思想路线的确立，以邓小平为代表的党和国家领导人集中全党智慧，逐步完成了“一国两制”的构想。

1979 年 1 月，邓小平访美，在向美国参众两院议员解释我国政府对台政策时指出，只要实现祖国统一，我们将尊重台湾的现实和现行制度，初步表明了“一国两制”的构想。[①]

1981 年，叶剑英委员长提出了实现国家和平统一的九条方针，包括：国共两党实现对等谈判；国家实现统一后，台湾可以作为特别行政区，享有高度自治权，并可以保留军队；中央政府不干预台湾地方事务；台湾现行的社会、经济制度不变，生活方式不变等内容，[②]“一国两制”构想的思路有所明晰。

1982 年 9 月，邓小平在会见英国首相撒切尔夫人时，第一次明确提出了“一国两制”的概念。邓小平指出，香港继续保持繁荣，根本上取决于中国收回香港后，在中国的管辖之下，实行适合于香港的政策。香港仍将实行资本主义，香港现行的政治、经济制度，甚至大部分法律都可以保留，当然有些要加以改革。[③]邓小平这次对香港问题的重要阐述，表明“一国两制”的构想已经成熟，并正式对外公布。

1984 年 2 月，邓小平针对我国的台湾问题首次明确完整地表

---

①《邓小平年谱》(上)，中央文献出版社 2004 年版，第 478 页。

② 叶剑英：《关于台湾回归祖国实现和平统一的方针政策》，《人民日报》1981 年 10 月 1 日。

③《邓小平文选》第三卷，人民出版社 1993 年版，第 13 页。

述了“一国两制”的构想。他说：“统一后，台湾仍搞它的资本主义，大陆搞社会主义，但是是一个统一的中国。一个中国，两种制度。”①

从1992年党的十四大到2012年党的十八大，每次党代会报告论述对台工作时，都指出要坚持“和平统一、一国两制”方针。1982年12月，五届全国人大五次会议通过的《中华人民共和国宪法》明文规定，国家在必要时设立特别行政区，标志着“一国两制”开始成为一个具有法律效力的基本国策。

党的十八大以来，以习近平同志为核心的党中央总揽全局，针对“一国两制”实践中出现的新情况和新问题，提出了新的思想与对策，强调中国是包括港澳同胞、台湾同胞在内的海内外全体中国人的共同家园；将“一国两制”纳入国家“两个一百年”奋斗目标，指出实现祖国完全统一，是实现中华民族伟大复兴的必然要求，要牢牢把握两岸关系主导权和主动权；始终坚持“一国两制”不改变、不动摇，不失时机地制定与实施了一系列新的政策与法律，有效地维护了香港与澳门的繁荣与稳定，遏制与打击了“台独”势力。

## （三）“一国两制”设想的原则主张与基本内容

“一国”是根，根深才能叶茂；“一国”是本，本固才能枝荣。

我国是单一制国家，中央对包括香港、澳门特别行政区

① 《邓小平文选》第三卷，人民出版社1993年版，第49页。

在内的所有地方行政区域拥有全面管治权。香港、澳门两个特别行政区的高度自治权不是固有的，而是来源于中央授权。高度自治不是完全自治，中央对高度自治权的行使具有监督的权力。中央对港澳特区还可以直接行使管治权，除了设立港澳特别行政区，以及制定、修改和解释“基本法”之外，还体现在任命行政长官和主要官员、决定修改行政长官和立法会产生办法、支持指导行政长官和特区政府依法施政、负责管理与特区有关的外交事务、负责管理防务、监督特区立法机关制定的法律等。

港澳特区根据“一国两制”的方针政策，保持原有资本主义制度和生活方式不变，法律基本不变，并依法保护私有财产权，保持自由港和单独关税区地位，保持财政独立，实行独立的税收制度，自行制定经济、文化和社会政策等，依法充分行使行政管理权、立法权、独立的司法权和终审权。

和平统一、“一国两制”是我国政府解决台湾问题的既定方针。这一方针包括坚持争取和平统一的努力，警惕、反对、打击、制止各种把台湾从中国分裂出去的行径，切实维护国家主权和领土完整两个方面。《中华人民共和国反分裂国家法》明确规定：“‘台独’分裂势力以任何名义、任何方式造成台湾从中国分裂出去的事实，或者发生将会导致台湾从中国分裂出去的重大事变，或者和平统一的可能性完全丧失，国家得采取非和平方式及其他必要措施，捍卫国家主权和领土完整。”

## 二、“一国两制”实践面临新情况、新问题

### （一）“一国两制”的制度体系在实践中不断获得完善

1997年7月1日和1999年12月20日，按照“一国两制”的方针，中国政府先后恢复对香港与澳门行使主权，香港与澳门两个特区正式成立，“一国两制”从构想变成现实。

我国香港在殖民统治时期没有任何民主可言，更谈不上民主选举。英国的《英王制诰》和《王室训令》规定，香港的行政、立法两局的议员由港督委任，立法局在港督的授意下制定法律，港督有权可随时解散立法局。香港回归后，进入“一国两制”“港人治港”、高度自治的历史新纪元，香港政治民主循序发展，居民享有了前所未有的民主权利和自由。

我国澳门回归以来，在“一国两制”框架下，澳门特区政府贯彻落实《中华人民共和国澳门特别行政区基本法》，稳步推进澳门政治、经济与社会民生各项工作的开展。今日的澳门，经济和社会面貌焕然一新，回归前夕澳门的经济衰退、治安不靖、社会人心惶惶的景象一去不返。

“一国两制”构想提出并不断付诸实践，使海峡两岸关系获得重大进展。1987年11月，台湾当局开放台湾居民赴大陆探亲，海峡两岸同胞打破了近38年的隔绝状态。实现全面直接双向“三通”后，两岸交流合作日益广泛，相互往来日益密切，彼此心灵日益契合。台湾同胞为祖国大陆改革开放作出重大贡献，也分享了大陆发展机遇。两岸制度化协商谈判、联系沟通累积

了重要成果。从 1992 年 1 月开始，大陆海峡两岸关系协会（简称“海协会”）与台湾海峡交流基金会（简称“海基会”）开始商谈，并于 1993 年 4 月在新加坡举行了著名的“汪辜会谈”（汪道涵和辜振甫），签署了《汪辜会谈协议》，达成了“九二共识”，主要内容为海峡两岸都坚持“一个中国”的原则，努力谋求国家统一。2015 年 11 月，习近平与马英九在新加坡会面，这是两岸领导人 66 年以来的首次会面，实现了两岸关系史上的重大突破。

2009 年 11 月签署了《海峡两岸金融合作监理备忘录》后，2013 年 2 月两岸货币清算正式启动运作。继 2010 年 6 月“海协会”和台湾“海基会”签署《海峡两岸经济合作框架协议》（ECFA）、构建两岸经济合作机制化平台之后，2012 年 8 月签署《海峡两岸投资保护和促进协议》，2013 年 6 月签署《海峡两岸服务贸易协议》。这些协议的签署，有力地促进了两岸经贸关系的发展。

中央政府采取有力举措，对台湾分裂势力予以沉重打击，“两个中国”“一中一台”“台湾独立”的空间被大大压缩，巩固了国际社会承认一个中国的局面。2005 年 3 月，十届全国人大三次会议通过《中华人民共和国反分裂国家法》。这部法律的颁布实施，通过明确一个中国原则的法理内涵，反对任何名义、任何方式的“台独”分裂活动的基本原则和捍卫祖国主权、领土完整的底线策略等方式，彰显了国家反分裂的坚定意志和坚强决心，为国家采取相关反“独”措施提供了充分的法律依据，为两岸关系和平发展和推进祖国完全统一奠定了长远的制度基础。

### （二）香港少数极端势力蓄意制造事端，挑战“一国两制”底线

港澳回归20多年来，“一国两制”实践取得了举世瞩目、举世公认的巨大成就。事实充分证明，“一国两制”是香港、澳门保持长期繁荣稳定的最佳制度。

然而，在进入21世纪后的一段时间里，在香港出现了一些挑战“一国两制”原则底线、影响社会稳定和长远发展的矛盾和问题。典型事例有2003年反23条立法大游行、2012年反国民教育风波、2014年“占领中环事件”、2019年围堵中央人民政府驻香港特别行政区联络办公室大楼并污损国徽事件。2019年6月12日，在香港政府总部和立法会大楼外，大批暴徒以反对修订《逃犯条例》为名，瘫痪附近交通，以砖头、自制铁矛等致命武器袭击维持秩序的警察。此后，一些反中乱港势力和本土激进分离势力公然鼓吹“港独”等主张，通过香港特别行政区选举平台、立法会和区议会议事平台或者利用有关公职人员身份，肆无忌惮进行各种极端活动，力图瘫痪香港特别行政区立法会运作，阻挠香港特别行政区政府依法施政。2020年，香港反对派力图通过选举夺权实现“完全自治”、夺取香港管治权，更是对“一国两制”的背叛，严重威胁我国的主权、安全和发展利益。一些外国和境外敌对势力通过立法、行政等方式和驻港领事机构、非政府组织等渠道公然干预香港事务，对我国有关人员粗暴进行所谓“制裁”，明目张胆地为香港反中乱港势力撑腰打气、提供保护伞。

香港之所以出现如此乱象，原因是多方面的，其中之一就是

香港回归 20 多年来，在宪法与基本法的宪制关联及共同治理香港的制度衔接机制上，留下了较多的制度空白和模糊空间。特别是香港特别行政区现行的选举制度机制存在明显的漏洞和缺陷，“爱国者治港”的原则没有得到有效落实，“爱国者治港”的稳固局面尚未真正形成。

## （三）民进党当局反对“九二共识”，台海形势发生新变化

党的十九届六中全会公报指出，坚持“一个中国”原则是解决台湾问题的基本原则。两岸双方在认同“九二共识”这个共同的政治基础上开展交流交往就没有任何问题。

然而，多年来在两岸关系发展的同时，台湾岛内的分裂倾向也在发展，外国反华势力也在不断利用台湾问题对中国进行牵制与遏制。李登辉、陈水扁担任中国台湾地区领导人期间，公然把两岸关系定位成“国与国的关系”，甚至提出了“一边一国论”。2016 年 5 月，民进党上台执政，新任中国台湾地区领导人蔡英文始终拒绝承认“九二共识”，不断推行对大陆充满敌意的政策措施，抛出破坏两岸关系的错误言论，并积极与以美国为首的外部势力相勾连，甘当外部势力的“马前卒”。由于民进党当局反对“九二共识”，2016 年以来，两岸制度化交往和协商机制一直处于中断状态。

此外，以蔡英文为首的台湾当局还配合美国推行中美经济“脱钩”战略，强化与美、日、欧等西方国家经济关系尤其是与

美国的经济合作，加大管制与遏制两岸经济关系发展。蔡英文在上台执政后第一时间就宣布中止马英九执政时努力推动的、旨在促进两岸经济特区开放对接合作的自由经济示范区战略，同时裁撤经济主管部门的ECFA小组，不断强化对两岸经济交流合作的管制、处罚与阻挠。同时借美国发起的中美经贸战，全力推动台商返台投资，提供诸多优惠与便利化政策措施。

## 三、推动“一国两制”事业行稳致远

### （一）落实“爱国者治港”

2021年1月27日，习近平总书记在听取香港特别行政区行政长官林郑月娥2020年度述职报告时指出，香港由乱及治的重大转折，再次昭示了一个深刻道理，那就是要确保“一国两制”实践行稳致远，必须始终坚持“爱国者治港”。①2022年7月1日，习近平总书记在庆祝香港回归祖国25周年大会暨香港特别行政区第六届政府就职典礼上的讲话中再次强调：“把香港特别行政区管治权牢牢掌握在爱国者手中，这是保证香港长治久安的必然要求，任何时候都不能动摇。”②

“爱国者治港”是“一国两制”设置初期的重要前提和原则之一。邓小平曾指出，“港人治港有个界线和标准，就是必须由以爱国者为主体的港人来治理香港”，并明确指出爱国者必须

①《习近平听取林郑月娥述职报告》，《人民日报》2021年1月28日。
②《习近平著作选读》第二卷，人民出版社2023年版，第602页。

“尊重自己民族，诚心诚意拥护祖国恢复行使对香港的主权，不损害香港的繁荣和稳定”。①

香港少数极端分子幻想在中央对香港恢复行使主权后，仍然可以在某种程度上、某种范围内让“资本主义香港”与“社会主义祖国”有效隔离或分离，让香港拥有“完全的政治实体”或“半政治实体”的超然地位。对此，中央政府始终保持着高度的警觉，习近平总书记更是针锋相对地提出“三条底线”：任何危害国家主权安全、挑战中央权力和香港特别行政区基本法权威、利用香港对内地进行渗透破坏的活动，都是对底线的触碰，都是绝不能允许的。②他还提出“三个坚定不移”：中国政府维护国家主权、安全、发展利益的决心坚定不移，贯彻“一国两制”方针的决心坚定不移，反对任何外部势力干涉香港事务的决心坚定不移。③

针对香港出现的新情况，2019 年 10 月召开的党的十九届四中全会上作出具体部署，内容包括：“把坚持‘一国’原则和尊重‘两制’差异、维护中央对特别行政区全面管治权和保障特别行政区高度自治权、发挥祖国内地坚强后盾作用和提高特别行政区自身竞争力结合起来”，“完善中央对特别行政区行政长官和主要官员的任免制度和机制、全国人大常委会对基本法的解释制度，依法行使宪法和基本法赋予中央的各项权力”，“建立健全特别行政区维护国家安全的法律制度和执行机制，支持特别行政区强化执法力量”。④

---

①《邓小平文选》第三卷，人民出版社 1993 年版，第 61 页。

②《习近平谈治国理政》第二卷，外文出版社 2017 年版，第 435 页。

③《三个“坚定不移”宣示的底线与意志》，新华社北京 2019 年 11 月 18 日电。

④《党的十九届四中全会〈决定〉（全文）》，新华社北京 2019 年 11 月 5 日电。

为有效打击反中乱港分子严重破坏香港政治社会安全的罪恶行径，斩断“港独”与美西方反华势力、“台独”势力的勾结，2020年6月，十三届全国人大常委会第二十次会议表决通过《中华人民共和国香港特别行政区维护国家安全法》，并决定将该法列入香港基本法附件三，由香港特别行政区在当地公布实施。法律明确规定了香港特别行政区维护国家安全的职责和机构，明确了分裂国家罪、颠覆国家政权罪、恐怖活动罪、勾结外国或者境外势力危害国家安全罪四类罪行和处罚，以及案件管辖、法律适用和程序。

香港国安法获得通过并颁布实施，有效地堵塞住了香港特区维护国家安全的法律漏洞，补齐了香港维护国家安全机制上的短板，彻底改变了香港在国家安全方面长期“不设防”的状态，有效地守住了“一国两制”的底线，是完善“一国两制”制度体系、确保“一国两制”在香港实践行稳致远的重大举措，在“一国两制”实践及推进过程中具有重要的标志性意义。

继制定实施香港国安法后，中央进一步完善香港法律和政治体制，从制度机制上全面贯彻、体现和落实“爱国者治港”的原则。2020年11月，十三届全国人大常委会第二十三次会议通过了《全国人民代表大会常务委员会关于香港特别行政区立法会议员资格问题的决定》，进一步划清了“爱国者治港”的底线标准。港府相应地要求所有现职公务员宣誓或签署声明，拥护“基本法”和效忠香港特区，拒绝签署声明的公务员必须离开我国香港地区的公务员队伍。2021年3月11日，十三届全国人大四次会议通过《全国人民代表大会关于完善香港特别行政区选举制度的决定》；3月30日，全国人大常委会第二十七次会议通过新修订的香港基本法附件一和附件二，内容包括设立候选人资格审查委员会，对于任何参选人，无论是参选行政长官、选举委员会、立法会，都需要由资格审查委员会确保有意参选的人符合“爱国者治港”的要求；重新考量区议会在香港政治结构中的作用等。2021 年 5 月 27 日，香港特别行政区立法会通过《2021 年完善选举制度（综合修订）条例》，落实全国人大“3・11”决定和“3・30”修订决定要求，重新组建选举委员会，更新规定了行政长官和立法会产生的具体办法，完善候选人资格审查制度。这一系列的重大法例和措施的颁布与实施，不仅确保了所有香港公职人员拥护宪法基本法、效忠国家和特区，将祸国乱港者驱逐出特别行政区的管治架构，也从深层次构建了特别行政区公职人员对国家的认同和情感路径。

2021 年 9 月 19 日，作为香港完善选举制度之后举行的首场重大选举，香港特别行政区选举委员会选举成功举行。新的选举制度充分体现了广泛代表性，使得竞选活动更加理性、公平、有序，更加注重民生和发展议题，更加注重参选人的能力和素质展示。

香港特别行政区选举制度的完善，以及选举成功举行的实践，真正做到既充分尊重公众的民主权利，又切实维护国家主权、安全、发展利益；既保证各类选举的公正、公平、公开，又切实有效地阻止反中乱港分子、国际反华势力的政治代理人进入特别行政区政权机关，实现选贤任能、促进良政善治、保障长治久安。成功落实“爱国者治港”原则，推动了在“一国两制”下具有香港特色的民主制度发展。

针对外部势力的干扰与破坏行为，党的十九届四中全会通过的《决定》指出："坚决防范和遏制外部势力干预港澳事务和进行分裂、颠覆、渗透、破坏活动，确保香港、澳门长治久安。"①在庆祝澳门回归祖国20周年大会暨澳门特别行政区第五届政府就职典礼上，习近平总书记更是强调指出："香港、澳门回归祖国后，处理这两个特别行政区的事务完全是中国内政，用不着任何外部势力指手画脚。中国政府和中国人民维护国家主权、安全、发展利益的意志坚如磐石，我们绝不允许任何外部势力干预香港、澳门事务！"②

### （二）落实"爱国者治澳"

澳门回归后，在中央政府的支持下，澳门特区政府依据"基本法"主动作为，在落实"爱国者治澳"方面采取了诸多有力举措。2009年，澳门立法会全体会议高票通过了《维护国家安全法》。这部法令的颁布既尊重了"基本法"规定的特区高度自治权，又使国家安全问题有了基本保障。2012年8月29日，澳门立法会举行全体大会，表决通过修改行政长官选举法及立法会选举法。2016年5月，澳门修订《立法会选举法》，对参选人拥护澳门特区基本法和效忠澳门特区作出明确要求。2018年9月，特区行政会通过第22/2018号行政法规《澳门特别行政区维护国家安全委员会》。2021年9月，澳门特区第七届立法会选举管理委员会根据相关规定，制定7项准则。按规定产生的立法会选举的

①《党的十九届四中全会〈决定〉（全文）》，新华社北京2019年11月5日电。
②《习近平谈治国理政》第三卷，外文出版社2020年版，第416页。

议员候选人均以“爱国爱澳”为政治立场，拥护澳门基本法，效忠中华人民共和国澳门特别行政区，依法取消了不符合准则的参选人被选资格。

2021 年 9 月 14 日，澳门特区第七届立法会选举结果揭晓，14 名直选议员和 12 名间选议员顺利产生。选举结果体现了民主和社会各阶层各界别的广泛参与，选举过程公平、公正、公开、廉洁，选举秩序良好；以坚定的爱国者为中坚力量的阵营在直选议席上得到了绝对多数，在立法会得到了绝对优势，确保特区立法会掌握在爱国者手中，为澳门的繁荣稳定提供了重要保障。

### （三）形成新时代解决台湾问题的总体方略

党的十八大以来，以习近平同志为核心的党中央统筹国际国内大势，准确把握两岸关系发展大势，在保持对台工作大政方针连续性基础上，提出了许多富有创见的新理念新举措，对巩固和深化两岸关系和平发展、推动祖国统一进程，起到了重要指导作用。

其一，“坚持从中华民族整体利益的高度把握两岸关系大局”“始终从全民族发展的高度来把握两岸关系发展方向”。习近平总书记指出：“只要两岸凡事都从中华民族整体利益考虑，就一定能克服前进道路上的各种困难和阻碍，推动两岸关系和平发展不断取得成就。”[①] 党的十九大报告强调对台工作的根本目标是“解决台湾问题、实现祖国完全统一”，指出这“是全体中华

---

①《习近平在会见萧万长一行时强调　两岸同胞要共同为实现中华民族伟大复兴的中国梦而努力奋斗》，新华社海南博鳌 2013 年 4 月 8 日电。

儿女共同愿望，是中华民族根本利益所在”，明确了对台工作的主要任务是“推动两岸关系和平发展，推进祖国和平统一进程”。在以往“国家统一是中华民族走向伟大复兴的历史必然”“在实现中华民族伟大复兴进程中完成祖国统一大业”提法的基础上，进一步清晰地指出“实现祖国完全统一，是实现中华民族伟大复兴的必然要求”。①

其二，重视制度性安排。习近平总书记在《告台湾同胞书》发表40周年纪念会上的重要讲话中提出探索“两制”台湾方案，需要推动两岸关系和平发展达成制度性安排，以求同台湾各党派、各团体和各界人士就两岸政治问题和推进祖国和平统一进程的有关问题开展对话沟通，广泛交换意见，寻求社会共识，在聚同化异中逐步解决两岸长期存在的政治分歧问题。

其三，完善促进两岸交流合作、深化两岸融合发展、使广大台胞台企积极融入祖国大陆新发展格局、参与高质量发展。习近平总书记强调，要在对台工作中贯彻好以人民为中心的发展思想，对台湾同胞一视同仁，像为大陆百姓服务那样造福台湾同胞。党的十八大以来，大陆方面深入贯彻习近平总书记重要指示和要求，从台湾同胞尤其是基层民众的现实需求出发，持续拓展两岸经济文化交流合作，不断丰富完善相关制度安排和政策措施，为台胞广泛参与大陆经济社会建设创造条件，依法保障台湾同胞的权益。

其四，加大反对与遏制“台独”分裂活动的力度。习近平总书记明确指出：“‘台独’分裂势力及其分裂活动仍然是对台海和

① 习近平：《决胜全面建成小康社会 夺取新时代中国特色社会主义伟大胜利——在中国共产党第十九次全国代表大会上的报告》，《人民日报》2017年10月28日。

平的现实威胁，必须继续反对和遏制任何形式的‘台独’分裂主张和活动，不能有任何妥协。”[①]“确保国家主权和领土完整是国家核心利益，是一条不可逾越的红线。”[②]

2016 年 11 月，习近平总书记在纪念孙中山先生诞辰 150 周年纪念大会上提出“六个任何”：“我们绝不允许任何人、任何组织、任何政党、在任何时候、以任何形式、把任何一块中国领土从中国分裂出去。”[③]2017 年 10 月，习近平总书记在党的十九大报告中再次强调了“六个任何”。2018 年全国两会期间，习近平总书记强调：“一切分裂祖国的行径和伎俩都是注定要失败的，都会受到人民的谴责和历史的惩罚！中国人民有坚定的意志、充分的信心、足够的能力挫败一切分裂国家的活动！中国人民和中华民族有一个共同信念，这就是：我们伟大祖国的每一寸领土都绝对不能也绝对不可能从中国分割出去。”[④]习近平总书记的讲话更加充分地展现了大陆方面在反对与遏制“台独”分裂上更加坚定的意志和更加充分的自信。

2021 年 11 月 11 日，中国共产党第十九届中央委员会第六次全体会议公报发布。公报在涉台部分明确指出：坚持“一个中国”原则和“九二共识”，坚决反对“台独”分裂行径，坚决反对外部势力干涉，牢牢把握两岸关系主导权和主动权。其中，对比 2019 年的第十九届四中全会公报和 2020 年的第十九届五中全会公报中

①《习近平谈治国理政》第一卷，外文出版社 2018 年版，第 235 页。

②《习近平总书记会见中国国民党主席洪秀柱》，新华社北京 2016 年 11 月 1 日电。

③ 习近平：《在纪念孙中山先生诞辰 150 周年纪念大会上的讲话》，《人民日报》2016 年 11 月 12 日。

④《习近平这些话，寄语所有新时代的建设者》，央视网，2018 年 3 月 21 日。

的涉台表述可以发现，“反对外部势力干涉”“牢牢把握两岸关系主导权和主动权”均为首次出现。这既反映出对台工作的新形势和新挑战，也明确了未来对台工作的基本思路和重点任务。

“台湾是中国的台湾。解决台湾问题是中国人自己的事，要由中国人来决定。”① 针对“台独”势力在外部势力的支持下分裂祖国的图谋，中央政府严正警告：“台独”意味着战争，分裂没有和平。如果“台独”分裂势力挑衅逼迫，甚至突破红线，我们将不得不采取断然措施。《中华人民共和国反分裂国家法》中“非和平手段”主要是指军事手段，也包括军事震慑手段。大陆的军事反制针对的是“台独”和国际干预势力，“不承诺放弃使用武力”是和平统一政策的重要组成部分。

## 四、彰显“一国两制”优越性与生命力

### （一）香港澳门回归后重新纳入国家治理体系

2021 年是载入香港发展史册的重要年份。在社会各界的热切期盼中，在香港国安法的震慑护持之下，触犯法律的反中乱港分子正在受到应有的制裁，反中乱港组织纷纷作鸟兽散，香港社会拨乱反正取得实质性进展，由乱到治局面不断获得巩固。

随着香港国安法的制定实施和新选制的成功落实，中央对香

① 习近平：《高举中国特色社会主义伟大旗帜 为全面建设社会主义现代化国家而团结奋斗——在中国共产党第二十次全国代表大会上的报告》，《人民日报》2022 年 10 月 26 日。

港特别行政区的全面管治权得到有效贯彻，“爱国者治港”成为现实，香港特别行政区治理效能得到显著提高，特别行政区政府和行政长官依法施政、积极作为，有序推进民主，维护社会稳定，履行维护国家主权、安全、发展利益的宪制责任。香港各种深层次问题正在得到有效解决，危害香港社会安全和政治稳定的风险明显降低，香港良政善治新局面已经开启，社会恢复稳定，经济持续复苏，社会各界信心日渐增强，香港营商和投资环境进一步改善，香港作为国际金融、贸易和航运中心地位得到有效的维护与巩固。

澳门回归以来，澳门特别行政区政府和社会各界人士始终坚决维护宪法和基本法权威，把坚持“一国”原则和尊重“两制”差异、维护中央权力和保障特别行政区高度自治权有机结合起来，开辟了澳门良好的政治局面。以宪法和澳门基本法为基础的宪制秩序牢固确立，治理体系日益完善，国家主权、安全、发展利益得到切实维护。特区历任行政长官严格履行了宪制责任，在特别行政区地方治理中发挥了领导核心作用。

澳门特区政府依法治理能力不断获得提升。截至 2019 年年底，澳门特别行政区立法会制定颁布了 290 部法律，推进法律的“立、改、废”工作。行政长官依据“基本法”制定了 627 部行政法规，进一步完善特别行政区法治体系，逐渐形成了具有澳门特色的本地法律体系，为澳门各项事业的发展提供了坚实的法治保障。通过落实以爱国者为主体的“澳人治澳”，特别行政区民主政制有序发展，澳门居民依法享有的广泛权利和自由得到充分保障，爱国爱澳力量日益发展壮大，爱国爱澳核心价值在澳门社会居于主导地位。

## （二）香港、澳门融入国家发展大局

党的十八大以来，以粤港澳大湾区建设、粤港澳合作、泛珠三角区域合作等为重点，香港、澳门加速融入国家发展大局，走上了同祖国大陆优势互补和共同发展的宽广道路，大陆同香港、澳门互利合作进入一个新的历史时期。

香港回归20多年来，大陆出台了一系列支持香港经济社会发展的政策，包括签订《内地与香港关于建立更紧密经贸关系的安排》协议，开放内地居民赴港个人游，开放香港人民币业务试点，推出“沪港通”“深港通”等金融市场互联互通机制，深化粤港区域合作等，有力地促进了香港与内地经贸往来与教育、科技、文化等领域的交流合作。

香港特区自成立以来在成功应对过两次国际金融危机之后，经济发展取得显著成就。1997—2018年，香港的经济规模增长接近一倍，本地生产总值年均的实际增长率是3.4%，人均本地生产总值按港元累计实际增长59.2%，人均本地生产总值居全球第10位，一直维持在发达经济体的水平。2019年和2020年，受反中乱港分子破坏的影响和新冠疫情的冲击，香港经济明显下滑，但由于中央政府和特区政府采取及时有力措施，2021年本地生产总值恢复性增长至6.4%，扭转了过去两年的跌势。

澳门特区社会各界依照“基本法”的规定，积极发展经济、改善民生、推动社会全面进步。澳门回归之后，澳门特区政府立即依据“基本法”制定新的法律规则，促进澳门城市发展定位的转型升级。另外，内地试点个人港澳自由行政策，《内地与澳门关于建立更紧密经贸关系的安排》《珠江三角洲地区改革发展规划纲要（2008 — 2020 年）》《粤港澳大湾区发展规划纲要》等相继出台。这些顶层设计有效地推动内地与澳门经贸交流与合作，为澳门发展注入了强劲动力。

1999—2018 年，澳门的经济规模增长接近四倍，本地生产总值年均实际增长率是 7.6%，人均本地生产总值实际增长接近三倍，在全球排名第二，已被国际组织归类为发达经济体。人均 GDP 从回归前的 1.5 万美元增加至 2018 年的 8.3 万美元，位居世界第二。

2017 年 7 月 1 日，国家发展和改革委员会、广东省人民政府、香港特区政府和澳门特区政府代表签署了《深化粤港澳合作推进大湾区建设框架协议》。2019 年 2 月 18 日，《粤港澳大湾区发展规划纲要》正式颁布。根据该《规划纲要》，广州、深圳、香港和澳门是大湾区内的中心城市，香港在巩固现有产业优势的同时，培育高新科技新兴产业，是大湾区中最具竞争力的国际大都会。澳门在大湾区内的定位是：世界旅游休闲中心、中国与葡语国家商贸合作服务平台，以及以中华文化为主流，多元文化并存的交流合作基地。

被称为“现代世界七大奇迹”之一的港珠澳大桥于 2018 年 10 月 24 日正式通车。大桥全长约 55 公里，跨越伶仃洋，东接香港，西接珠海和澳门，是“一国两制”框架下粤港澳首次合作共建的重大战略工程。随着港珠澳大桥的落成通车，珠江两岸城市的联系变得更加紧密。

## （三）牢牢把握两岸关系主导权和主动权

党的十九届六中全会公报在涉台内容中强调，坚持“一个中国”原则和“九二共识”，坚决反对“台独”分裂行径，坚决反对外部势力干涉，牢牢把握两岸关系主导权和主动权。这其中的“一个坚持”和“两个坚决反对”显然是针对当前美台勾连所作的严厉警告，而“牢牢把握两岸关系主导权和主动权”则显示了大陆方面的战略定力，即“两岸何时统一”“两岸如何统一”“两岸统一后将如何”都掌握在大陆手中。以大陆目前的政治、军事、经济实力，完全有能力、有信心主导两岸关系的走向和发展。

首先，两岸力量对比发生历史性变化。实现国家统一，是中华民族伟大复兴目标中不可缺少的一环。党的十八大报告指出，“在新的征程上，我们的责任更大、担子更重，必须以更加坚定的信念、更加顽强的努力，继续实现推进现代化建设、完成祖国统一、维护世界和平与促进共同发展这三大历史任务”，① 并把完成统一与实现“两个一百年”奋斗目标不可分割地紧密联系在一起。因此，巩固和深化两岸关系和平发展，为实现祖国统一积极创造条件，也是实现“两个一百年”奋斗目标的重要步骤，是我们党现阶段一个十分重要的任务。

“和平统一、一国两制”方针建立在对中国国家利益历史性的深刻认识和战略全局的切实把握上。最终如何以“一国两制”方式实现和平统一，说到底，就是要建立在发展的基础上。邓小平强调“发展是硬道理”，指出中国解决所有问题包括台湾

①《十八大以来重要文献选编》（上），中央文献出版社 2014 年版，第 44 页。

问题的关键要靠自身的发展。习近平总书记也说：“从根本上说，决定两岸关系走向的关键因素是祖国大陆发展进步。”①

祖国大陆的发展进步从根本上决定着两岸关系走向。30年来，台海局势已发生了很大的变化。随着大陆改革开放和社会主义现代化的巨大进展，中国经济总量跃居世界第二。在实力对比上，大陆已经对台湾形成全面性、压倒性优势，也深刻地改变了与美国的力量对比。从全面建成小康社会到基本实现现代化，再到全面建成社会主义现代化强国，随着新时代中国特色社会主义发展战略安排的有序推进，祖国大陆对台湾社会的影响力、吸引力不断增强，对两岸关系发展的牵引力、主导权不断增强。台湾问题因民族弱小、内乱而产生，必将随着民族复兴而终结。

其次，两岸经济合作得到扩大深化。党的十八大以来，大陆坚持以人民为中心的发展思想，率先同台湾同胞分享大陆发展机遇，逐步为台湾同胞在大陆学习、创业、就业、生活等方面提供同等待遇，先后出台鼓励与促进台资企业在大陆投资发展的“31条”“26条”与“11条”，制发台湾居民居住证、取消台湾居民就业许可证等政策举措，不断充实两岸融合发展的制度性安排。越来越多的台胞、台企抓住机遇，积极投身祖国大陆经济社会建设，依靠祖国大陆的强大后盾实现自身更好的发展。两岸贸易一直在波动中呈现上升态势，依商务部统计，2019年贸易额达到2280.8亿美元，创历史新高。大陆仍然是台湾最大的贸易伙伴、最大的出口市场与最大的进口市场，台湾对大陆（包括香港）出

①《习近平在看望参加政协会议的民革台盟台联委员时强调 坚持两岸关系和平发展道路 促进共同发展造福两岸同胞》，新华社北京2015年3月4日电。

口市场比重持续维持在 40% 以上。大陆还是台湾最大的农产品外销市场，2019 年达 12.7 亿美元，占比近 23%，高居第一位。两岸民众交流蓬勃发展。从 2010 年起，大陆成为台湾旅游的第一大客源地。1988—2018 年，两岸人员往来总计达 1.35 亿人次，其中台湾同胞来大陆总计 1.04 亿人次。中美经贸战及蔡英文当局的两岸经济“脱钩”思维与做法，虽然对两岸经贸关系带来一定消极影响，但还无法从根本上扭转两岸经济关系发展的基本格局。

最后，国际社会一个中国格局持续稳固。1971 年第二十六届联合国大会通过 2758 号决议后，国际社会坚持“一个中国”原则的格局持续巩固发展，越来越多的国家和人民理解和支持中国统一事业。世界上只有一个中国，中华人民共和国政府是代表全中国的唯一合法政府，台湾是中国的一部分，早已成为公认的国际关系准则和国际社会普遍共识。党的十八大以来，我国形成全方位、多层次、立体化的外交布局，日益走近世界舞台中央，国际影响力、感召力、塑造力进一步提升。目前已有 182 个国家与大陆建立外交关系。大陆在国际上的“朋友圈”越来越大，“台独”分裂势力四处碰壁、日暮途穷。

和平统一立于遏制逆流。中央政府多次申明：中国人不打中国人，我们愿意以最大诚意、尽最大努力争取和平统一的前景，但不承诺放弃使用武力，保留采取一切必要措施的选项，针对的是外部势力干涉和极少数“台独”分裂分子及其分裂活动，绝非针对台湾同胞。习近平总书记指出：“两岸关系发展历程证明：台湾是中国一部分、两岸同属一个中国的历史和法理事实，是任何人任何势力都无法改变的！两岸同胞都是中国人，血浓于水、守望相助的天然情感和民族认同，是任何人任何势力都无法改变的！台海形势走向和平稳定、两岸关系向前发展的时代潮流，是任何人任何势力都无法阻挡的！国家强大、民族复兴、两岸统一的历史大势，更是任何人任何势力都无法阻挡的！”[①]习近平总书记用“两个无法改变”“两个无法阻挡”向世人坚定表明：台湾回归祖国，犹如江河汇入大海，是不可抗拒的历史潮流，“台独”是历史逆流，在统一历史大势面前，无异于螳臂当车、蚍蜉撼树，最终都将会被历史的车轮碾压得粉碎。

① 习近平：《为实现民族伟大复兴 推进祖国和平统一而共同奋斗——在〈告台湾同胞书〉发表40周年纪念会上的讲话》，《人民日报》2019年1月3日。

## 第十三讲

# 新时代外交工作

许利平

党的十八大以来，全面推进中国特色大国外交是以习近平同志为核心的党中央在继承和发扬新中国外交核心原则和优良传统的基础上，准确把握我国所处的历史方位和当今世界的发展趋势，着眼于实现中华民族伟大复兴所作出的重要决策和战略部署，是新时代赋予对外工作的历史使命。全面推进中国特色大国外交，要运筹好大国关系，要做好周边外交工作，要深化同发展中国家团结合作，要深入推动中国同世界交流互鉴，构建新型国际关系，构建人类命运共同体，弘扬全人类共同价值，引领人类进步时代潮流。

## 一、坚持独立自主的和平外交政策

坚持独立自主，就要坚持独立自主的和平外交政策，坚定不移地走和平发展道路。走和平发展道路，是中国对国际社会关注中国发展道路的回应，更是中国人民对实现自身发展目标的自信和自觉。中国坚定不移地走和平发展道路，既通过维护世界和平发展自己，又通过自身发展维护世界和平。

### （一）为我国发展营造良好外部环境

中国要实现发展，离不开和平稳定的外部环境。在以习近平同志为核心的党中央坚强领导下，中国外交积极为我国改革发展稳定营造良好外部环境。

### 1. 营造和平安宁的国际环境

中国要聚精会神搞建设，需要两个基本条件：一个是和谐稳定的国内环境，一个是和平安宁的国际环境。我们要恪守维护世界和平、促进共同发展的外交政策宗旨，坚持在和平共处五项原则的基础上同各国发展友好合作，打造全球伙伴关系网络，不断扩大同各国的利益交会点，推动和平解决国际和地区热点问题，为国内经济社会发展营造良好国际环境。截至 2020 年 9 月，中国军队先后参加了 25 项联合国维和行动，累计派出维和官兵 4 万余人次，并成为联合国第二大维和摊款国和会费国，安理会常任理事国第一大出兵国。[①] 新时代的中国军队已经成为联合国维和行动的关键因素和关键力量，为世界和平与发展注入了更多正能量。而中国始终是世界和平的建设者、全球发展的贡献者、国际秩序的维护者。

### 2. 营造睦邻友好的周边环境

中华民族历来注重敦亲睦邻，我们始终将周边置于外交全局首要位置，视促进周边和平、稳定、发展为己任。中国坚持与邻为善、以邻为伴，坚持睦邻、安邻、富邻，突出体现亲、诚、惠、容的周边外交理念，坚持共同、综合、合作、可持续的亚洲安全观，发展同周边国家的睦邻友好关系。2021 年 11 月，中国

---

①《中国军队参加联合国维和行动 30 年》白皮书，http://www.gov.cn/zhengce/2020-09/18/content_5544398.htm。

与东盟升级为全面战略伙伴关系，树立了睦邻友好的典范。在贸易投资方面，中国—东盟建立对话关系30周年来，中国与东盟贸易规模扩大了85倍。[①]中国自2009年起连续13年保持东盟第一大贸易伙伴。东盟则自2020年起连续两年成为中国第一大贸易伙伴。截至2021年6月底，双向投资额累计超过3100亿美元。东盟是中国第三大外资来源地，也是中国对外投资增长最快的地区之一。2020年，中国是东盟第四大外资来源国。[②]在园区合作方面，中国企业在泰国、印尼、越南等国合作设立的经贸合作区为促进当地产业发展发挥了重要作用。中新苏州工业园和中马、中印尼"两国双园"等也成为合作标杆。在互联互通方面，双方创新合作方式，共同推进和建成了一批铁路、公路、港口、机场、桥梁、电网等基础设施项目。中老铁路全线开通运营，中新共建国际陆海贸易新通道成效显著。在区域经济一体化方面，截至2021年11月，中国—东盟自贸区框架内已取消7000种产品关税，90%以上商品实现零关税。《区域全面经济伙伴关系协定》（RCEP）于2022年1月1日生效后，区域内90%以上的货物贸易将最终实现零关税。[③]而中国—东盟自由贸易区3.0版建设也将启动，致力于拓展蓝色、绿色、数字经济等新领域合作，共建国际陆海贸易新通道，打造区域合作新标杆。

---

①《30年增长85倍！中国与东盟贸易规模持续攀升》，新华网，http://www.xinhuanet.com/fortune/2021-07/29/c_1127710450.htm。

②《中国—东盟合作事实与数据：1991—2021》，商务部官网，http://asean.mofcom.gov.cn/article/jmxw/202201/20220103236066.shtml。

③《中国—东盟自贸区建成10周年观察》，商务部官网，http://www.mofcom.gov.cn/article/i/jyjl/j/202011/20201103018812.shtml。

### 3. 营造开放包容的合作环境

21 世纪是合作的世纪。心胸有多宽，合作舞台就有多广。要维护发展机遇和发展空间，推动高质量共建“一带一路”，坚持“引进来”和“走出去”并重，同各国广泛开展经贸、金融、能源、科技、军事、教育、人文、政党、地方、青年等各领域交流合作，努力形成深度交融的互利合作网络。作为全球经济的支柱性产业，服务业占全球国内生产总值的 65%。发展中国家 2/3 和发达国家4/5 的就业都来自服务业。①而服务业因其独特的轻资产、软要素等特点，更加需要开放、透明、包容、非歧视的行业发展生态。由此，“中国搭台，世界合唱”，中国国际服务贸易交易会成为全球服务贸易领域规模最大的综合性展会，为推动各国加强信息沟通和政策协调，取消或放宽对服务贸易的限制措施，促进资金、技术、人员、货物等要素跨境流动，构建有利于服务贸易自由化、便利化的发展环境发挥了重要作用，也为推动开放合作和世界经济复苏贡献了中国智慧。

### 4. 塑造稳定有序的安全环境

当今世界，安全问题的联动性、跨国性、多样性更加突出。安全问题解决不好，人类和平与发展的崇高事业就难以顺利推进。中国积极推动大国协调和合作，构建总体稳定、均衡发展的大国关系框架，维护全球战略稳定。统筹外部安全和内部安全，

---

① 人民日报评论员：《促进全球服务贸易发展繁荣 推动世界经济尽快复苏》，人民网，http://opinion.people.com.cn/n1/2020/0906/c1003-31850790.html。

坚决维护国家主权、安全、发展利益。积极开展防务、安全和执法国际合作，构建海外利益保护和风险预警防范体系。在全球，中国和 150 多个国家有军事合作，在驻外使馆（团）设有 130 个驻外武官机构，116 个国家在中国设立武官处，同 41 个国家和国际组织建立防务磋商对话机制 54 项。① 长期以来，中国积极参与双边与多边安全合作，与周边国家长期和平共处、睦邻友好。近年来，中国同周边国家常态组织反恐、维和、救援等系列联合演习和训练，务实合作不断深入。2021 年，中国军队完成中俄“海上联合 –2021”演习、中越两军“和平救援 –2021”卫勤联合演习、“和平 –21”多国海军联演、“国际军事比赛 –2021”等 13 项联演联训联赛任务。②

### 5. 打造客观友善的舆论环境

舆论历来是影响社会发展的重要力量。下大力气加强国际传播能力建设，着力提高国际传播影响力、中华文化感召力、中国形象亲和力、中国话语说服力、国际舆论引导力，形成同我国综合国力和国际地位相匹配的国际话语权，为我国改革发展稳定营造有利的外部舆论环境，为构建人类命运共同体作出更大贡献。一方面，在国际上更加积极地宣传、介绍中国的发展道路和社会制度，让越来越多的国家认识、理解、接受和欢迎中国的发展振兴；另一方面，加强公共外交，讲好中国故事，传

---

①《新时代的中国国防》白皮书，国防部官网，http://mod.gov.cn/regulatory/2019-07/24/content_4846424_9.htm。

②《2021 年中国军队开展国际军事合作回眸》，国防部官网，http://www.mod.gov.cn/diplomacy/2021-12/23/content_4901581.htm。

播好中国声音，向世界展现真实、立体、全面的中国，塑造可信、可爱、可敬的国家形象。近年来，中国的对外传播能力得到了极大提升，在主体、渠道、内容、形式和策略上积极创新。比如，邀请外国青年“网红”拍摄真人秀体验基层党员生活，在全球累计观看量超500万人次；通过“云剧场”“云演出”传播中国传统文化；向海外推出脱贫纪录片《中国减贫密码》《柴米油盐之上》等，分享脱贫智慧；对云南象群迁移进行持续对外报道，其直播观看量超10万人次，体现了中国政府尊重和谐自然的良好形象；通过图形动画形式展示2035年远景目标，设置“穿越”场景，以动画形式描述和呈现2035年中国社会的智慧城市、科技生活、社会福利等情况；打造“国际网红”记者工作室，发布系列行进式报道和评论，在国际舆论中真实发声；等等。[①]

## （二）为人类进步事业作出重要贡献

中国共产党是为中国人民谋幸福的党，也是为人类进步事业而奋斗的党。当今世界，一些国家单边主义、保护主义、霸权主义和抹黑政治盛行。全球治理赤字、信任赤字、和平赤字、发展赤字增多，世界面临的不稳定性、不确定性更加突出。但也应看到，和平与发展仍然是时代主题，相互尊重、合作共赢的时代潮流不可阻挡。中国共产党坚持站在历史正确的一边，在团结带领

---

① 侯迎忠、玉昌林：《2021年中国对外传播实践创新与未来展望》，《对外传播》2021年第12期。

中国人民做好自己事情的同时，坚持以维护世界和平、促进共同发展为宗旨，推动构建人类命运共同体，摒弃冷战思维，反对强权政治，为人类和平发展进步的崇高事业贡献智慧与力量。以抗击新冠疫情为例，中国积极同世界分享防控经验，向各国输送了大批抗“疫”物资、疫苗药品。截至 2021 年 12 月底，中国已向国际社会提供了约 3720 亿只口罩、超过 42 亿件防护服、84 亿人份检测试剂，向 120 多个国家和国际组织提供了超过 20 亿剂疫苗。[①] 此外，中国深入开展病毒溯源科学合作，真诚为人类彻底战胜疫情而积极努力。在世界经济饱受疫情冲击、复苏前景充满不确定性的情况下，中国以开放和发展向世界各国打开机遇之门，为世界经济发展提供强大动力。

## 二、面对国际形势和外部风险挑战

当今世界正经历百年未有之大变局。国际力量对比深刻调整，单边主义、保护主义、霸权主义、强权政治对世界和平与发展威胁上升，逆全球化思潮上升，世界进入动荡变革期。我们面临着复杂严峻的国际形势和前所未有的外部风险挑战。

### （一）国际力量对比深刻调整

百年未有之大变局的最大变化就是以中国为代表的新兴市场

---

①《中国已向世界提供超 20 亿剂新冠疫苗、约 3720 亿只口罩》，中国新闻网，https://www.chinanews.com.cn/sh/2022/01-17/9654032.shtml。

国家和发展中国家群体性崛起，从根本上改变了国际力量对比。国际货币基金组织最新数据显示，按购买力平价计算，新兴市场国家和发展中国家经济总量于2008年已经超过发达国家，到2018年占世界经济比重达到59%。[①]当今世界，多极化加速发展，现代化发展模式更趋多元，国际治理体系向协同共治转变，任何国家或者国家集团都再也无法单独主宰世界事务。

大变局充满风险和挑战。大变局深刻复杂、变乱交织，各种新旧因素、力量、矛盾相互叠加碰撞，大国关系、国际秩序、地区安全、社会思潮、全球治理深刻重塑，国际局势不稳定性、不确定性日益突出，治理赤字、信任赤字、和平赤字、发展赤字越来越大，世界面临重新陷入分裂甚至对抗的风险。最为突出的是，西方国家希望继续维持全球领导地位，新兴国家和发展中国家要求获得更大的国际话语权，两类国家及其内部的激烈博弈使得国际秩序呈现更为无序和碎片化的状态。在人类走向进步还是倒退、开放还是封闭的重要关口，中国的力量和角色备受关注。

### （二）单边主义、保护主义、霸权主义的威胁上升

当前世界面临着单边主义、保护主义、霸权主义等诸多挑战。个别国家和政治势力急于“甩锅”“脱钩”“退群”，破坏国际合作，企图挑起意识形态和社会制度对抗，使世界陷入危险境地。美国前总统特朗普执政时期，美国先后退出《巴黎协定》、

① http://www.gov.cn/zhengce/2019-09/27/content_5433889.htm.

联合国教科文组织、联合国人权理事会等国际组织。新冠疫情发生后，美国不仅抗“疫”不力，而且反复炒作“病毒起源于中国”“中国控制世卫”等“甩锅”言论，甚至做出“断供”世卫，从世卫“退群”的行径。尽管拜登上台后积极推动美国重回国际组织，号称重回多边主义，但实际上积极拉拢一些国家结盟，在高新技术、贸易、金融等领域对华脱钩，奉行实质上的单边主义、保护主义和霸权主义。

### （三）逆全球化思潮上升

经济全球化是推动世界经济增长的引擎，但当今世界逆全球化思潮正在发酵。2008 年国际金融危机爆发后，经济全球化发展在世界上遭遇阻力，逆全球化思潮在一些西方国家抬头。逆全球化思潮在一定程度上反映了经济全球化进程产生的负面效应，也意味着当今世界发展不确定因素增加。当前逆全球化思潮有多种表现，如贸易保护主义、保守化倾向，民族主义抬头等。逆全球化思潮的发展给世界带来一定危害。首先，它阻碍了国家之间贸易、投资、货币与金融关联的深化，增加了世界经济的不确定性。一些国家的宏观财政与货币政策工具运转效果不佳，不仅导致国际贸易摩擦与冲突增多，而且造成全球经济波动。其次，它在一定程度上破坏全球市场公平竞争秩序，部分发达国家的保守主义策略降低了全球资源配置效率。另外，部分反对经济全球化的国家或利益集团采取的措施还可能激化国家间的矛盾，为解决全球治理难题制造障碍。

## 三、提出中国特色大国外交的新目标

进入新时代，中国特色大国外交胸怀新目标，即推动构建人类命运共同体，推动构建新型国际关系，弘扬全人类共同价值。

### （一）人类命运共同体的提出与内涵

2013 年 3 月 23 日，习近平主席在莫斯科国际关系学院发表题为《顺应时代前进潮流　促进世界和平发展》的演讲，首次提出人类命运共同体的理念。他指出："这个世界，各国相互联系、相互依存的程度空前加深，人类生活在同一个地球村里，生活在历史和现实交汇的同一个时空里，越来越成为你中有我、我中有你的命运共同体。"此后，习近平在多个场合对人类命运共同体的基本原则、具体内容等进行阐述，并提出"亚太命运共同体""周边命运共同体""亚洲命运共同体""中非命运共同体"等，将人类命运共同体的实践具象化。

党的十九大报告对人类命运共同体的内涵进行了详细阐述，即建设持久和平、普遍安全、共同繁荣、开放包容、清洁美丽的世界。具体包含五方面内容：一是相互尊重、平等协商，坚决摒弃冷战思维和强权政治，走对话而不对抗、结伴而不结盟的国与国交往新路；二是坚持以对话解决争端、以协商化解分歧，统筹应对传统和非传统安全威胁，反对一切形式的恐怖主义；三是同舟共济，促进贸易和投资自由化、便利化，推动经济全球化朝着更加开放、包容、普惠、平衡、共赢的方向发展；四是尊重世界文明多样性，以文明交流超越文明隔阂、文明互鉴超越文明冲突、文明共存超越文明优越；五是坚持环境友好，合作应对气候变化，保护好人类赖以生存的地球家园。

## （二）构建新型国际关系

构建新型国际关系是应对人类面临共同挑战的必由之路。在党的十九大报告中，明确提出“中国将高举和平、发展、合作、共赢的旗帜，恪守维护世界和平、促进共同发展的外交政策宗旨，坚定不移在和平共处五项原则基础上发展同各国的友好合作，推动建设相互尊重、公平正义、合作共赢的新型国际关系”。其中，相互尊重指摈弃传统的以强凌弱的丛林法则，坚持国家不分大小、强弱、贫富都是国际社会的平等成员，尊重各国根据各自国情选择发展道路，坚决反对外部势力干涉国家内政，一国的事情由本国人民做主。公平正义指世界的命运必须由各国人民共同掌握，世界上的事情应该由各国政府和人民共同商量来办。尊重彼此关切、照顾彼此利益，捍卫联合国宪章宗旨和原则，维护国际关系基本准则，推动制定平衡反映各方利益和关切的国际规则，确保各国发展权利平等、机会平等、规则平等，营造公正合理的国际秩序。合作共赢指奉行双赢、多赢、共赢的新理念，扔掉我赢你输、赢者通吃的旧思维，不能把世界长期发展建立在一批国家越来越富裕而另一批国家却长期贫穷落后的基础之上。世界各国无论大小，都要在追求本国利益时兼顾他国合理关切，把本国利益同各国共同利益结合起来，努力扩大各方共同利益的会合点，增进人类共同利益。在谋求自身发展的同时，积极促进其他各国共同发展，让各国和各国人民共同享受发展成果。

### （三）弘扬全人类共同价值

弘扬全人类共同价值，是着眼各国人民共同尊严与福祉、人类文明发展进步的重大倡议，彰显了我们党对人类前途命运高度负责的态度，让世界充分感受到中国特色大国外交深厚的人民情怀与道义担当。2015 年，习近平主席出席第七十届联合国大会一般性辩论时提出："和平、发展、公平、正义、民主、自由，是全人类的共同价值。"此后，习近平总书记在多个场合多次提及全人类共同价值的内涵和外延。而在庆祝中国共产党成立 100 周年大会上，习近平总书记进一步强调："弘扬和平、发展、公平、正义、民主、自由的全人类共同价值，坚持合作、不搞对抗，坚持开放、不搞封闭，坚持互利共赢、不搞零和博弈，反对霸权主义和强权政治，推动历史车轮向着光明的目标前进！"世界各国利益休戚相关、命运紧密相连，西方一些国家却固守零和博弈等冷战思维，举起"价值观"大棒，拉拢"小圈子"，对他国抹黑、"甩锅"，甚至悍然干涉他国内政。

在纷繁复杂的世界中，我们要推动全人类共同价值深入人心，凝聚各国人民力量共同应对挑战。世界各国需要相互学习借鉴、取长补短，深化人文交流，加强相互认知与了解，促进文明交流互鉴，增进对全人类共同价值的认同。我们要坚持合作、不搞对抗，坚持开放、不搞封闭，坚持互利共赢、不搞零和博弈，反对霸权主义和强权政治，把全人类共同价值具体地、现实地体现到实现各国人民利益的实践中。

## 四、形成中国特色大国外交的新理念

党的十八大以来，在中国特色的大国外交形成全方位、多层次、立体化的外交布局的同时，中国特色大国外交理念不断创新发展，形成一系列新理念。

### （一）亲诚惠容

亲、诚、惠、容是党的十八大以来我周边外交的指导方针。2013 年 10 月 24 日，习近平主席在周边外交工作座谈会上提出“我国周边外交的基本方针，就是坚持与邻为善、以邻为伴，坚持睦邻、安邻、富邻，突出体现亲、诚、惠、容的理念”。亲，就是“坚持睦邻友好，守望相助；讲平等、重感情；常见面，多走动；多做得人心、暖人心的事，使周边国家对我们更友善、更亲近、更认同、更支持，增强亲和力、感召力、影响力”。诚，表现为“诚心诚意对待周边国家，争取更多朋友和伙伴”。惠，即是“本着互惠互利的原则，同周边国家开展合作，编织更加紧密的共同利益网络，把双方利益融合提升到更高水平，让周边国家得益于我国发展，使我国也从周边国家共同发展中获得裨益和助力”。容，关键是“倡导包容的思想，强调亚太之大容得下大家共同发展，以更加开放的胸襟和更加积极的态度促进地区合作”。在中国与周边国家的外交实践中，亲诚惠容的理念得到充分运用。2001 年，中俄签署《中俄睦邻友好合作条约》，将“世代友好、永不为敌”的理念以法律形式确定下来。2021 年，《中俄睦邻友好合作条约》签署 20 周年的联合声明中进一步确定，“中俄关系业已达到历史最高水平，其特质是成熟、富有建设性与可持续性，以促进两国发展繁荣和人民福祉为宗旨，树立了国与国和谐共处与互利合作的典范”。2020 年 2 月 5 日，柬埔寨首相洪森临时决定访华，以“展示柬埔寨政府和人民对中国政府和人民抗击疫情的大力支持”，体现了两国患难与共的真挚感情，两国有福同享、有难同当的深厚友谊。2021 年 9 月，王毅访问越南时，越共中央总书记阮富仲称“两国关系是同志加兄弟的全面战略合作伙伴关系”，并表示要“教育年轻一代继承并发扬两党两国真诚相待的优良传统，友好、兄弟般地沟通交流，推动越中关系持久健康稳定发展”。此后，越南总理范明政会见王毅时进一步强调“两国同志加兄弟的关系是越中两党、两国和两国人民的宝贵财富，应得到进一步巩固和深化”，并“感谢中方向越方提供疫苗援助，这是‘雪中送炭’，体现了患难真情”。

## （二）正确义利观

正确义利观是习近平新时代中国特色社会主义思想的重要理念。2014 年 7 月 4 日，习近平主席在韩国首尔大学发表的演讲中提出“倡导合作发展理念，在国际关系中践行正确义利观”。他说：“国不以利为利，以义为利也。”在国际合作中，我们要注重利，更要注重义。在国际关系中，要妥善处理义和利的关系。政治上，要遵守国际法和国际关系基本原则，秉持公道正义，坚持平等相待。经济上，要立足全局、放眼长远，坚持互利共赢、共同发展，既要让自己过得好，也要让别人过得好。只有义利兼顾才能义利兼得，只有义利平衡才能义利共赢。同年 11 月 28 日，习近平总书记在中央外事工作会议上进一步阐释正确义利观，坚持正确义利观，即“做到义利兼顾，要讲信义、重情义、扬正义、树道义。要坚持不干涉别国内政原则，坚持尊重各国人民自主选择的发展道路和社会制度，坚持通过对话协商以和平方式解决国家间的分歧和争端，反对诉诸武力或以武力相威胁”。

党的十八大以来，中国外交始终坚持和积极践行正确义利观。面对“逆全球化”及一些国家退回单边主义、保护主义的现实困境，中国坚持以开放促改革、促发展、促创新，推动新的更高水平的全球化，打造全方位、多层次、宽领域的全面开放新格局，积极推动“一带一路”建设落实，倡导共建人类命运共同体，将中国发展机遇拓展为世界发展机遇，张开双臂欢迎各国人民搭乘中国发展的“快车”“便车”，为全球共同发展创造新的机遇，充分展现了中国的大国担当。

2015 年 9 月，习近平主席在南南合作圆桌会议上宣布，中国将向发展中国家提供“6 个 100”项目支持，包括 100 个减贫项目、100 个农业合作项目、100 个促贸援助项目、100 个生态保护和应对气候变化项目、100 所医院和诊所、100 所学校和职业培训中心。在此过程中积极促进经济全球化的普惠均衡发展，使经济全球化的红利能够各国共享。在全球新冠疫情的抗击中，我们牺牲经济发展之利、克服自身防控之难，用中国方案、中国力量守护国际公共卫生安全之人间大义。一方面做好国内防控，为世界抗“疫”作出巨大贡献；另一方面克服自身困难，大力开展抗“疫”国际合作；此外，积极帮助广大发展中国家和周边友好国家应对疫情。2021 年 8 月 5 日，习近平主席向新冠疫苗合作国际论坛首次会议发表书面致辞强调：“中国始终秉持人类卫生健康共同体理念，向世界特别是广大发展中国家提供疫苗，积极开展合作生产。”同时承诺中国将努力向全球提供 20 亿剂疫苗，并向“新冠疫苗实施计划”捐赠 1 亿美元，用于向发展中国家分配疫苗。①

### （三）真实亲诚

2013 年 3 月 25 日，习近平主席在坦桑尼亚尼雷尔国际会议中心发表演讲提出“真实亲诚”四字箴言引领对非政策。即对待非洲朋友，我们讲一个“真”字。我们始终把发展同非洲国家的团结合作作为中国对外政策的重要基础，这一点绝不会因为中国自身发展和国际地位提高而发生变化。开展对非合作，我们讲一个“实”字。中国致力于把自身发展同非洲发展紧密联系起来，把中国人民同非洲人民利益紧密结合起来，把中国发展机遇同非洲发展机遇紧密融合起来，真诚希望非洲国家发展得更快一些，非洲人民日子过得更好一些。加强中非友好，我们讲一个“亲”

① 《习近平向新冠疫苗合作国际论坛首次会议发表书面致辞》，求是网，http://www.qstheory.cn/yaowen/2021-08/05/c_1127734625.htm。

字。中国人民和非洲人民有着天然的亲切感，而随着中非关系发展，中非人民越走越近。解决合作中的问题，我们讲一个“诚”字。中方坦诚面对中非关系面临的新情况、新问题，对出现的问题，我们应该本着相互尊重、合作共赢的精神加以妥善解决。

目前，中国已连续12年保持非洲第一大贸易伙伴国的地位，成为非洲农产品出口的第二大目的国，同时是非洲第四大投资国，以及我国对外承包工程的第二大市场，为非洲经济发展注入了强劲的活力。①2014年3月，埃博拉病毒肆虐非洲大地，当美国等西方国家关闭西非疫区大使馆、撤离外交官和本国公民时，中国第一时间驰援非洲，送去抗“疫”急需物资、派出超过1000人次的军民医疗队奔赴疫情最严重地区。②

数十年来，中国用实际行动证明自己是非洲的真朋友、真伙伴：截至2021年11月，已经建成和在建的项目，为非洲新增和升级铁路超过1万公里，公路近10万公里，电力装机容量1.2亿千瓦，通信骨干网15万公里，医疗设施400多个，教育机构1200多家，清洁用水处理能力每年40万吨，累计创造就业岗位超过450万个。③中非合作实实在在，成为南南合作的标杆，从2015年中非合作论坛约翰内斯堡峰会的“十大合作计划”，到中

---

①《共推中非经贸合作高质量发展》，中国商务新闻网，http://www.comnews.cn/article/gjhz/202111/20211100091548.shtml。

②《“真实亲诚”对非政策理念和正确义利观提出8周年 中国坚定不移推进中非友好》，中央广电总台国际在线，http://news.cri.cn/20210325/e0a29616-7c98-7fcf-be2d-3f0ab9f1d9a1.html。

③《钱克明出席国新办发布会介绍中非合作论坛第八届部长级会议经贸工作有关情况》，商务部官网，http://interview.mofcom.gov.cn/detail/202111/ff8080817d248ada017d30ba15b60007.html。

非团结抗疫特别峰会，再到 2021 年中非合作论坛第八届部长级会议的“九项工程”，中非合作一步步走深走实，“真实亲诚”一步步在实践和行动中得以体现。

## 五、践行中国特色大国外交的新实践

在百年未有之大变局中，中国努力践行中国特色大国外交，取得了一系列重要成果，有力推动了人类命运共同体的构建。

### （一）积极促进“一带一路”国际合作

2022 年，共建“一带一路”进入第 9 个年头。作为中国推动构建人类命运共同体最重要的实践平台之一，“一带一路”从理念到行动，从愿景到现实，从“大写意”到“工笔画”，取得了丰硕成果，已经成为范围最广、规模最大的国际合作平台和最受欢迎的国际公共产品。

截至目前，“一带一路”参与国已达到 180 个。[①] 在贸易畅通方面，中国积极扩大各类产品进口，发展跨境电商等新业态新模式，推动建设海外仓，推进中欧班列、陆海新通道等贸易大通道建设，高标准建设自由贸易区网络。2013—2020 年，中国与沿线国家货物贸易额累计达 9.2 万亿美元。在投资合作方面，中国着力提升对外投资合作便利化水平，深化国际产能合作，推进三方

---

①《国务委员兼外交部长王毅就中国外交政策和对外关系回答中外记者提问》，中央人民政府官网，http://www.gov.cn/guowuyuan/2022-03/08/content_5677795.htm。

和多方市场合作，同时积极吸引境外企业来华投资兴业。2013—2020年，中国对沿线国家直接投资累计达1360亿美元，沿线国家在华新设企业累计达2.7万家，实际投资累计约600亿美元。在合作项目方面，中国与东道国共同推进设施联通，加快建设绿色项目、民生项目，合作建设境外经贸合作区。2013—2020年，中国企业在沿线国家承包工程完成营业额累计近6400亿美元。截至2020年年末，中国企业在沿线国家建设的境外经贸合作区累计投资近400亿美元，上缴东道国税费超过44亿美元，为当地创造33万个就业岗位。

在机制平台建设方面，商务部推动建立了90多个贸易畅通、投资合作、服务贸易和电子商务双边合作机制，务实解决合作中遇到的问题。[①]2021年，"一带一路"国际合作再上新台阶。中老铁路、以色列海法新港等重大项目顺利竣工，中巴经济走廊、比雷埃夫斯港、雅万高铁、匈塞铁路等建设运营稳步开展。中欧班列全年开行1.5万列，运送146万标箱，同比分别增长22%、29%，[②]再创历史新高，为各国经济复苏提供了强劲动力。这一年，我国与沿线国家贸易达到1.8万亿美元，同比增长32.4%；对沿线国家直接投资214.6亿美元，增长15.3%；自沿线国家吸收外资112.5亿美元，增长36%。在沿线国家承包工程完成营业

① 《国新办举行积极贡献商务力量 奋力助推全面小康发布会图文实录》，国新办官网，http://www.scio.gov.cn/xwfbh/xwbfbh/wqfbh/44687/46624/wz46626/Document/1710966/1710966.htm。

② 《2021年中欧班列开行1.5万列 同比增长22%》，人民网，http://finance.people.com.cn/n1/2022/0104/c1004-32323869.html。

额 897 亿美元，占我总体比重达到 57.9%。①

2022 年全国两会政府工作报告中，要求 2022 年高质量共建“一带一路”。习近平总书记在第三次“一带一路”建设座谈会上对高质量共建“一带一路”提出了具体要求。一是正确认识和把握共建“一带一路”面临的新形势。二是夯实发展根基。深化政治互信，深化互联互通，完善陆、海、天、网“四位一体”互联互通布局，深化传统基础设施项目合作，推进新型基础设施项目合作，提升规则标准等“软联通”水平。深化贸易畅通，扩大同周边国家贸易规模，鼓励进口更多优质商品，提高贸易和投资自由化、便利化水平，促进贸易均衡共赢发展。继续扩大三方或多方市场合作，开展国际产能合作。深化资金融通，吸引多边开发机构、发达国家金融机构参与，健全多元化投融资体系。深化人文交流，形成多元互动的人文交流大格局。三是稳步拓展合作新领域。稳妥开展健康、绿色、数字、创新等新领域合作，培育合作新增长点。四是更好服务构建新发展格局。统筹考虑和谋划构建新发展格局和共建“一带一路”，聚焦新发力点，塑造新结合点。五是全面强化风险防控。六是强化统筹协调。

### （二）积极参与全球治理体系改革的建设

党的十九届四中全会提出，中国要积极参与全球治理体系改革和建设。2020 年 9 月 21 日，习近平主席在联合国成立 75 周年

①《国新办举行坚持稳字当头 推动商务高质量发展新闻发布会图文实录》，国新办官网，http://www.scio.gov.cn/xwfbh/xwbfbh/wqfbh/47673/47949/index.htm。

纪念峰会上明确表示："我们将始终做多边主义的践行者，积极参与全球治理体系改革和建设，坚定维护以联合国为核心的国际体系，坚定维护以国际法为基础的国际秩序，坚定维护联合国在国际事务中的核心作用。"2021 年 10 月 25 日，习近平主席在中华人民共和国恢复联合国合法席位 50 周年纪念会议上的讲话中进一步强调："我们应该坚决维护联合国权威和地位，共同践行真正的多边主义。推动构建人类命运共同体，需要一个强有力的联合国，需要改革和建设全球治理体系。"

积极参与全球治理体系的改革和建设就是高举构建人类命运共同体旗帜，秉持共商共建共享的全球治理观，倡导多边主义和国际关系民主化，推动全球经济治理机制变革。推动在共同但有区别的责任、公平、各自能力等原则基础上开展应对气候变化国际合作。维护联合国在全球治理中的核心地位，支持上海合作组织、金砖国家、二十国集团等平台机制化建设，推动构建更加公正合理的国际治理体系。党的十八大以来，中国以自己的实际行动积极承担大国责任，参与全球治理体系的改革和建设。首先，积极参与网络安全、公共卫生、气候变化等全球治理规则的制定和完善，如提出数据安全领域首份国际倡议《全球数据安全倡议》。其次，积极推动完善全球治理机制，践行真正的多边主义。一方面忠实履行联合国安理会常任理事国职责和使命，维护联合国宪章宗旨和原则，维护联合国在国际事务中的核心作用；另一方面积极参与各领域国际对话与合作。最后，积极推动构建开放型世界经济。积极参与和坚定支持经济全球化，维护多边贸易体制，反对单边主义、保护主义，积极推动全球开放合作、共同发展。

## （三）在非传统安全领域发挥积极作用

非传统安全问题，指的是由非军事因素引发，直接影响甚至威胁本国发展、稳定与安全的重大问题。经济安全、金融安全、生态安全、网络安全等都属于非传统安全领域。相较于传统安全，非传统安全的特点表现为四个方面。一是潜在性与突发性。非传统安全风险从萌芽、酝酿到激化，往往是一个矛盾不断积累、性质逐渐演变的渐进过程，一旦量变累积突破临界点，又常常以危机形式猛烈爆发，成为某一阶段影响国家安全的重大问题。二是联动性与传导性。非传统安全风险可能由单一风险向复合危机转变，由局部问题向国家安全的全局全域传导，甚至在一些国家和地区引发社会失序、经济失调和政治失治的复合型危机。三是全球性与发展性。非传统安全风险从产生、应对到解决均具有明显的国际特征。例如，应对气候变化、传染病大流行、资源能源短缺、数据安全、人工智能、基因技术等。四是现实性与普遍性。非传统安全点多面宽，广泛潜藏、现实存在于国家和社会的各个领域。

2014 年 4 月 15 日，习近平总书记在中央国家安全委员会第一次全体会议上首次提出总体国家安全观，其中将“既重视传统安全，又重视非传统安全”作为总体国家安全观的重要内容。同年 5 月 21 日，习近平主席在亚洲相互协作与信任措施会议第四次峰会上提出共同、综合、合作、可持续的亚洲安全观，其中的“综合”便是指统筹维护传统领域和非传统领域安全，明确提出环境安全、网络安全、能源资源安全、重大自然灾害等非传统领域带来的挑战与传统安全领域一样明显上升，且相互交织。

在具体实践中，中国积极参与地区非传统安全合作，包括救灾、反恐、打击跨国犯罪、网络安全、海上安全、防扩散与裁军等各方面。其中，在救灾方面，2015年以来，中国继续积极参与和推动亚太救灾交流合作，主办第八届上合组织成员国紧急救灾部门领导人会议、中日韩第三届灾害管理桌面推演，与马来西亚联合主办东盟地区论坛第四次救灾演习，参加第三届世界减灾大会、亚洲减灾部长级对话会、上合组织成员国紧急救灾部门国际演练、亚太经合组织第九次灾害管理高官论坛、联合国国际搜索与救援咨询团亚太地震应急演练等国际会议和活动。在反恐方面，2015年以来，中国先后与周边多个国家开展打击涉恐偷渡犯罪合作，成功抓获了一批在本地区活动猖獗的涉恐嫌犯和“蛇头”，重挫了“东伊运”等恐怖组织非法偷渡网络，有效抵制和防范了“东伊运”等恐怖组织对本地区的渗透。中国积极参与亚太经合组织反恐工作组、“全球反恐论坛”，并与东盟共同举办打击跨国犯罪部长级会议，与阿富汗、巴基斯坦、塔吉克斯坦建立“阿中巴塔”四国军队反恐合作协调机制。

在打击跨国犯罪方面，中国积极参与打击跨国有组织犯罪国际合作，与联合国及其他国际和区域组织保持良好合作，深入推进湄公河流域执法安全合作，并与东南亚有关国家多次开展打击跨国犯罪联合行动，有效打击了拐卖人口、电信诈骗、经济犯罪、毒品犯罪等本地区突出的犯罪。2015年10月，中国举办“安全促发展”中国—东盟执法安全合作部长级对话暨湄公河流域执法安全合作部长级会议。在第二届湄公河“平安航道”联合扫毒行动中，中国、老挝、缅甸、泰国密切合作，抓获犯罪嫌疑人万余人，破获毒品案件约9000起，缴获大量毒品和易制毒化学品。在网络安全方面，中国积极推动并深入参与联合国框架下的网络安全进程，与上海合作组织其他成员国共同向联合国大会提交“信息安全国际行为准则”更新案文，深入参与并推动联合国信息安全政府专家组达成最后报告，确认《联合国宪章》主权平等、不干涉内政、不使用武力等原则适用网络空间。

此外，中国高度重视并积极参与东盟地区论坛以及金砖国家、上合组织等区域机制，推动地区网络安全合作平衡包容发展。例如，积极参与金砖国家网络安全工作组及上合组织信息安全专家组，推动亚非法协设立“网络空间国际法”工作组，成功举办世界互联网大会等重要会议。在海上安全方面，中国与东盟国家在海上安全、科研环保等领域开展一系列交流合作活动，并积极参与和推动海上安全对话合作。2015年以来，先后举办亚太海事局长会议、北太平洋地区海岸警备执法机构论坛“执法协作2015”多任务演练、亚太航标管理人员培训班、亚太地区大规模海上人命救助（MRO）培训及桌面演习等项目。在防扩散与裁军合作方面，中国积极推动全面落实《不扩散核武器条约》（以下简称《条约》）历次审议大会成果，建设性参加了《条约》第九次审议大会及五核国（中俄英法美）履行《条约》会议。中国始终坚定支持东盟国家建立东南亚无核武器区，在五核国中最早宣布支持《东南亚无核武器区条约》议定书早日签署并生效。[①]

① 《中国的亚太安全合作政策》白皮书，国新办官网，http://www.scio.gov.cn/ztk/dtzt/36048/35875/36050/Document/1539396/1539396.htm。

总而言之，党的十八大以来，中国特色大国外交全面推进，构建人类命运共同体成为引领时代潮流和人类前进方向的鲜明旗帜，我国外交在世界大变局中开新局、在世界乱局中化危为机，我国国际影响力、感召力、塑造力显著提升，有力地推动了中华民族从富起来到强起来的伟大飞跃。

# 后　记

本书是中国社会科学院习近平新时代中国特色社会主义思想研究中心组织编写的。

全书分工如下：中国社会科学院习近平新时代中国特色社会主义思想研究中心执行副主任、马克思主义研究院副院长龚云研究员策划选题，负责全书的统稿，撰写前言。中国社会科学院习近平新时代中国特色社会主义思想研究中心秘书处处长侯迎欣协助统稿。

本书第一讲，北京师范大学马克思主义学院教授孙秀民撰写；第二讲，清华大学马克思主义学院教授王传利撰写；第三讲，中国社会科学院马克思主义研究院信息资料与网络室主任、研究员张建刚撰写；第四讲，中央社会主义学院马克思主义理论部副主任、教授左鹏撰写；第五讲，中国社会科学院政治学研究所研究员樊鹏撰写；第六讲，中国社会科学院法学研究所研究员支振锋、副研究员李广德撰写；第七讲，中国人民大学马克思主义学院教授汪亭友撰写；第八讲，中国社会科学院马克思主义研究院马克思主义原理研究部副主任、研究员杨静撰写；第九讲，中国社会科学院生态文明研究所黄承梁撰写；第十讲，军事科学院大数据研究院副院长、研究员熊杏林和研究员周俊杰撰写；第十一讲，中国社会科学院世界经济与政治研究所国际政治理论研究室主任、研究员徐秀军撰写；第十二讲，中国社会科学院美国研究所原副所长、研究员李文撰写；第十三讲，中国社会科学院亚太与全球战略研究院亚太社会文化研究室主任、研究员许利平撰写。

中国社会科学院习近平新时代中国特色社会主义思想研究中心秘书处助理研究员常晨、连俊华具体组织联络。

感谢研究出版社副总编辑丁波、责任编辑安玉霞的大力支持。